Mamá culpable

Mamá culpable

Aprenda a preocuparse menos, concéntrese en lo más importante y críe hijos más felices

Julie Bort • Aviva Pflock • Devra Renner

Traducción
Beatriz Vejarano

GRUPO
EDITORIAL
norma

Bogotá, Barcelona, Buenos Aires, Caracas, Guatemala,
Lima, México, Panamá, Quito, San José,
San Juan, Santiago de Chile, Santo Domingo

Bort, Julie
    Mamá culpable / Julie Bort, Aviva Pflock, Devra
Renner ; traductor Beatriz Vejarano. -- Bogotá : Grupo
Editorial Norma, 2006.
    336 p. ; 23 cm.
    Título original : Mommy guilt.
    ISBN 958-04-9600-5
1.   Madres - Aspectos psicológicos - Estados Unidos
2. Maternidad - Aspectos psicológicos - Estados Unidos
3. Culpa moral 4. Relaciones familiares I. Pflock, Aviva,
1967-   II. Renner, Devra, 1967-   III. Bejarano,
Beatriz, tr. IV. Tít.
306.874 cd 20 ed.
A1086577

    CEP-Banco de la República-Biblioteca Luis Ángel Arango

Título original en inglés:
MOMMY GUILT
*Learn to Worry Less, Focus on What Matters Most
and Raise Happier Kids*
de Julie Bort, Aviva Pflock, Devra Renner
Una publicación de AMACOM, una división de
American Management Association,
1601 Broadway, New York, NY 10019

Edición, Adriana Martínez-Villalba
Diseño de cubierta, Ana María Sánchez B.
Diagramación, Nohora E. Betancourt V.

Este libro se compuso en caracteres AGaramond

ISBN 958-04-9600-5

Contenido

Tercera Parte
Para construir las bases de la libertad
de Remordimiento Materno

Cuarta Parte
Apéndices

Prefacio

Los libros sobre cómo ser padres son a cinco pesos la docena, ¡pero este libro vale su peso en oro! Como mamá, abuela y terapeuta infantil, coincido con las autoras en que es importante dejar de angustiarse y comenzar a disfrutar a sus hijos. Sin importar que usted sea papá o mamá, cuando lea este libro sentirá que ha encontrado consejeras y defensoras sabias que están dispuestas a sentarse con usted y encontrar el camino a través de las angustiosas situaciones que enfrentan casi todas las familias cotidianamente. No obstante, en este libro las autoras frecuentemente le piden más que simplemente sentarse con ellas: le exigen tomar lápiz y papel en mano, pensar sobre sus fortalezas y estrategias actuales y decidir si necesita cambiar algunas de ellas. Este es un libro que usted puede leer de principio a fin de una sola sentada, o ir avanzando capítulo por capítulo. También puede optar por revisar esporádicamente una u otra sección según surja la necesidad. Este libro, al igual que la página web de sus autoras (www.parentopia.net)*, le ofrece las herramientas y los recursos que necesita en ese mismo momento para lidiar con sus dificultades. Sea donde sea que comience a leer, encontrará que puede recurrir a este libro una y otra vez a medida en que usted y sus hijos vayan creciendo.

Los siete principios de la filosofía libre de Remordimiento Materno tienen sentido para las madres y sus familias desde el punto de vista psicológico y del desarrollo, y tienen el potencial de ser aplicables más allá de la educación de los hijos. Fue refrescante observar la aplicación de la filosofía libre de Remordimiento Materno a la relación entre esposos y, por extensión, supongo que se podría aplicar favorablemente a las relaciones entre colegas de trabajo también. Las autoras introducen cada uno de los prin-

cipios claramente y después los ilustran una y otra vez, entrete-
jiéndolos con temas tan diversos como el berrinche en el supermercado, cómo escoger una escuela para su hijo, fijar prioridades
y regañar sin sentirse culpable. Sentí que, a lo largo del libro, los
temas tenían un tono de veracidad. Parecían sacados de la vida
real y, de hecho, se originan en las vidas de más de 1.300 familias,
incluidas las de las autoras. Resulta especialmente útil la manera
en que las autoras yuxtaponen escenas de situaciones caóticas frente
a una estrategia más controlada y libre de culpa. Tan reales parecen las situaciones seleccionadas, que reconocí algunas de ellas en
mi propia experiencia de mamá —cuando sostenía a uno de mis
pequeños trepado en mi cadera izquierda, o desenredaba a otro
que insistía en colgarse de mis piernas— y mis hijos le dirán que
me fue mejor en la cocina que en el área de la limpieza.

Una gran valía de este libro es que las autoras proveen un lenguaje, palabras reales que pueden dirigirse a un hijo o esposo. Con
mucha frecuencia, como padres entendemos los conceptos pero no
sabemos cómo comunicarlos a un niño de dos años, de cinco o de
doce (o, en el caso de un esposo, ¡a un adulto de 27 o de 39!). Le
recomiendo que cuando se tope con un tema que le interese en ese
momento, lea las recomendaciones, escriba tal vez algunas de las
respuestas en una tarjeta pequeña y pegue la tarjeta a la puerta del
refrigerador. Se necesita práctica para llegar a hacerlo correctamente, para hacer suyas esas palabras y para llegar a decírselas a su
familia con el amor y la autoridad que usted desea expresar.

Otra fortaleza del libro es que presenta ejemplos, ejercicios y
cuadros que cubren todos los años de la niñez para que usted pueda centrarse en lo que se puede esperar de niños de la misma edad
que los suyos y pueda medir las expectativas y posibilidades de los
niños en la siguiente fase de desarrollo según la edad. Es evidente
que las autoras comprenden que los chicos crecen y cambian, y el
mensaje más sutil es que los padres también tienen que crecer y
cambiar. La discusión sobre la disciplina en el capítulo "¡Yupi!
Gritar sin remordimiento" es un buen ejemplo de cómo tener presente la necesidad de desarrollo de ambos, hijos y padres. Los au-
tores tienen razón cuando dicen que no hay mejor manera de

mantener vigentes los buenos comportamientos que la insistente reiteración positiva; y que no hay mejor manera de poner fin a un mal comportamiento que una reiteración negativa rápida y clara. Mientras que para impulsar un cambio o para animar a su hijo a intentar un nuevo comportamiento, una recompensa/soborno puede resultar muy eficaz (observe la cautela de las autoras con respecto a los sobornos, ¡muy justa!). Para hacer que este sistema de cambio de comportamientos funcione mejor, necesita incluir a sus hijos mientras van creciendo en las decisiones sobre qué recompensas y qué castigos se adecúan para determinada edad. En un momento memorable en la vida de nuestra hija, eché una mirada al desorden en su habitación y le ofrecí una moneda de cuarto de dólar para que lo arreglara. Ella también le echó un vistazo a su habitación y al final dijo: "No. Mejor guarda el dinero, Mamá, ¡y límpialo tú!". Si yo hubiera tenido este libro en mi estante, hubiera podido consultarlo y actualizar mi oferta sobre qué se requería para mantener ordenado el cuarto. Con frecuencia la mejor recompensa para un niño es el tiempo que pasa con sus padres, de lejos mejor que el dinero. Una vez mi pequeño nieto hizo bien su tarea de ordenar y le pregunté: "¿Y qué te gustaría de recompensa?" Me miró con un brillo en los ojos y me dijo: "¡Vamos a la cocina a romper huevos!". Y así lo hicimos.

Disfruté especialmente los capítulos "La gastrónoma culpable" y "El tiempo en familia y la zona de peleas limpias". A nuestra familia le encanta cocinar y comer, y recordando años pasados, me queda claro que algunos de nuestros mejores momentos juntos transcurrieron en la cocina. Como madre y como terapeuta, siempre he creído que la comida y los chicos se combinan muy bien. Los chicos pueden ayudar a comprar y preparar la comida, compartir en la mesa y hasta ayudar a limpiar (aunque en nuestra familia, si ayudabas a cocinar los otros tenían que limpiar). Por supuesto, siempre hay aventuras inesperadas y problemas por resolver cuando dejas a los chicos entrar a la cocina. Nuestro hijo a los tres años, sentado en el mostrador en la cocina observándome preparar una torta, amablemente le añadió una taza de agua a la masa cuando yo me volteé a sacar la lata de hornear. Un poquito más de harina y de azúcar y otro huevo y ya estabamos listos para el horno (¡otra vez!). Nuestro hijo quedó encantado con su torta y nosotros también. La compra y la preparación de alimentos ofrecen una buena oportunidad para la aplicación práctica de las matemáticas (duplicar o reducir a la mitad una receta), las ciencias (¿cuántos gramos de grasa hay en esa lata de atún?) y para formar la generosidad de espíritu al preparar la comida para la familia y los amigos.

Confieso que disfruté de veras la lectura de este libro. Como sicóloga clínica me impresiona la amplitud de los temas que aborda: las tensiones de la paternidad en solitario, de la madre que trabaja, de la madre ama de casa, de ser padres de hijos con necesidades especiales. Como madre y abuela, disfruté dándole vueltas a mis elecciones en cada una de las pruebas, haciendo los ejercicios a toda velocidad, recordando las destrezas y aptitudes de mis hijos a diferentes edades, evaluando circunstancias contradictorias, hasta revisando mentalmente la alacena en mi cocina para ver si tenía almacenados los ingredientes para elaborar comidas rápidas y sin problemas. ¡Creo que usted lo disfrutará también!

Margaret S. Steward, Ph.D.

Nota:

* Los contenidos de la página web de las autoras están publicados en inglés.

PRIMERA PARTE

Presentación del Remordimiento Materno

CAPÍTULO 1

El golpeteo del remordimiento

Antes de que el brillo en sus ojos se traduzca en la expansión de su cintura, se desarrolla una conversación sobre cuándo empezar a tener hijos. Esta conversación normalmente se desarrolla como sigue:

"¿Cómo te parecería un bebé?"

"Creo que estamos listos".

"Bien. Yo también".

Tal vez se diga un poco más, se consideren las responsabilidades financieras, se mida el espacio en la casa o se genere una lista rápida de nombres. Pero una cosa que rara vez se hace es tener una conversación como la siguiente:

"¿Quieres ser cocinera, sirvienta, niñera, chofer, acompañante o banquero? Yo quisiera ser el que impone la disciplina, el dictador".

"De acuerdo, yo acepto ser niñera, cocinera y chofer, pero tendremos que dejar a la suerte lo demás".

Desde luego, si la conversación inicial abarcara todos estos detalles importantes, mucha menos gente tendría hijos. No obstante, estos detalles con frecuencia dejan a las madres frustradas, angustiadas, culpables, deprimidas y pasando por momentos en que se preguntan por qué a alguien se le ocurriría emprender una aventura como la de la paternidad.

Con este libro esperamos demostrarle cómo el ser padres puede ser más agradable para usted, para su esposo o esposa y también para sus hijos. Recuerde, no hemos dicho que sea *divertido*, hemos dicho *agradable*. Siendo madres nosotras mismas, con más de 450.000 horas de práctica en la maternidad (¡y seguimos contando las horas!), vivimos en medio de las luchas que enfrentan todas las mamás y hemos adquirido valiosos conocimientos que pueden serle de valor a usted también.

En estas páginas discutimos algunos de los temas más comunes de la maternidad, aquellos que pueden poner a prueba al máximo nuestro sentido de culpabilidad. Le ofrecemos soluciones prácticas al mismo tiempo que le presentamos una filosofía subyacente: creemos que su experiencia de padre es un regalo, ¡y que tiene el derecho de abrirlo y disfrutarlo! Esperamos que lea los Capítulos 1 a 3 en su totalidad. Más allá, el libro puede usarse como guía cuando surjan situaciones que la agobien y necesite devolver la cordura a su vida familiar. No todos los temas de este libro se aplican a todos los lectores, pues sabemos que la mayoría de las mamás son fundamentalmente felices y disfrutan muchas horas de placer con sus hijos. No obstante, todos apreciamos algo de apoyo y de ánimo para superar momentos difíciles en el cuidado de nuestras familias. Y por eso estamos aquí. Piense que somos una brigada de sus amigas más cercanas, trepadas en sus estantes de libros, dispuestas las 24 horas del día, 7 días por semana, a ayudarle con las cuestiones más espinosas de la vida en materia de paternidad. Desde los temas más mundanos, como "cómo hacer que haya comida en la mesa cada noche" hasta los más complejos, como "cómo evitar tener que gritar".

Ya sea que usted decida leer nuestro libro de principio a fin y asuma de una sola vez toda la filosofía de ser madre sin culpa, o que tome el libro en la mano cuando se presente la necesidad, esperamos que tenga la certeza de que no se está imaginando su culpa materna. Ciertamente, según una encuesta de 1.306 padres y madres que realizamos para este libro, 95 por ciento de ellos dijo haber tenido sentimientos de culpa en la crianza de hijos. Es nuestro objetivo ayudarle a sobreponerse a tales sentimientos, y a lo que a veces parece una agonía total, asociados al Remordimiento Materno. Cuando se enfrente con su culpa materna y aprenda las técnicas para reducirlo, quedará libre para concentrarse en las cosas verdaderamente importantes en la vida, como la felicidad de su familia y la alegría que le aporta. A la vez, se sentirá cada vez más confiada en cuanto a cómo manejar sus roles de madre y esposa.

Un pequeño bultito de culpa

Aún antes de pasar por el embarazo, el trabajo de parto, el nacimiento o la adopción, ya sentimos una avalancha de sentimientos. Eso basta para que algunas parejas se pregunten "¿Qué hemos hecho?". Para otras, es una experiencia tan maravillosa que están impacientes por repetirla. En todo caso, todos van a casa a iniciar la luna de miel con una nueva familia ampliada. Esta luna de miel tiende a ser mucho más breve que la que sigue a una boda. Tras unos pocos días y noches sin dormir, todos sienten ganas de llorar (si este es el estado en que se encuentra actualmente, ¡no se preocupe! Los bebés no saben, ni les importa, que usted sienta que no sabe lo que hace. Tampoco les importa si a las 3 P.M. usted aún no se ha duchado, si deja los trastos sucios en el lavaplatos, o si se olvida de cepillarse los dientes).

La mayoría de las personas no tomaron la decisión de tener un hijo para impresionar a todo el mundo con su capacidad de ser supermamá o superpapá. Si usted la tomó por esa razón, ya es hora de quitarse la capa y cambiar de planes. La mayoría de nosotros decide ser padre para tener una relación especial con una pequeña vida que amaremos, cuidaremos y protegeremos hasta que se convierta en un maravilloso ser humano.

Entonces, si su bebé tiene dos semanas, o dos años o doce años de edad, olvídese de todas las cosas que andan mal y pase unos cuantos minutos con su "bebé" en los brazos. Olvídese del teléfono, deje los trastos y apague el televisor. Cierre los ojos y disfrute el momento. Ahora, guarde el recuerdo de lo bien que se siente después de ese breve instante de felicidad pura con su hijo y deposítelo en un lugar de su cerebro fácilmente asequible. A eso nos referimos cuando hablamos de "agradable". Ese momento no hará que se esfumen todas las otras cosas, pero sí le recordará por qué deseaba tener hijos y lo que es realmente importante.

¿Qué sigue ahora? Podemos decirle que tendrá que desentenderse de algunas cosas y le ayudaremos a fijar prioridades. Seguiremos recordándole que la mayoría de las mamás tienen esa sensación de culpa materna, y una vez que el Remordimiento Materno se apodere de usted, puede no soltarle nunca, ni siquiera a lo largo de años de práctica de madre y de criar varios hijos. De hecho, un abrumador setenta por ciento de los participantes en la encuesta sobre el Remordimiento Materno dijeron que ser padres de más de un hijo les generaba un aumento de la sensación de culpa. En el caso de 40% de ellos, su sensación de culpa aumentó a medida que sus hijos crecían.

La alegría que derivamos de ser padres tiene que ver con nuestra capacidad de apreciar y acoger la existencia de nuestros hijos. Disfrutar de los hijos no es sinónimo de malcriarlos, como tampoco se malcría un padre o madre que disfruta demasiado de su vida familiar. Ciertamente, las emociones y actitudes de la madre influyen en el clima en un hogar. Cuando la madre está feliz, toda la familia está más feliz.

Malcriar a un padre o una madre: ¡qué concepto más interesante! Mientras lee este libro probablemente está sintiéndose todo menos malcriado o mimado. Queremos que avance unos pasos hacia la idea de mimarse. El primer paso es evitar la culpa. Para evitar la culpa, primero debemos saber qué es. Webster define la culpa como sigue: "1. El estado de alguien que, por violación de la ley, se ha hecho merecedor de castigo; culpabilidad. 2. Mal comportamiento; maldad. Ver sinónimos en *pecado*".[1] ¿Cuándo se convirtió en algo ilegal no darle a su hijo suficientes vegetales? ¿O dejar la ropa en la secadora de la noche a la mañana? ¿O quedarse dormida en pleno día? ¿O servir una taza de cereal como plato principal en la cena, o (¡cielos!) el postre antes de la cena? ¿Es realmente pecado trabajar fuera de casa? ¿O cambiar el rumbo de su carrera quedándose en casa con los niños? ¿O no tener sobre la mesa todas las noches una cena hecha en casa? Vea usted, según Webster no estamos haciendo nada criminal que nos defina como culpables. Estamos entregándole un certificado que le autoriza "Deshacerse de la culpa gratuitamente" para ayudarle a divertirse más con su familia y a su familia divertirse más con usted. El próximo paso es liberarse de cualquier culpa o sentimiento desagradable relacionado con esa idea.

Recuerdo la primera vez que se me presentó la revelación de la ausencia de culpa. Acababa de dar a luz a mi primer hijo. Es extraño lo que se asocia con el período de estreno de madre primeriza; todo el mundo cree que es un período tranquilo de embelesamiento con el nuevo bebé, el feliz regreso a casa y el reintegro a la vida anterior con el pequeño bultito de felicidad. Casi nadie se refiere a las peleas. Y las hay. Al hablar con otros papás y mamás se evidencia que es una verdad que la gente no recuerda de buen grado, o talvez no la admiten de buen grado. Pero yo la recuerdo y la admito.

Aquí estamos, entonces, con nuestro lindo bebito. Yo hago todos los intentos posibles por amamantar al pequeño, con éxito relativo, y mi marido se está comportando como un idiota (por lo menos es lo que yo pensaba, con mi cerebro impregnado de hormonas. Sentía que se estaba comportando como un idiota y pensaba: "¡Demonios! ¡Él no es capaz de hacer esto en absoluto, pero ahí esta, acusándome de hacerlo mal!"). Me molestó tanto, que no logré amamantar al niño y no poder amamantarlo me molestó todavía más. ¡Qué círculo vicioso se volvió! Afortunadamente para mí, mi amiga más antigua y más querida había venido a ayudarme esa semana. Ella y yo tuvimos una larga charla sobre el hecho de que los teteros se inventaron para alimentar a los bebés y no para hacer sentir a las madres inadecuadas o culpables. Me recordó que mi esposo probablemente se estaba sintiendo un poco incapaz y su actitud idiota era el resultado.

Tras esa charla le di de mamar al niño como pude y comencé a complementar las comidas cuando era necesario. Aunque quería ser la madre perfecta, me di cuenta de que la definición de perfección varía de persona en persona y de situación en situación. Me prometí a mí misma concentrarme en ser una excelente mamá en la medida de mis habilidades.

La Supermamá se encuentra con la superculpa

Es afortunada la madre que logra prescindir de la culpa cuando la ataca en esos primeros días con su bebé. Es afortunada y poco común. Aunque estamos bastante seguros de que otras generaciones de mamás también han sufrido de alguna forma de Remordimiento Materno, parece que a las madres de hoy las ataca con mayor fuerza. ¿Tiene que ver con la imagen de la supermamá, con el movimiento feminista, con la tecnología, o con las familias dispersas geográficamente? Se trata de una combinación de todas estas cosas y otras más. No podemos negar que se espera de nosotras que lo hagamos todo. La pregunta es: ¿quién lo espera de nosotras La respuesta es: nosotras. Las mujeres hemos luchado una larga y ardua batalla por la igualdad con los hombres. Podemos asumir los mismos cargos y hacer el mismo trabajo, pero no es una igualdad completa. Los hombres no pueden quedar embarazados, no dan a luz, y aunque tienen pezones, no pueden amamantar. Nosotras nos aproximamos a la maternidad a través de las cosas que sólo nosotras podemos hacer y rápidamente ampliamos nuestra autoimagen. Nos percibimos como supermamás, haciéndolo todo siempre nosotras mismas con elegancia y estilo.

¿Acaso un padre sufre de sentimientos de culpa? No lo asuma, pregúntele. Hay algunos hombres que en determinadas circunstancias sienten que su actuación se queda tan corta frente a sus propias expectativas que se sienten culpables. Pero, si entra en una habitación llena de papás y les pregunta si sienten algún remordimiento en cuanto a su capacidad como padres, verá que le lanzan una mirada de extrañeza, como si no supieran de qué les está hablando. De acuerdo con nuestra encuesta sobre el Remordimiento Materno, es doblemente probable que los hombres no sientan absolutamente ninguna culpa en cuanto a su rol de padres, comparados con las mujeres. Desde luego, estos hombres tienen sentimientos negativos en cuanto a ser padres, pero los nombres que dan a esos sentimientos con frecuencia son *frustración* e *ira*.

¿Entonces por qué las mamás les dan el nombre de *culpa*? ¿Podría ser que nosotras también nos sintamos frustradas, molestas y furiosas, pero que, siendo madres, creamos que no debemos sentir esas emociones? ¿Podría ser que nos inquiete que una actitud despreocupada de alguna manera equivaliera a no expresar el cariño suficiente? Las autoras de este libro creemos que es esta la razón que subyace la culpa. Creemos que el Remordimiento Materno en realidad es la combinación de todas nuestras emociones negativas en cuanto al papel de madre, incluida nuestra sensación de incompetencia.

Ira, frustración, confusión, negación y desesperación forman parte del proceso de criar hijos. Los padres que le dicen que nunca tienen ese tipo de sentimientos no son sinceros. Criar hijos pone a prueba todo lo que somos, y al resolver los problemas y ayudarle a su hijo a transitar por nuevas experiencias (maravillosas y dolorosas), usted conocerá una felicidad que no se vive de ninguna otra manera. Ser padre es el mejor regalo que pueda darse a sí mismo. Es mejor que graduarse de bachiller o terminar un edredón tras dos años de trabajo; es mejor que hacer parapente y mejor que un ascenso en el trabajo. Pero para llegar allá tiene que dirigir su energía hacia el disfrute de la experiencia de ser padre. Tiene que darse fuerza a sí mismo admitiendo que va a experimentar sentimientos negativos y descartando la culpa que estos conllevan. Una vez que eso ocurra, podrá permitirse a sí mismo sentirse a gusto con lo que está logrando. ¡Y sus chicos se sentirán a gusto de tenerlos a ustedes como sus padres!

Como se mencionó anteriormente, si reflexionáramos sobre todo lo que implica la crianza antes de embarcarnos en ella, la población disminuiría. Puesto que no podemos devolver los niños a su lugar de origen, debemos ingeniarnos cómo disfrutar el hecho de ser padres. Disfrutar la crianza de los hijos no es solamente un objetivo obtenible sino que, una vez que se logra, produce hijos más felices. Vamos a indicarle cómo dejar de lado el Remordimiento Materno y, al contrario, cómo abrazar la filosofía libre de Remordimiento Materno.

Nota

1   Webster Comprehensive Dictionary, (Chicago: J. G. Ferguson Publishing Company, 1986), vol. 1, p.562.

CAPÍTULO 2

Cuando oiga el Remordimiento Materno, sintonícelo o apáguelo

De acuerdo, no es tan fácil dejar de sentirse culpable. Las personas no tienen interruptores emocionales para encender y apagar. Cuando la culpa ataca, ahí está usted, y al diablo con Webster.

La culpa es una emoción válida, como lo son todas las emociones. El truco consiste en identificar si es un apoyo o un obstáculo. La culpa es un apoyo cuando motiva a las personas a evitar comportamientos nocivos y las estimula a enmendarlos. La culpa es un obstáculo cuando conduce a una actitud negativa que no estimula nada distinto a más sentimientos y comportamientos negativos (vea la prueba llamada "¿Cuál es su señal de identificación de la culpa?" al final del capítulo)

Debo comenzar diciendo que fui víctima de abuso y abandono. Ahora que estoy casada y tengo una niña de diez meses, estoy atenta a todo lo que hago con ella y lo que le digo para asegurarme de no cometer con ella ninguno de los errores que mis padres cometieron conmigo. Por ejemplo, era mi quinto aniversario de matrimonio y la tía de mi marido accedió a cuidar a nuestra hija. La pequeña tenía un leve resfriado, por lo que cancelé todo. Sabía que no podría divertirme sabiendo que la niña no se sentía bien. La tía de mi marido la recogió de todos modos y mi marido insistió en que debíamos salir, como estaba planeado. La culpa que sentí toda la noche dañó nuestra celebración. Mi esposo se sintió muy amargado. Me culpó a mí y resultamos envueltos en una gran pelea.

Inmediatamente fui a la casa de su tía a recoger a mi hija y desde entonces no la dejo por ninguna razón. Me siento tan culpable porque apenas salgo de la habitación ella llora y me duele verla tan triste. Lo que quiero decir es que, para bien o para mal, son nuestras experiencias las que nos enseñan. Me doy cuenta de que me estoy excediendo para asegurarme que mi hija nunca se sienta privada de cariño o abandonada. Temo que llegue a depender de mí hasta tal punto que le resulte imposible ir a la escuela y sentirse segura de sí misma.

¿Dejar a un niño pequeño gravemente enfermo? ¡De ninguna manera! Sin embargo, dejar a un bebé con un leve resfriado al cuidado de una tía cariñosa una noche es decididamente aceptable. Pero, ¡atención! ¿Qué estoy oyendo? La culpa es tan ruidosa que es prácticamente ensordecedora. El Remordimiento Materno de esta mujer le está gritando que tiene que compensar en exceso y permanecer junto a la niña cada minuto. No puede salir de una habitación a otra sin la pequeña. En esta situación, la reacción sana es decirle a la culpa que se aleje.

No obstante, la culpa no siempre puede estar gritando un mensaje erróneo. Sintonizarse con lo que la culpa está tratando de decirle es una manera de comprender cuándo debe escuchar y cuándo debe cambiar de canal emocional.

Acabábamos de trasladarnos a un nuevo barrio y habíamos pasado toda la semana encerrados desempacando y organizándonos. Los chicos tenían algo de claustrofobia, comprensiblemente, pero yo me sorprendí poniéndome tensa y hablándoles con irritación. No me enorgullecía mi comportamiento, pero no se me ocurría una alternativa. Una vecina pasó por nuestra casa e invitó a mis hijos a la suya a conocer a sus chicos. Cuando los vi jugando afuera juntos, me di cuenta de que si yo hubiera dejado de gritar, les hubiera sugerido salir horas antes.

Y sigue sonando el ritmo de la culpa

La mayoría de los padres perciben la culpa como una de esas melodías conocidas que se les pegan a la memoria y que recuerdan una y otra vez. Mientras que los temas específicos que más culpa suscitan en los padres dependen de las edades de sus hijos, según la encuesta de Remordimiento Materno una vez que un tema se incluye en la lista, allí se queda. Vea a continuación si reconoce algunos de los temas favoritos:

Padres de recién nacidos

- Tema No. 1 de Remordimiento Materno: encontrar el suficiente tiempo, después de ocuparse de los pequeños, para dedicarlo al cónyuge.
- Tema No. 2: mantenerse al día con el trabajo doméstico y/o vivir en una casa desordenada.

Padres de niños pequeños

- Tema No. 1: mantenerse al día con el trabajo doméstico y/o vivir en una casa desordenada.
- Tema No. 2: encontrar el suficiente tiempo, después de ocuparse de los pequeños, para dedicarlo al cónyuge.
- Tema No. 3: gritar a los chicos.

Padres de niños pre-escolares

- Tema No. 1: gritar a los chicos.
- Tema No. 2: mantenerse al día con el trabajo doméstico y/o vivir en una casa desordenada.
- Tema No. 3: encontrar el suficiente tiempo, después de ocuparse de los pequeños, para dedicarlo al cónyuge.
- Tema No. 4: las costumbres alimenticias de los chicos (comida rápida en la cena, falta de vegetales en la dieta, comer demasiado o poco, etcétera).

- Tema No. 5: distribuir equitativamente el tiempo, las tareas, los recursos económicos, etcétera, entre los hijos.

Padres de niños en edad escolar

- Tema No.1: gritar a los chicos.
- Tema No. 2: mantenerse al día con el trabajo doméstico y/o vivir en una casa desordenada.
- Tema No. 3: encontrar el suficiente tiempo, después de ocuparse de los pequeños, para dedicarle al cónyuge.
- Tema No. 4: distribuir equitativamente el tiempo, las tareas, los recursos económicos, etcétera, entre los hijos.
- Tema No. 5: las costumbres alimenticias de los chicos.

Padres de hijos en la escuela intermedia

- Tema No. 1: mantenerse al día con el trabajo doméstico y/o vivir en una casa desordenada.
- Tema No. 2: gritar a los chicos.
- Tema No. 3: encontrar el suficiente tiempo, después de ocuparse de los pequeños, para dedicarle al cónyuge.
- Tema No. 4: las costumbres alimenticias de los chicos.
- Tema No. 5: distribuir equitativamente el tiempo, las tareas, los recursos económicos, etcétera, entre los hijos.
- Tema No. 6: se refiere a temas escolares (seleccionar una escuela, seleccionar programas académicos, encontrar el tiempo para trabajo voluntario, etcétera).
- Tema No. 7: dedicar demasiado tiempo al trabajo (Nota: cuando se ajustaron los resultados para eliminar a los encuestados que no trabajan a tiempo completo fuera de casa, este tema fue el No. 1 para todos los grupos de edad.)

Como lo demuestran estos resultados de la encuesta, el número de casos de "todas las culpas todo el tiempo" aumenta a lo largo de los años. Los resultados demuestran también que las mamás se sienten culpables con respecto a decisiones que toman todos los días.

La próxima vez que se sorprenda escuchando una de esas melodías de la culpa, intente prestar más atención a la letra de la canción. Tal vez necesite aumentar el volumen para escuchar el mensaje con mayor claridad. Tal vez el volumen de la transmisión sea tan alto sobre muchos temas que simplemente tenga que bajarle, o apagarlo. Si necesita cambiar de estación, ¡hágalo! Su familia se beneficiará. En el capítulo 3 le enseñaremos a tararear una nueva melodía, la filosofía libre de Remordimiento Materno.

EJERCICIO: ¿Cuál es la su señal de identificación de la culpa?

Lograr el equilibrio entre una perspectiva positiva y un escepticismo sano puede ser cosa de girar un par de botones. La siguiente prueba está hecha para ayudarle a analizar las estaciones de radio emocionales que usted tiende a escuchar. Lea las siguientes situaciones y elija la opción que mejor representa su reacción más probable.

1. Su hija se despierta en la mañana quejándose de dolor en el tobillo. Después de examinarle el tobillo y no encontrar ningún problema evidente, la idea que le viene a la mente primero es:
   A. No parece nada serio. La voy a distraer con una buena tortilla de huevo.
   B. ¡Cielos! Tal vez se lo fracturó. Más vale hacer una cita con el médico para que la examine inmediatamente.
   C. Tal vez necesita un poco de atención. Voy a quedarme arrunchada con ella algunos minutos más.
   D. Le daré un analgésico para niños y veremos si le vuelve el dolor.

2. Usted recibe la llamada de una organización local sin ánimo de lucro. Es el proyecto favorito de un conocido suyo y es una causa que usted considera justa. Los miem-

bros quieren que usted participe en el consejo directivo y les ayude a organizar un evento importante. Usted:

A. Se emociona pensando en este interesante reto pero les dice que aceptará sólo si organizan un grupo de personas que le ayude.

B. Acepta la tarea con cierta desazón, y lo hace sólo porque sabe que es importante para su amigo.

C. Se pregunta por qué la llaman inesperadamente y desconfía de las razones por las cuales no encontraron a nadie en la organización que dirija el proyecto.

D. Se siente halagada de que la hayan buscado y les dice que lo hará gustosamente.

3. Le cuenta a una amiga sobre el maravilloso programa deportivo/artístico/ para niños en el que va a inscribir a su hijo. Ella llama al día siguiente y le deja un mensaje informándole que acaba de inscribir a su propio hijo en el último puesto disponible. Su primera reacción consiste en:

A. No hacer nada y no devolverle la llamada hasta que deje de sentirse contrariada a causa de la situación.

B. Devolverle la llamada para decirle "¡qué buena escogencia hiciste!" y buscar otro programa que le emocione tanto como el primero.

C. Decirle "¡qué bien!" la próxima vez que hable con ella, pero sentirse decepcionada subrepticiamente.

D. Llamarla y decirle "nosotros consideramos la participación en ese programa, pero después yo decidí dedicarle ese tiempo a mis hijos, en lugar de dejarlos al cuidado de personas extrañas".

4. Se acerca el próximo cumpleaños de su hijo, y él quiere celebrarlo en el parque cercano. Usted responde de una de las siguientes maneras:

A. "¡Excelente idea!", y como el sitio es gratis, decide gastar el dinero ahorrado en una sorpresa: ¡un paseo a caballo!

B. "¡Excelente idea!", e inmediatamente se sienta a escribir la lista de invitados.

C. Le dice al niño que como el clima está inseguro sería mejor hacer la fiesta en casa.

D. Busca otro parque con una excelente área de juegos y una galería, y organiza un Plan B para una fiesta en un local cubierto en el último momento, en caso que caiga un chubasco esa mañana.

5. Invitan a su hijo a la fiesta de cumpleaños de un amiguito que su hijo aprecia mucho. Los padres del niño le extienden la invitación también a usted, diciendo que les gustaría conocer mejor a los padres de los amigos de su hijo. A usted le gusta el amigo de su hijo pero, en cuanto a sus padres, los contactos que ha tenido con ellos le indican que son unos pelmazos. Usted:

A. Va a la fiesta. Es cortés pero distante para que los padres no confundan su presencia con una invitación a la amistad.

B. Va y lleva con usted a su esposo o a una amiga. Llevando un acompañante, usted puede aceptar la invitación y no aburrirse como una ostra.

C. Acepta en nombre de su hijo, pero declina tan delicadamente como le es posible la invitación que le extendieron a usted.

D. Va y decide que si ellos quieren su amistad, usted debería hacer un esfuerzo por entenderse con ellos.

6. Cuando sus hijos llegan a casa con problemas, es seguro que usted:

A. Los hace sentir mejor dándoles una lección sobre cuánto peor podría ser su situación.

B. Les brinda un paño de lágrimas y los compadece, acompañándolos en su infelicidad.

C. Hace todos los esfuerzos posibles por resolverles los problemas y, si no lo logra, los distrae para que se olviden de ellos.

D. Escucha y les brinda su apoyo hasta que se calman y pueden considerar maneras para resolver su problema ellos mismos.

7. Leer el periódico local le hace sentirse:
   A. Angustiada por todas las cosas terribles que ocurren en el mundo y resuelta a ser alguien que actúa de manera positiva y no contribuye a los problemas del mundo.
   B. Entusiasmada y dispuesta a cambiar el mundo.
   C. Usted generalmente no lee el periódico porque le parece innecesariamente deprimente.
   D. Preocupada de que usted o sus hijos podrían terminar siendo víctimas.

8. Al recordar la semana pasada, ¿cuántos días describiría como malos?
   A. Tres o cuatro
   B. Cinco o seis
   C. Ninguno
   D. Uno o dos

Cuadro de calificación para el recuadro 2.1
Clave: utilice el cuadro de abajo para averiguar sus puntos para cada pregunta. Sume los puntos para averiguar su calificación.

Pregunta No.	A	B	C	D
1	1	4	2	3
2	2	3	4	1
3	2	1	3	4
4	1	2	4	3
5	4	2	3	1
6	3	4	1	2
7	2	1	3	4
8	3	4	1	2

Su calificación:

8-12 puntos = Excesivamente optimista. ¡Mejor aumente el volumen! Su visión alegre es su fortaleza, pero debe equilibrarse con una perspectiva realista del mundo. De no ser así, su insistencia en ver sólo el lado positivo puede agotarlo y conducirle a decepciones. Como padre o madre, usted puede tener como objetivo lograr la perfección de su hijo. Usted puede creer que todo resultará bien si se esfuerza más y se asegura que los problemas de sus hijos se resuelvan pronto (con frecuencia por usted mismo). Tal vez siente que es su deber evitar que sus hijos se fijen demasiado en el lado negativo de las cosas. Tal vez intente distraer a sus hijos para alejarlos de los sentimientos negativos. Enorgulleciéndose de todo lo que logra cada día, tal vez tenga poco tiempo para disfrutar algunas de las discretas alegrías de ser padre. ¡Confíe en las habilidades de su hijo! En lugar de correr a arreglarles el lío más reciente, intente dominarse y observe cómo sus hijos lo arreglan ellos mismos.

13-20 puntos = Práctica pero optimista. Está dispuesta a cambiar de estación pero prefiere su estilo de música favorito. Le conviene. Se abre a las nuevas ideas y a nuevas personas, pero no se siente obligada a asumir más de lo que puede manejar. Cuando hay decepciones, las admite pero no deja que la descarrilen. Como madre, intenta mantener el sentido del equilibrio. Es comprensiva cuando sus hijos enfrentan problemas, y puede intervenir demasiado rápido en nombre de ellos, pero se da cuenta de que van a tener días buenos y malos, como todos nosotros. Percibe que su tarea es ayudarles a tener más buenas que malas experiencias. Hace un esfuerzo consciente por disfrutar a sus hijos e intenta alegrarse también por la parte "administrativa" de la tarea, aceptando solamente aquellos proyectos que le emocionan. Tiene la tendencia a improvisar con demasiada frecuencia, y mantiene su fe en que las cosas resultarán bien (como también la actitud de ver el lado bueno de todo lo que le presenta la vida, sin percatarse de las cosas agrias). Podría favorecerle planear las cosas un poco mejor. Crear un plan B podría parecerle trabajo adicional al principio, pero cuando descubra que su plan B con frecuencia la saca de apuros, se convencerá de que el esfuerzo adicional vale la pena.

21-27 puntos = Práctica pero pesimista. Le gustan las melodías y no quiere cambiar de estación. Su gran fortaleza es su capacidad de evaluar una situación correctamente, tomar acción y, en general, controlar una situación para obtener un resultado aceptable, aunque no siempre positivo. Hace planes, y planes alternativos, y casi nunca le faltan opciones cuando las cosas le salen mal, lo que, según usted, es casi siempre. Cuando se trata de criar hijos, así como en otros aspectos de la vida, prefiere prevenir a lamentarse. Puede haber sufrido un trauma en su vida que le genera el temor de tener que soportar acontecimientos que no puede controlar. No obstante, se abre ante las nuevas ideas y con frecuencia termina por pasarla bien, aunque se haya involucrado en un proyecto o adquirido un compromiso sin entusiasmarse demasiado. Puede mejorar su experiencia en la crianza de sus hijos permitiéndose mayor espontaneidad, aunque tenga que "planear" esa espontaneidad, por ejemplo permitiéndole a los chicos elegir la actividad dominical de la familia. Intente no percibir los planes ajenos como más trabajo para usted, como cuando dice "quieren hacer un picnic, ¡qué bien! Pero soy yo quien tiene que hacer las compras y hacer los sándwiches. Si yo hubiera planeado esto, estaría preparada".

28-32 puntos = Excesivamente pesimista. Baje el volumen. Puede haber tenido algunos momentos difíciles en su niñez o haber sufrido otras experiencias trau-máticas que generaron su desconfianza frente al mundo. Su fortaleza es su instinto de supervivencia, la sensación de que podrá manejar cualquier reto que le presente la vida. Sin embargo, puede pasar demasiado tiempo simplemente arreglándoselas en lugar de disfrutar verdaderamente de la vida. Puede estar consciente de que sus decisiones a veces (o tal vez frecuentemente) se basan en el temor y no en un punto de vista más equilibrado. O puede creer sinceramente que carece de capacidad o de suerte. Aunque con frecuencia puede ser sociable y divertida, también puede ser cautelosa y sentirse tensa cuando enfrenta nuevas situaciones. Puede sentir que siempre hay alguien dispuesto a juzgarla. Como madre, puede tener ataques de Remordimiento Materno si siente que ha defraudado a sus hijos, hasta en asuntos menores. Puede tender a sobreprotegerlos, tenga cuidado, una visión pesimista puede fomentar el Remordimiento Materno y entorpecer su capacidad de disfrutar la crianza de sus hijos o cualquier otro aspecto de su vida. Esto puede llevarle a sentirse deprimida. Sin embargo, es posible aprender a cambiar la melodía o ajustar su actitud con un ritmo más positivo. Puede aprender a disfrutar más la experiencia de ser madre dándose el tiempo de asombrarse de sus hijos, de lo robustos y flexibles que son emocionalmente.

CAPÍTULO 3

Los siete principios de la filosofía libre de Remordimiento Materno

1. Debe estar dispuesta a renunciar a ciertas cosas.
2. La crianza de los hijos no es un deporte de competencia.
3. Mire hacia el futuro y divise el panorama general. No se preocupe excesivamente del aquí y el ahora.
4. Aprenda cómo y cuándo vivir en el presente.
5. Acostúmbrese a decir *sí* con más frecuencia y a defender su *no*.
6. Ríase mucho, especialmente con sus hijos.
7. Asegúrese de reservar momentos especiales para divertirse en familia.

Principio No. 1: Debe estar dispuesta a renunciar a ciertas cosas.

A la hora en que terminamos de comprar y preparar la comida, limpiar la cocina, guardar la ropa lavada, ayudar con las tareas y acostar a los chicos, lo único que queremos hacer la mayoría de las mamás es arrastrarnos hasta la cama, solas, a dormir. No hay que olvidar las cuentas, las múltiples llamadas telefónicas y, desde luego, nuestros esposos. Leerlas es agotador, pero no tanto como intentar hacer todas esas cosas. Los seres humanos no estamos diseñados para trabajar sin descanso. Con el paso del tiempo nos volvemos desordenados, ineficientes y refunfuñones. Es por eso que muchas de nosotras constantemente damos el pequeño salto entre pedirles a nuestros hijos que hagan algo y gritarles y entre gritarles y sufrir un ataque de Remordimiento Materno. Dos tercios de las personas encuestadas sobre el Remordimiento Materno respondieron que gritar a los hijos es una causa principal de sensación de culpa. Aunque no existe una madre tan perfecta que nunca surja de su alma un berrinche esporádico, es posible eliminar completamente los gritos como estilo de crianza (le enseñaremos cómo hacerlo en la Parte 2 de este libro).

Lo que importa es lo siguiente: si usted se enterara de que le quedan seis meses de vida, ¿invertiría su tiempo en evitar las manchas en la alfombra? ¿O pasaría ese tiempo disfrutándolo con su familia? Nos parece que deleitarse con las risas de sus hijos debería tener preferencia sobre frotar las manchas de chocolate de la alfombra de la sala. No obstante, aparte de una enfermedad seria, nunca es fácil establecer prioridades en la vida. Después de todo, si todo lo que está en su lista no fuera ya prioritario, no figuraría en la lista. Dominar la capacidad de "liberarse de ciertas cosas" es una de sus herramientas más importantes para luchar contra el Remordimiento Materno. Tan sólo eso la llevará a sentir tal satisfacción con su labor de madre que pasará la mayoría de sus días feliz y sintiendo que lo está haciendo bastante bien después de todo. Es más, esa sensación de felicidad puede usarse como mecanismo de apoyo para toda la familia, haciendo que todos se sientan más contentos y satisfechos.

Directriz de seguridad: usted, como padre, es responsable de proveer un entorno seguro en el que su hijo pueda crecer y aprender. El primer truco que le ayudará a priorizar es hacerse la siguiente pregunta: "¿Qué daño le haría a mi hijo si yo no realizara esta tarea en este momento?". Si la respuesta es "muy poco o ningún daño", acaba de encontrar un tema que puede descartar de su lista de prioridades.

Las tareas domésticas son un ejemplo ideal. En nuestra encuesta para este libro, 59 por ciento de los participantes declararon tener sentimientos de culpa por no estar al día con las tareas domésticas. Entonces, escuche cuidadosamente: es perfectamente aceptable que se vea que en su casa viven niños, aun si llegan invitados inesperadamente. Se permite tener juguetes en el piso, dulces sobre la mesa y zapatos amontonados junto a la puerta. Aunque tenemos muchos consejos sobre cómo manejar las tareas domésticas en el Capítulo 8, utilicemos una situación relacionada con el trabajo doméstico para ilustrar el principio No. 1 aplicando la directriz de seguridad.

Guión con Remordimiento Materno para el principio No. 1

Usted había terminado de hacer una limpieza a fondo de la sala de su casa anoche a las 11. Son las 7 de la mañana y en los veinte minutos desde que sus hijos se despertaron han tenido suficiente tiempo para destruir la habitación. Usted ve empaques vacíos de comida en el sofá. Arrastraron una caja de juguetes del sótano y volcaron el contenido en el piso, mezclando las piezas de varios juegos. Hay algo pegajoso de color café en la pared (¿chocolate?). Complicando más las cosas, unos amigos van a pasar de visita más tarde en la mañana, y tanto usted como sus hijos han estado anticipando esa visita con placer durante días. Usted había planeado pasar la mañana preparando una comida campestre.

Usted retrocede mentalmente hasta la noche anterior, cuando enfrentó el agotamiento y renunció a sus preciados minutos de lectura antes de dormir para limpiar esta habitación. Los chicos apenas se dan cuenta que usted está parada frente a ellos, con las orejas rojas de la ira, mientras ellos se pasean al lado del desorden para ir a sacar más comida de la alacena. Usted se pone a gritar. Le dice al mayor que comience a recoger los juguetes y que ponga las piezas en las cajas que corresponden. Él comienza a obedecer pero de repente hace una mueca de enfado y se detiene. Entre tanto, usted está frenética, frotando la pared y recogiendo empaques de comida, refunfuñando mientras limpia. Los chicos han pasado de una actitud de resistencia pasiva a una discusión entre ellos y con usted. Pronto se deshacen en lágrimas. Para entonces llegan sus amigos, usted está hecha polvo y, aunque siente que se justificaba, también se siente culpable por haber gritado.

Guión sin Remordimiento Materno para el principio No. 1

Tras la cena la noche anterior, usted les recordó a sus chicos que para poder disfrutar de un día de juego, ellos habían prometido ayudarle a limpiar el estadero familiar. Usted le había asignado a cada uno una tarea apropiada para su edad y le había dado instrucciones claras sobre lo que tenía que hacer. Mientras limpiaban la habitación, usted les hablaba emocionada de lo divertido que iba a resultar el día de juego. Sus hijos, desde luego, se distraían de su tarea constantemente y requerían de su ayuda para terminar su parte de la limpieza; pero al final lo lograron y usted pudo hacer su propia tarea, que consistía en pasar la aspiradora. Al terminar, ellos se sintieron orgullosos de su trabajo y usted los felicitó.

Todo ese orgullo desapareció en la mañana. Son las 7 de la mañana y en los veinte minutos que sus hijos han estado despiertos han tenido suficiente tiempo para destruir la habitación. Usted ve empaques vacíos de comida en el sofá y detecta algo pegajoso de color café en la pared. Está a punto de comenzar a gritar, pero respira profundamente tres veces y se calma. Toma nota mental de que la próxima vez que los niños tengan un día de juego, usted debe organizarles actividades que les ayuden a soportar la espera sin desviarse hacia la destrucción. Le gustaría hacer que los chicos volvieran a limpiar la habitación para que sus amigos no crean que viven como cerdos, pero se da cuenta que la limpieza de ayer les tomó un par de horas y si no se apura para preparar la comida, no tendrán nada para llevar al picnic.

Así pues, usted se pregunta: ¿es nocivo todo ese desorden? La mancha pegajosa color café es sospechosa, entonces decide limpiarla usted misma. Los juguetes no están bloqueando el camino, por lo que decide dejarlos donde están, de todas maneras los van a volver a sacar apenas lleguen sus invitados. Los chicos ciertamente pueden llevar sus propios empaques de comida a la cocina. Con el plan establecido, usted se para frente al televisor, lo apaga y dice: "¿Recuerdan lo bien que quedó esta habitación anoche? Tenemos que ordenar algunas cosas antes de que lleguen los invitados".

Principio No. 2: La crianza de los hijos no es un deporte de competencia

¿Alguna vez ha ido al parque con su hijo y todos los padres están sentados hablando sobre cuándo comenzaron sus hijos a caminar, a hablar, o cuándo les salió el primer diente? ¡Qué importa! Es humano querer comparar, pero, por favor, no lo haga con el desarrollo de sus hijos. Si su hijo o hija está feliz y su pediatra no ha expresado ninguna preocupación, ¡magnífico! Quítese de encima la presión y, más importante, quítesela a sus hijos. No hay por qué querer saltar por encima de las metas de desarrollo como si se tratara de una prueba de velocidad. Lo más rápido en realidad no es lo mejor. Créanos. Entre nuestros siete hijos cubrimos toda la gama de ritmos de desarrollo: uno de ellos comenzó a hablar a los once meses y otro a los dieciocho; uno caminó a los nueve meses y otro a los diecinueve; a uno le salieron los primeros dientes a los cuatro meses y a otro a los trece. ¿Sabe qué? Todos los siete están perfectamente sanos y felices, y todos son miembros productivos de la sociedad.

No es provechoso para su familia ponerles presión a sus hijos para intentar acelerar su desarrollo, sólo para después tratar de eliminar de sus vidas la presión de sus iguales cuando sean adolescentes. Si le preocupa el desarrollo de su hijo, consulte con su pediatra, con la maestra del niño o piense en servirse de alguno de los recursos para diagnosticar el desarrollo (Apéndice C). Si su hijo florece tardíamente, le pedimos considerar estas dos palabras sabias: "¿Y qué?". Poco importan las circunstancias, desde el genio hasta aquel a quien todo le cuesta trabajo, cada uno de sus hijos encontrará su propio ritmo de desarrollo y usted lo acompañará.

Ahora: no queremos minimizar las dificultades emocionales de la crianza de un hijo que requiere apoyo adicional, de hecho, hemos abordado este tema en el Capítulo 15. Pero todos los niños, es más, todas las personas, enfrentan dificultades. Todos tenemos áreas en que sobresalimos, y otras en que no. A no ser que su hijo sea un extraterrestre, siempre habrá un chico en este mundo que haya logrado hacer ciertas cosas más rápido, o trepar más alto o lo que sea, y otro que no. Como respondió sabiamente uno de nuestros encuestados: *no se deje enredar en una competencia con otros padres. Eso genera mucho sentimiento de culpa. Disfrute a sus hijos y permítales ser individuos. La niñez no debe ser un concurso. El padre o madre exitoso es el que tiene un hijo feliz.*

La germinación de este aspecto de la angustia paterna comienza en los primeros meses de vida del bebé, cuando los padres buscan ansiosamente las señales de que han dado luz al próximo Einstein. El ejemplo clásico tiene que ver con el momento en que el niño da sus primeros pasos. Permítanos confiarle un secreto: la edad en que el niño comienza a andar no es la señal de inteligencia que usted está buscando. El niño que comienza a andar a los nueve meses no es necesariamente ni un genio ni un futuro campeón olímpico. Veamos el principio No. 2 de la filosofía libre de Remordimiento Materno, desde las dos perspectivas, tanto con culpa como libre de culpa, y utilicemos el momento de los primeros pasos como ejemplo.

Guión con Remordimiento Materno para el principio No. 2

Cuando Ariel se reúne con su grupo de juego de madres y bebés ve a Gaby, la hijita de su amiga, dando sus primeros pasos. Gaby tiene sólo diez meses de edad y su madre está dichosa demostrando la nueva habilidad de su pequeña. La niña está disfrutando toda la atención que recibe, pero pronto se cansa del esfuerzo de andar y comienza a aferrarse a su madre. Ariel para a Annie, su hijita de trece meses, en sus pies. La toma de la mano y camina con ella. Annie es la única bebé del grupo que aún no camina sola. Las otras madres le dan consejos: la una insiste en que el caminador que compró es la razón por la que su bebé comenzó a andar tan pronto, otra le dice que se tomó algunos minutos cada noche para enseñarle a andar a su bebé. Ariel se siente culpable: ella ha estado usando un corral y no un caminador, y no ha hecho ningún esfuerzo especial por "entrenar" a Annie para caminar. En casa, en las noches que siguen, Ariel trabaja con su hija, sosteniéndola y caminando con ella, y comienza a decepcionarse cuando Annie se cae sentada cuando Ariel no la está sujetando al andar. Buscando asesoría adicional, Ariel revisa su catálogo de libros sobre la crianza de niños. La semana siguiente, incapaz de enfrentar a todas esas madres, se excusa del grupo de juego.

Guión sin Remordimiento Materno para el principio No. 2

Cuando Ariel se reúne con su grupo de juego de madres y bebés ve a Gaby, la hijita de su amiga, dando sus primeros pasos. Se une al grupo y admira el logro de Gaby. Ubica a Annie junto a sus cubos favoritos y encuentra un rinconcito agradable para hablar con las mamás. Ellas están felices por ver el momento mágico en que observan a sus hijos dar sus primeros pasos. Annie no ha demostrado ningún interés en andar y es experta en gatear; así que, una vez que Ariel ha contado un breve chisme, ya no tiene nada que decir. Entonces va a sentarse junto a Annie y le ayuda a construir una torre gigante con los cubos. Más tarde llama a su hermana, que tiene cuatro hijos y es la personificación misma del sentido común. Ariel quiere asegurarse de que no hay por qué preocuparse de que Annie aún no camine. Su hermana le dice lo que todos los libros sobre la crianza de niños dicen: que algunos niños comienzan a andar pronto y otros no. "Si se lo has mencionado a la pediatra y ella no está preocupada, tú tampoco deberías estarlo", le dice su hermana. Aliviada, Ariel pasa la tarde sentada en el piso con Annie jugando los juegos favoritos de la niña y pensando que pronto, cuando Annie comience a andar, estas horas tranquilas de juego en la alfombra serán tan sólo un recuerdo.

Principio No. 3: Mire hacia el futuro y divise el panorama general

Todos queremos lo mejor para nuestros hijos. Queremos que lleguen a ser personas inteligentes, de buen corazón, responsables, amables, trabajadoras e independientes. Estas son todas las cualidades deseables. ¿Cómo se las inculcamos a nuestros hijos? Lo hacemos manteniendo presentes esos objetivos a lo largo de los años de crianza y de decisiones, y a través de las elecciones que hacemos, dando ejemplo de tales comportamientos nosotros mismos. Para expresarlo simplemente, cuando miramos hacia el futuro y divisamos el panorama amplio vemos a ese tipo de persona. En cada situación crítica hágase la siguiente pregunta: "¿Cómo va a contribuir esto a que mi hijo se convierta en esa maravillosa persona que preveo?"

De la misma forma, mirar hacia el futuro la incluye a usted también. Ser madre es sólo uno de sus roles. A medida en que sus hijos van creciendo, el tiempo que le ocupa la crianza varía. Tener una pasión en su vida más allá de la familia aumentará su felicidad en general, y su placer en la familia, en particular. Hoy en día, sin embargo, estamos acostumbrados a creer lo contrario: que el tiempo que pasamos lejos de la familia es tiempo robado y que debemos sentirnos culpables por ello. Pero usted es el ejemplo principal para sus hijos. Es importante que sus hijos aprendan que para vivir felizmente, es necesario que las personas se involucren con regularidad en actividades que les brindan alegría. Los niños deben descubrir que las diferentes personas disfrutan haciendo cosas diferentes. Si la ven a usted haciendo algo que le encanta, es probable que ellos también encuentren algún pasatiempo, deporte u otra actividad que aprecien. De esta manera usted le demuestra a su familia una ética que indica que la vida debe disfrutarse. La siguiente historia ilustra el principio No. 3 de la filosofía libre de Remordimiento Materno y los padres atareados pueden identificarse con ella fácilmente.

Guión sin Remordimiento Materno para el principio No. 3

Rene estaba viajando en su automóvil un sábado soleado de abril, dirigiéndose hacia las afueras de la ciudad a conseguir unos materiales de arte difíciles de encontrar. Sabiendo que sus planes no resultarían divertidos para su familia, dispuso que su hijo de cinco años se fuera de caminata con sus amigos, que su hijo de nueve años explorara fósiles con algunos compañeros, y admitió que su esposo hiciera una excursión en bicicleta con amistades. Andaba feliz en su camino cuando de repente ¡*Zas!* La golpeó la culpa. "Debería estar pasando este hermoso día con mis chicos", pensó. Los horarios tan recargados habían impedido que pasaran un día en familia desde hacía semanas. Aunque sintió la tentación de regresar, no lo hizo, y al final del día aprendió el principio No. 3 de la filosofía libre de Remordimiento Materno, y de qué manera.

Su hijo de cinco años llegó a casa lleno de cuentos de su paseo, el de nueve años llegó con los bolsillos llenos de fósiles, y su marido le mostró orgullosamente sus nuevos raspones con bicicleta de montaña. Y en cuanto a ella, comenzó satisfactoriamente un nuevo cuadro. Por supuesto, la familia se perdió de estar junta en un hermoso sábado, pero al aplicar el principio No. 3 de la filosofía libre de Remordimiento Materno y mirar hacia el futuro divisando el panorama completo, Rene se dio cuenta de que su objetivo a largo plazo no era únicamente una experiencia sobresaliente como madre. Renee deseaba tener una familia que valorara estar unida. Para lograrlo, cada uno de ellos necesitaba pasar tiempo lejos de la familia. Además, quería que sus hijos se descubrieran a sí mismos como individuos. Así que tenía que aplicar también el principio No. 1 y estar dispuesta a sacrificar parte de su tiempo juntos, aún en un período en que no lo hay en demasía.

Principio No. 4: Aprenda cómo y cuándo vivir en el presente y no en el futuro

Lejos de ser contrario al principio No. 3 libre de Remordimiento Materno, el No. 4 es su complemento. Es el concepto de ser capaz de dejar a un lado todas esas listas de cosas que hacer, de dejar de trajinar de un lado a otro, y simplemente estar con sus hijos en el aquí y el ahora. Esto es especialmente importante pues los niños viven en el aquí y el ahora. Sólo los adultos se sientan a planear su próxima comida mientras se comen la presente. Nuestros hijos nos brindan la mejor excusa del mundo para olvidarnos de todas las complicaciones de adultos en nuestras vidas y disfrutar el presente. ¡Súbase al columpio en el parque! ¡Móntese en el mini-tren con su pequeño! Juegue un juego de mesa con su hijo adolescente. Una vez que se "libere" de la ropa sin planchar que está sobre la mesa, podrá dedicarse plenamente a su hijo mientras juegan. La ropa la espera tranquila y pacientemente hasta que pueda plancharla.

El principio de aquí y ahora requiere mucha práctica. ¿Con cuánta frecuencia se sorprende a sí misma pensando en su lista de cosas por hacer mientras se ocupa de las necesidades de sus chicos (vistiéndolos, dándoles de comer)? ¿O quizás se sorprende intentando terminar alguna tarea mientras su hijito la persigue por toda la casa, le grita o se agarra de su pierna? Es probable que si le presta toda su atención, su atención completa, es decir, si deja de hacer lo que está haciendo durante diez minutos, él regresará a sus propias actividades con una sonrisa en los labios. La verdad es que nuestros hijos no nos necesitan durante mucho tiempo en un día o, lastimosamente, durante muchos años a lo largo de una vida. Cuelgue el teléfono, deje a un lado la ropa o guarde las llaves del carro y juegue un rato, escuche la historia favorita de sus hijos por enésima vez, juegue con sus muñecas, cánteles una canción. Le garantizamos que tanto ellos como usted se sentirán mejor en unos pocos minutos; su hijo dejará de quejarse, usted logrará hacer todo lo que quería y, muy probablemente, usted habrá vivido el mejor momento de todo su día.

Guión con Remordimiento Materno para el principio No. 4

Mientras acuesta a su hijo por la noche, le parece que no lo ha visto desde hace días. La ataca la culpa y quisiera liberarse de sus obligaciones para pasar más tiempo con sus chicos. Pero no es posible. Ya acomodó su horario para llevar a su hijo a una serie de ensayos para una obra teatral en la que participa, apenas tuvo tiempo de preparar la cena y comer antes de que él se acostara y durante la cena, tuvo que ayudarle a prepararse para su examen de ortografía. La próxima semana usted tendrá toda una acumulación de obligaciones familiares para ponerse al día, y él tendrá más ensayos. No hay manera de programar tiempo juntos. Usted suspira. La diversión tendrá que esperar. Quisiera que esos momentos en que siente que él se le está escapando de las manos no ocurrieran con tanta frecuencia, la hacen sentir tan culpable. ¿Acaso está aferrándose a él? Después de todo, en la medida en que él crezca usted tendrá que acostumbrarse a que él no sea el centro de su vida. Usted sacude la cabeza y regresa a la cocina a terminar de limpiar.

Guión sin Remordimiento Materno para el principio No. 4

Usted recoge a su hijo tras el ensayo para una obra teatral en la que actúa, pero antes de que pueda encender el carro se voltea y lo mira sentado en el asiento trasero. Sabe que si le pregunta cómo le fue, le va a contestar "bien"; pero usted quiere compartir con él la experiencia un poco más. Selecciona cuidadosamente una frase que usted sabe que lo hará hablar. Le dice: "Cuéntame de esa escena que ensayaron hoy". Él le explica todo sobre esa escena y sobre el resto del ensayo mientras se dirigen a casa. Mientras conduce, usted deja el radio apagado y siguen hablando. Más tarde usted lo llama a la cocina para que ponga la mesa, él tararea una canción de la pieza teatral y le muestra algunos pasos de baile mientras distribuye los cubiertos. Le enseña la letra de la canción mientras usted prepara la ensalada. Cantan juntos mientras comen, levantándose a veces para practicar los pasos de baile, y después usted aprovecha la melodía para ayudarle a practicar las reglas de ortografía. La cena es el único momento que él ha tenido para estudiar. Mientras lo acuesta esa noche, usted canta una de sus reglas de ortografía y lo hace reír. Ya tienen otro chiste privado entre los dos, piensa mientras se dirige a la cocina, y ni siquiera le molesta tener que limpiarla.

Principio No. 5: Acostúmbrese a decir *sí* con más frecuencia y a defender su *no*

Como padres tenemos muchas oportunidades de confrontación con nuestros hijos. Debemos aprender a escoger nuestras batallas cuidadosamente, pues de no ser así vamos a pasar la mayor parte de nuestro tiempo peleando. Regrese a la segunda parte del principio No. 1: la seguridad de sus hijos debe ser siempre su primera preocupación. Esta es una regla familiar fácil de cumplir, pues usted automáticamente nunca dejará de ser consecuente con ella; por ejemplo, nunca permitirá que su hijo monte en el automóvil sin el cinturón de seguridad. Piense cuidadosamente antes de contestar *no* a cualquier otro asunto o de crear alguna nueva regla global de comportamiento. ¿Existe alguna razón por la cual ellos no puedan retirarse de la mesa sin comerse todos sus vegetales? ¿Se les puede permitir ponerse calcetines que no combinan para ir al colegio? ¿Realmente importa que prefieran el monopatín a la patineta que habían ido a comprar? Su tiempo en familia resultará mucho más relajado si cada uno se esfuerza por dar una respuesta positiva primero.

Comencé a hacer la prueba conmigo misma, con mi esposo y con mis hijos mayores. Si la respuesta era *no*, la persona que la daba (incluyéndome a mí misma) tenía que exponer una razón. Con frecuencia nos dábamos cuenta de que estábamos usando el *no* como una respuesta rápida aunque injustificada. Cuando vimos lo ridícula que resultaba esta costumbre, comenzamos a decir *sí* más a menudo. Todos comenzamos a disfrutar más el tiempo juntos.

Algunas personas dicen que si se les da a los hijos todo lo que desean, crecerán muy mimados. La filosofía libre de Remordimiento Materno sostiene que en realidad no es fácil consentir demasiado a los hijos. Creemos que si un niño crece en un mundo lleno de *sí*, el resultado será la confianza. Mimar a los hijos, o enseñarles a ser egoístas, tiene tanto que ver con los métodos que se usen para disciplinarlos como con permitirles de vez en cuando comerse un helado al llegar del colegio. Si nota que después de un día lleno de *sí* sus hijos tienen una rabieta por el único asunto al que usted ha respondido con un *no*, talvez tendrá que instituir algún sistema que les haga merecerse más oportunidades de oír un *sí*. Pero aún si eso ocurriera (y ocurrirá), usted no necesita volver automáticamente al *no* visceral. Discutiremos las opciones de disciplina en mayor detalle en el Capítulo 6.

Guión con Remordimiento Materno para el principio No. 5

Los chicos del vecindario han venido a su casa, por lo que tiene seis niños correteando de un lado a otro. Deciden que quieren hacer manualidades y le preguntan si pueden pintar por un rato. Mira a los niños, se imagina el desorden y les dice que no, usted quiere que salgan a jugar al jardín. Ellos se niegan, quieren saber por qué, comienzan a discutir. Usted les recuerda que no es no, que no tiene que darles ninguna razón, y tras algunos minutos de discutir con usted, los amigos se marchan, sus hijos se van a su habitación y usted está sola, todavía enojada. Se siente culpable también porque, ahora que lo piensa, en realidad le hubiera gustado que gastaran algunos de esos útiles de pintura que tiene guardados en canastas en el cuarto de juegos.

Guión sin Remordimiento Materno para el principio No. 5

Los chicos del vecindario han venido a su casa, por lo que tiene seis niños correteando de un lado a otro. Deciden que quieren hacer manualidades y le preguntan si pueden pintar por un rato. Mira a los niños, se imagina el desorden y les hace prometer que van a limpiar después. Le juran que lo harán, pero sin embargo a usted le preocupa la suciedad. Entonces usted les dice que tienen que trabajar en el camino de entrada. Les ayuda a arrastrar las canastas de elementos de arte desde el cuarto de juegos hasta el garaje, a instalarse y a poner piedras sobre sus hojas de papel para burlar el viento; después se sienta al sol mirando hacia el camino de entrada, leyendo su libro mientras ellos trabajan. No hay peleas, el desorden es moderado y, lo mejor de todo, puede disfrutar de algunos minutos de lectura sin interrupciones.

Principio No. 6: Ríase mucho, especialmente con sus hijos

El sentido del humor no es necesariamente algo con lo que nacemos; en el caso de algunos padres, ser divertido y ver el mundo como un lugar divertido puede ser algo que tengan que practicar. Haga chistes con sus hijos. Ríase con ellos cuando comiencen sus esfuerzos torpes por contar chistes. Aún si se siente agobiado, puede romper su tensión y la de ellos simplemente sonriéndoles, aunque no tenga ganas de sonreír.

Asegúrese de aprender la diferencia entre reírse con ellos y reírse de ellos. Reírse cuando su hijo pronuncia mal una palabra y hace un sonido raro puede ser maravilloso siempre y cuando el niño también se ría. Pero si su niño no piensa que es divertido, entonces no es divertido. Los niños no toleran muy bien que se les tome el pelo; y a veces los padres no saben cuándo parar una vez que comienzan a tomarles el pelo, pues no leen las señales que les dicen que se acabó la diversión. Aunque debemos enseñarles a los niños a mirar el lado jocoso de la vida, debemos demostrarles el tipo de humor de buen talante que no hace de nadie el blanco de la broma. Si usted no se ríe con sus hijos cada día (aunque la mayoría de nuestros encuestados dicen que sí lo hacen), necesita aplicar el principio No. 6 un poco mejor. Muchas discusiones pueden acallarse con la risa.

Mis dos hijas estaban en graves líos por estar peleando por enésima vez ese día. Yo las tenía a ambas sentadas en el sofá escuchando mi sermón en que les decía que las hermanas debían entenderse bien, cuando mi hijo pequeño decidió unirse a nosotras. Cuando dejé de hablar con una de las niñas, él intervino y repitió exactamente lo que yo acababa de decir. Resultaba tan divertido oírlo de la boca de un pequeñito de dos años, que todos comenzamos a reír. El desagrado del momento terminó, y todos aprendimos algo del niño. La risa puede ser una maravillosa cura para una gran variedad de males.

Veamos cómo poner en práctica el principio No. 6 de la filosofía libre de Remordimiento Materno en esta conocida anécdota matinal:

Guión con Remordimiento Materno para el principio No. 6

Sus hijos se despiertan tarde en un día de colegio. El mayor está gritando al pequeño por tardarse demasiado tiempo en el baño. Usted está correteando por la casa preparando almuerzos y gritando cuantos minutos faltan para que se queden del bus. Los chicos están perdiendo aún más tiempo peleando por todo, están tensos porque están retrasados y se desahogan peleando juntos. Usted suspira, interviene por enésima vez y, cuando por fin se van, está a punto de desplomarse de tensión. Y no son sino las 8 de la mañana.

Guión sin Remordimiento Materno para el principio No. 6

Sus chicos se despiertan tarde para ir al colegio. Están tensos porque están retrasados y se desahogan peleando. Cuando el mayor comienza a gritar al más pequeño por poner música, usted comienza a cantar a voz en cuello una canción de un espectáculo de Broadway que alaba los placeres de la música. Usted está sobreactuando. Se convierte en un juego. Ellos intentan ponerla prueba con palabras y usted tiene que encontrar nuevas canciones mientras les ayuda a buscar los zapatos, los peina, les sirve el cereal y les empaca el almuerzo. Después se montan en el autobus. Son las 8 de la mañana y su día ha comenzado bien.

Principio No. 7: Asegúrese de reservar momentos especiales para divertirse en familia

Divertirse en familia implica más que reírse juntos. Significa jugar juntos, comer juntos, realizar actividades juntos – disfrutar unos de otros de una variedad de maneras. A veces es algo que anticipamos con placer toda la semana.

La vida es agitada hoy en día, poco importa quién es y qué hace. Trabajamos más horas que nunca. Tenemos centenares de opciones de qué hacer con nuestro así-llamado tiempo libre. Si no planeamos el tiempo en familia, es muy probable que no podamos tomarnos ese tiempo. No tiene que ser nada elaborado. Coman juntos en la noche por lo menos dos veces por semana. Programen una excursión juntos mensualmente, desde un picnic en su propio patio trasero hasta un fin de semana fuera de la ciudad. Siga las pautas de sus hijos, a veces tienen buenas ideas sobre cosas divertidas que se pueden hacer en familia. Practiquen los juegos de mesa, conviertan la sala de su casa en un mini-teatro, alquilen una buena película, preparen palomitas de maíz y recuéstense juntos a verla. La única directriz es encontrar una actividad que todos disfruten y que no resulte difícil si se siguen los principios 6 y 7. Gracias al interés de una de sus hijas, la familia de una de las autoras de este libro escala montañas.

Es un deporte que cada uno de nosotros puede practicar a su propio nivel y sin embargo hacerlo juntos. Nos turnamos animando a los demás y desafiándonos mutuamente. Lo hacemos porque es divertido, pero también nos ha ayudado a construir una nueva confianza entre nosotros.

Tiene usted ahora siete principios básicos que le ayudaran a superar los momentos difíciles. Utilizando estos principios como base, está lista para comenzar a enfrentar algunas de las situaciones que generan Remordimiento Materno. De tal manera usted y su familia podrán disfrutar el tiempo que comparten.

CAPÍTULO 4

Dar inicio a la culpa

Ahora que hemos esbozado los principios de la filosofía libre de Remordimiento Materno, veremos cómo se genera la culpa. Con frecuencia comienza cuando alguien se convierte en madre de un recién nacido, o antes aún, desde la experiencia misma del parto.

La buena noticia para los padres de recién nacidos es que pueden actuar para evitar la Remordimiento Materno. De la misma manera en que les ayudan a sus hijos a desarrollar hábitos sanos para toda la vida, los nuevos padres pueden comenzar de cero a crear la costumbre sana de una filosofía libre de Remordimiento Materno.

La culpa y el plan de parto

En algunas mujeres, la semilla de la Remordimiento Materno se siembra poco después de la concepción. Estamos hablando del plan de parto. Es ese papelito que usted escribe y que le permite a todos los involucrados conocer sus planes. Incluye sus intenciones en cuanto al uso de medicamentos, al ambiente de la sala de partos y posiblemente al papel que jugarán las diferentes personas que la acompañarán en esa experiencia. En esta era de opciones en materia de partos, el mito del parto idílico se ha propagado tanto como los mitos sobre la lactancia. A veces las madres se sienten culpables de desviarse de su plan de parto. Puede ser que habían planeado dar a luz sin tomar analgésicos pero los usaron.

Tal vez hubieran preferido un parto en casa pero dieron a luz en el hospital. Quizás oyeron a otras madres describir sus partos en casa sin intervención médica como logros dignos de orgullo y sienten remordimiento o vergüenza de no haber resistido lo suficiente para lograr ese mismo objetivo que se habían trazado.

La verdad es que el trabajo de parto y el parto mismo tienen su propio desarrollo. Si el nacimiento de su bebé no ocurrió según lo planeado, acaba de entrever por primera vez lo que significa ser madre; no está totalmente a cargo de la situación, ni debe estarlo. En lugar de concentrarse en la experiencia que se les escapó, las madres primerizas deberían considerar la experiencia única e igualmente asombrosa que vivieron. A veces unos pocos minutos de meditación en que la madre se concentra en ese parto imaginario y se despide de él conscientemente pueden servir. Una manera infalible de desligarse de él es compartir su historia de trabajo de parto y nacimiento con otras madres. Probablemente no le quedará difícil encontrar otra primípara o una madre experta que quiera comparar experiencias con usted.

Niéguese a competir por la lactancia

El primer mito que las madres primerizas deben superar es el siguiente: "Ha nacido el bebé y me han devuelto mi cuerpo" Que se trate de primíparas o de veteranas de varios partos, esta falacia parece confundir a todas las mujeres. Tienen razón, excepto que durante los próximos meses el pequeño va a ser, en esencia, un mero apéndice suyo. A muchas mujeres la manera en que ese pequeño apéndice se les pega al cuerpo (la succión del pecho) les genera enorme Remordimiento Materno.

La lactancia

Créanos: sabemos cómo es sentirse en medio del infierno de la lactancia, deseando haber leído más/leído menos, usado sostenes de lactancia/camisetas de lactancia diferentes, hablado/evitado hablar con un consejero de lactancia, y así sucesivamente. Frente a todas las opciones, los consejos y el trompeteo constante sobre la importancia de la lactancia, si por casualidad le está costando trabajo, usted puede creer que la culpa es suya. Estamos de acuerdo con la recomendación de la Academia Estadounidense de Pediatría en favor de la lactancia durante un año, y muchas madres la cumplen gustosamente. Sin embargo, si a usted no le funciona, sepa que es parte de la vida y no dude que está haciendo lo mejor que puede.

Y lo siguiente también es algo para recordar: los biberones, la leche maternizada, los dispositivos para la lactancia, los asesores de lactancia, La Liga Internacional de La Leche, etcétera existían antes de que usted fuera madre. Ciertamente, a lo largo de los años, millones de mujeres han requerido apoyo para aprender a amamantar o han necesitado alternativas a la lactancia. También es cierto que millones de adultos felices y equilibrados han sido criados por mujeres que no podían, no debían o simplemente no los amamantaron cuando eran bebés.

La mitología que nuestra cultura ha generado en torno a la lactancia tampoco ayuda. En un extremo del espectro están todas aquellas historias de pezones agrietados y sangrantes que le cuentan las otras madres desde el momento mismo en que se entera de que está embarazada. Al otro extremo está la historia de la mamá de quíntuples que amamantó a cada uno de ellos y le sobró leche para donar a un banco de leche materna (¡y los medios para bombearla!). La entretendrán con anécdotas de mamás que superaron meses de dolor y sufrimiento, mastitis (inflamación del seno) y conductos lácteos obstruidos. Estas mamás juran que la lactancia valió la pena y les brindó una dicha que no puede sentirse de ninguna otra manera. Todo eso puede ser cierto, pero no quiere decir que será el caso de cada mamá. Se ha hablado tanto del tema, que una madre primeriza fácilmente puede creer que una especie de nirvana de la lactancia espera a todas las mujeres. No es así. Relatos como estos generan enormes sentimientos de culpa en las madres que deciden alimentar a sus bebés con métodos diferentes a la lactancia.

CONSEJO ÚTIL

La lactancia y la adopción

Si usted es una madre primeriza gracias al proceso de adopción, puede sentirse abrumada con toda la información sobre cómo amamantar a su bebé. Entre sus opciones está intentar estimular su propia producción de leche con algún dispositivo que simule el acto de amamantar o algo parecido. Queremos advertirle que este puede ser un tema que produzca grandes sentimientos de culpa. Cualquiera que sea su manera de manejar la alimentación de su bebé, ¡por favor proceda con una actitud libre de Remordimiento Materno! Si quiere intentar darle el pecho, si tiene éxito en sus esfuerzos por producir leche y si disfruta la experiencia, ¡maravilloso! Si no tiene "éxito", sea como sea que lo defina, réstele importancia y sepa que muchas mujeres se enfrentan a la misma situación, ya sean sus hijos adoptados o no.

Si opta por el biberón o las circunstancias se lo imponen, sepa que abrazar a su bebé, piel contra piel, mientras le da el biberón puede ser una maravillosa experiencia para ambos, tan entrañable como lo fue la lactancia para las otras madres. En cuanto a lazos de unión que no lleguen a formarse, le señalamos el papel de los papás. Muy pocos papás dan pecho a sus bebés (aunque, aparentemente, se ha registrado un fenómeno llamado lactancia masculina.[1]) Pero aun sin amamantarlos, muchos papás han forjado vínculos fuertes con sus hijos.

Tuve muchas dificultades con la lactancia, por lo que comencé a darle a mi hijo leche en polvo maternizada cuando tenía seis semanas. Dada la avasalladora cantidad de mensajes a favor de la lactancia y en contra del biberón que reciben las nuevas madres, me angustió poderosamente mi decisión, que ahora considero sensata y, en general, acertada.

En palabras sencillas, mientras que la lactancia es recomendable y una maravillosa manera de alimentar a su bebé, a algunas madres puede resultarles muy difícil. Algunas de ellas pueden optar por no amamantar por temor al dolor, mientras que otras pueden sentirse totalmente inadecuadas porque, tras veinte minutos agarradas a la bomba de extraer la leche, sólo han logrado recoger una onza en el biberón. Otras no tolerarían que ningún líquido toque los labios de su bebé que no sea leche materna. En última instancia, lo que más importa es que su bebé esté sano y que usted se sienta cómoda con su situación.

Alternativas a la lactancia

Considerando todo esto, no sorprende que la lactancia pueda ser la primera experiencia de la madre primeriza con el Remordimiento Materno. Queremos señalar que también puede ser su primera oportunidad de desarrollar su filosofía libre de Remordimiento Materno. Como lo ilustra la anécdota sobre la lactancia en el Capítulo 1, una experiencia difícil puede presentar la razón perfecta de aplicar el principio No. 1 (debe estar dispuesta a renunciar a ciertas cosas). Aún si no renuncia a ellas, ¡algunas se le escaparán por sí solas!

En el caso de aquellas madres que optan por dejar de amamantar, esperamos que opten también por no derrochar esfuerzos defendiéndose. Pueden decidir simplemente quedarse sentadas tranquilamente mientras las otras mamás las bombardean con sus anécdotas sobre la lactancia. Si usted es una madre que está contemplando salir del infierno de la lactancia, permítase sentirse a gusto con su decisión. Si decide combinar el pecho con algunas porciones de leche maternizada, permítase sentirse bien y recuerde que lo que está haciendo es lo que más les conviene a usted y a su bebé. El objetivo es tener un bebé feliz, en crecimiento y con la barriguita llena. Tanto el pecho como el biberón pueden lograrlo.

El Remordimiento Materno puede atacarnos rápidamente cuando comenzamos a preocuparnos de lo que hacen y dicen otras personas en lugar de concentrarnos en nuestras propias necesidades. Cuando esto ocurra, aplique el principio No. 2 (la crianza de los hijos no es un deporte de competencia). Una mamá en nuestra encuesta atribuyó su sentimiento de culpa a tener que bombear leche materna durante las horas de trabajo:

> Sí, todavía estoy amamantando a mi hijo y me siento enormemente culpable de tener que sacar tiempo de mi día laboral para bombear leche. Bombeo tres veces durante un turno de trabajo normal. Aunque compenso ese tiempo quedándome hasta más tarde, llegando más temprano o abreviando mi hora de almuerzo, me siento culpable de no estar ciento por ciento concentrada en el trabajo. Pero no hay manera de que yo renunciara a bombear, pues sé que es lo mejor para mi hijo.

Si usted opta por darle el pecho a su bebé hasta que éste pueda tomar de una taza, necesita bombear en el trabajo. Permítase tener una actitud relajada al respecto. Es una fracción de segundo comparado con todo el tiempo que usted pasará en el trabajo durante su vida y su empleador no va a paralizarse porque usted pase unos minutos adicionales en el baño diariamente (o tal vez en su oficina con la puerta cerrada). No hay necesidad de disculparse, usted tiene el derecho de tomarse el tiempo necesario para ocuparse de funciones fisiológicas naturales e importantes. Es un momento clásico para decirse a sí misma: "¡Estoy orgullosa de ser mamá!".

Cómo crear vínculos emocionales

En la segunda mitad de los años ochenta, se convirtió en un lugar común que el vínculo emocional entre madre e hijo se establecía inmediatamente después del nacimiento del bebé, al igual que la pata mamá deja su impronta en el patito. Nos alegra informar que muchos investigadores consideran ese lugar común dudoso. Ahora sabemos que los lazos afectivos entre los niños y sus cuidadores se desarrollan de diferentes maneras en diferentes edades.[2] Puede forjarse un vínculo especial en el momento del nacimiento; no obstante, si la madre o el niño sufre complicaciones médicas asociadas con el parto, o si la madre simplemente está demasiado cansada y no puede con ello, este vínculo puede crearse más tarde. ¿Es un crimen no sentir un lazo afectivo inmediato con su recién nacido? De ninguna manera. Si le sirve de consuelo, el hecho es que muchos padres sienten poco más que confusión y temor en la sala de partos. Sólo los bebés que nacen en la televisión y en el cine salen bonitos, rosaditos, limpios y capaces de relacionarse inmediatamente con sus padres. Usted tendrá suficiente tiempo para desarrollar una maravillosa relación con su hijo: están a punto de pasar innumerables horas juntos.

> *Después de veintiséis horas de trabajo de parto, tuve que someterme a una cesárea de emergencia. Permanecí despierta, pero la anestesia me había paralizado desde el pecho hacia abajo, y las partes de mí que aún sentía, temblaban violentamente. Cuando nació mi hija, mi marido intentó entregármela pero le dije que no. Una vez que supe que estaba sana, no pude controlar mis brazos lo suficiente para alzarla, y francamente no me importaba. Sin embargo, él me la recostó sobre el pecho por unos momentos. Ella tenía fiebre y pasó sus primeros días en cuidados intensivos, igual que yo. El primer día las enfermeras me la traían a toda hora para que le diera el pecho y yo les decía cada vez que se la llevaran. No lograba despertarme completamente y temía dejarla caer. No querían escucharme y les preocupaba que no estuviera forjando vínculos emocionales con ella. El segundo día, habiendo logrado dormir durante algunas horas consecutivas, me senté, tomé a mi bebé, la abracé y trate de aprender a amamantarla. A partir del segundo día de su vida y hasta ahora, doce años más tarde, tenemos una relación tan cercana como es posible tenerla entre madre e hija.*

Olvídese de la lista de cosas por hacer y acuéstese a dormir

Bien, ahora se está dando cuenta de que en realidad no le han devuelto el cuerpo. Además, el cuerpo que tiene no es el mismo que ha estado fantaseando. Vuelve del hospital y, con algo de suerte, su estómago está más pequeño de lo que estaba cuando entró. Sin embargo, su cuerpo es una mezcla repugnante de sangre, calostro y sudor montada en una montaña rusa hormonal. Va a sentirse sucia. También va a sentirse atolondrada, tajante, emotiva, exuberante, disgustada, animada y desanimada. Pero sobre todo va a sentirse cansada. Habrá días en que ni siquiera reconozca a la persona en el espejo (asumiendo, desde luego, que tenga tiempo de mirarse en un espejo). Tiene un hermoso niño en los brazos, pero lo único que quiere hacer es acostarlo para poder dormir. O tal vez tenga una criatura de aspecto raro en sus brazos, de cabeza puntiaguda, y le esté costando trabajo encontrar bello al pequeño, y se siente culpable de su reacción.

Se le ha dicho que no debe dormir junto a su bebé pues puede sofocarlo al voltearse. Se le han dado instrucciones de amamantar el bebé cada tres o cuatro horas, pero la idea de permanecer despierta tanto tiempo la agota, aunque la lactancia misma no le ha presentado muchos problemas. Comienzan a sentirse abrumada e incompetente y con esos sentimientos surgen también los primeros indicios del Remordimiento Materno. ¿Cómo logrará sobreponerse en los próximos meses?

Primero, debe comprender que hay cosas que simplemente no puede controlar, como sus cambios hormonales. En lugar de sentirse culpable de su excesiva emotividad, reconozca que, con la excepción de casos extremos, es normal en casi todas las mujeres. Tiene derecho a sentir lo que siente. Déjese conmover viendo un comercial por televisión, permítase una buena risotada cuando descubra que le ha puesto el pañal al revés a su bebé, grite a su marido cuando inocentemente le sugiera que coman pizza esa noche, olvidando su recién descubierta aversión por el queso derretido.

El objetivo es evitar que el ser madre la conduzca al agotamiento. Para evitar el agotamiento en esa fase temprana, le decimos: "Duerma cuando su bebé esté dormido". Deje de poner los ojos en blanco, por favor.

Ya lo ha escuchado. Su amigo, su obstetra o partera, las enfermeras en el hospital, todos le han transmitido esa gran revelación como si fuera magia. Desde luego, usted sabe que se lo dijeron por amor y simpatía. Le miraron los ojos hundidos y se lo recordaron. Usted se arma de toda la fuerza que le queda y responde con una sonrisa agradable mientras su mente le da vueltas a todos los pensamientos de todas las tareas inconclusas en su casa y en su mundo que sólo podrá vencer mientras duerme el bebé.

Pero tenemos que decírselo: no descarte ese consejo. Hemos prometido ayudarle a priorizar; por eso le decimos enfáticamente, especialmente si se trata de su primer hijo: duerma cuando el bebé esté dormido.

Necesita descanso para tomar decisiones sensatas y para ser una madre tranquila, afectuosa y coherente. Conocemos la realidad de su situación y sabemos que cualquier otra cosa que tenga que hacer puede esperar hasta después de la siesta. Aquellas mujeres en su entorno que lo han vivido recordarán lo abrumadora que resulta la iniciación a la maternidad. En cuanto a aquellas que no lo han vivido, usted no está obligada a causarles una buena impresión. Este consejo es especialmente importante si en su trabajo tiene prevista una licencia de maternidad muy breve. Siempre recuerde que estas pocas semanas de iniciación no son más que eso: unas pocas semanas. La tierra no se saldrá de su órbita si se recuesta unos cuantos minutos a media mañana y en la tarde (después de todo, probablemente no logre dormir más que unos cuantos minutos en toda la noche).

Aun si tiene la buena suerte de tener un bebé que duerme durante horas seguidas en la noche todas las noches, ¡adelante! Duerma mientras duerme el bebé. El descanso es la clave de una actitud positiva, y una actitud positiva es la estructura subyacente que le permite poner en práctica el principio No. 4 de la filosofía

libre de Remordimiento Materno, que constituye la regla de oro
para ser madre de un recién nacido: aprenda cómo y cuándo vivir
en el presente. Son esos momentos en que su recién nacido recuesta la cabeza en su hombro o hace gestos graciosos mientras
trata de ejercitar la lengua, que hacen que usted sienta la dicha de
ser madre de su pequeño. Si anda en un estado de zombi, no podrá compartir plenamente esos momentos con él.

Justo antes del nacimiento de mi segundo hijo, pensé que
tenía todo bajo control. Después de todo, ya tenía experiencia. Mi esposo acababa de comenzar en un nuevo empleo y
no tenía días libres disponibles, y sin embargo no hice arreglos para que alguien viniera a quedarse en casa a ayudarme,
pues pensaba que mis ocho semanas de licencia de maternidad eran todo lo que necesitaba. Al llegar el tercer día estaba
agotado. Llamé a mi cuñada y le imploré que fuera a ayudarme, lo que afortunadamente hizo. Le entregué el bebé y fui a
hacer una siesta. Cuando me desperté y tomé a mi bebé en
los brazos, descubrí que tenía hoyuelos en las mejillas. ¡Nece-
sité tres días y una siesta para verlos!

Madres primerizas, aprópiense de su agotamiento. ¡Se lo
merecen! Si un martes a las dos de la tarde quiere sentarse y ver
televisión mientras su bebé hace la siesta, hágalo aunque haya
que devolver llamadas telefónicas, escribir tarjetas de agradeci-
miento por los regalos que recibió el bebé o tomar un baño. No
hay necesidad de remordimiento. Siga el ejemplo de los atletas
de resistencia, como los corredores de maratón, que incorporan
el descanso en su entrenamiento. Es la parte del proceso de entrenamiento durante la cual el cuerpo se constituye, se repara y
se fortalece. Sin descanso lo único que se logra es el agotamiento, que es una forma de debilidad y no de fortaleza. Tras una
temporada de carreras, algunos corredores de maratón descansan tan profundamente que apenas se ejercitan durante semanas. ¿Llamaría usted perezosa o floja o fuera de forma a una
persona que ha participado en una serie de maratones porque

no está haciendo ejercicio? Entonces no asuma que una madre primeriza debería estar luchando contra el agotamiento y utilizando su fase de recuperación o su licencia de maternidad para meterle mano a una lista de tareas por hacer.

Entonces, cuando se presente una de esas pocas oportunidades de poner los pies en alto, ¡hágalo con toda confianza, pues se merece un respiro! No está eludiendo sus responsabilidades, está realizando una parte crítica del posparto: ¡la parte del descanso! Una madre bien descansada es una de las mejores cosas que puede entregarle a su familia.

Si esas palabras de ánimo no la impulsaron a dejarse caer en el sillón más cercano, piense en lo siguiente: una vez que identifique lo que siente (en este caso, agotamiento), el sentimiento se vuelve más fácil de aceptar y, en últimas, de controlar. Si usted se permite sentir agotamiento, estará mejor preparada para reconocer la "ausencia de agotamiento" cuando surja, lo que ocurrirá si usted se lo permite. Pero si ignora el agotamiento y se obliga a seguir actuando, trabajando y cumpliendo, el agotamiento aumentará y puede llegar a generar sentimientos de depresión. Y entonces comienza el ciclo: se cansa y se siente mal porque se cansa, está demasiado cansada para hacer cualquier cosa, y después se siente mal porque las cosas no se están haciendo.

El remordimiento y la depresión del posparto

Auque un par de horas o algunos días de melancolía reflejan un cambio normal en las hormonas tras el parto, haría bien en discutir esas sensaciones con su médico. Sin embargo, si encuentra que está sintiéndose agotada o deprimida por días o semanas sin fin, y su familia y amigos han expresado preocupación por usted, necesita buscar ayuda profesional. Usted y su familia se beneficiarán por igual.

La depresión del posparto no significa un fracaso. No es culpa suya. Es simplemente una enfermedad que puede y debe tratarse. Nuestras emociones sirven propósitos específicos, y debemos escuchar lo que tratan de decirnos. A veces todo lo que necesitamos para sacudirnos la tristeza es una buena risa o un buen llanto. En otros casos, necesitamos ayuda externa. Si cree que existe aún la posibilidad de que necesite ayuda, búsquela, y hágalo sabiendo que no está sola.

¿Llorar y llorar?

La fase de recién nacido es breve pero le ofrece una oportunidad ideal para comenzar a poner en práctica su filosofía libre de Remordimiento Materno. Los recién nacidos tienen necesidades mínimas (alimento, sueño, afecto y un pañal seco). No quieren montar a caballo ni tampoco un par de zapatos caros. Ni siquiera les importa si usted se cepilló los dientes o no. Entonces, en lugar de aceptar la visión de la sociedad en cuanto a los recién nacidos, según la cual toman pero no dan, ¿por qué no pensar que, al contrario, dan mucho y no toman nada? Su existencia les aporta a sus padres una gran alegría.

Este es un momento adecuado para dominar el principio No. 2: La crianza de los hijos no es un deporte de competencia. ¿Va a enorgullecerse o a avergonzarse de la capacidad de su recién nacido de ensuciar su pañal? ¡No! Mejor, deléitese con el meneo de sus deditos de los pies, con sus pequeños bostezos, con su furia cuando tiene hambre y con la variedad de ruidos que emite su pequeño cuerpo. Va a tener la experiencia de consolar a su propio pequeño cuando llora. Todo lo que se requiere para disfrutar ilimitadamente ser madre primeriza es un leve cambio de perspectiva: el único propósito de su pequeña hija es que usted la disfrute.

Llorar, llorar o llorar

Mientras hablamos de consolar a un recién nacido, desbaratemos otro mito. Ese que dice que las madres están tan sintonizadas con sus bebés que pueden reconocer la diferencia entre un llanto de hambre, un llanto de cansancio o un llanto de pañal sucio. Es posible que eso le ocurra a usted (aunque lo dudamos, creemos que la mayoría de las mamás se acostumbra a descifrar por qué llora el bebé de acuerdo con las circunstancias). Pero ¿qué pasa si no ocurre y realmente no puede distinguir? ¿Debe sentirse culpable, como si no estuviera tan sintonizada con su bebé como debiera estarlo? No, en absoluto. En realidad, toda madre tiene momentos en que repasa la lista de posibilidades para tratar de descifrar lo que el niño necesita (vea el "Organigrama del llanto" en la página 50).

En palabras de una de las autoras, Aviva Pflock: *"Estoy criando tres niños propios, brindando visitas a domicilio a otras familias en mi trabajo, y he organizado un sinnúmero de grupos de juego para centenares de familias. ¿Sabe qué? Todavía no sé traducir el llanto de un niño. Pero sí sé lo que debo revisar y qué debo intentar. Ninguno de los niños se ha dado cuenta de esto, por lo que le pido evitar leer esta sección".*

El secreto sucio de la paternidad primeriza

Observemos algo que no le inspira sueños a nadie en sus fantasías de primeriza: la mayoría de los padres nuevos son sucios, y permanecen sucios durante semanas y meses sin fin. Si acaba de ser mamá y descubre que no logra organizarse para ducharse todas las mañanas como solía hacerlo, ¡no está sola! Aun si ha logrado ducharse, es muy probable que su adorado bebé, dotado de un sexto sentido de la oportunidad, le haya regalado algún maloliente líquido corporal un segundo después de que usted acabara de secarse y lo tomara en los brazos.

Los bebés rara vez le permiten más de unos pocos minutos de reposo entre llamados de atención (y si usted tiene otros niños pequeños, ellos también requerirán su atención). Es muy probable, entonces, que su casa esté al mismo nivel de limpieza que su cuerpo. Y poco después sus amigos pasan por ahí. ¿Necesitamos decir algo más? Todas estas parecen maravillosas oportunidades para sentirse totalmente culpable de su capacidad (o incapacidad) para manejar la maternidad. ¡Deténgase!

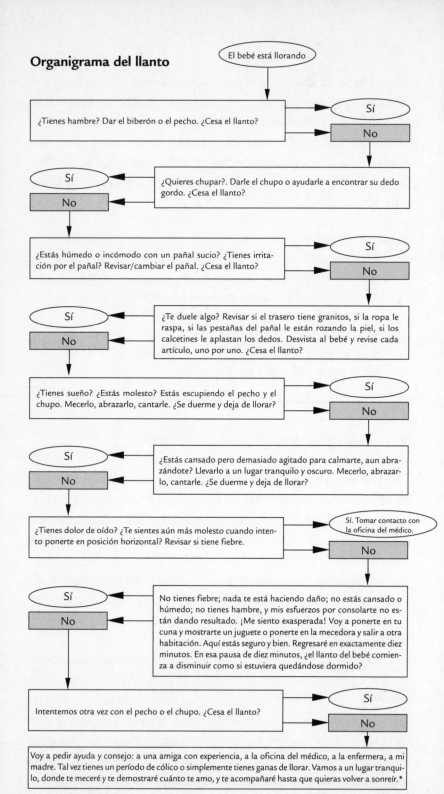

Organigrama del llanto

El bebé está llorando

¿Tienes hambre? Dar el biberón o el pecho. ¿Cesa el llanto? — Sí / No

¿Quieres chupar?. Darle el chupo o ayudarle a encontrar su dedo gordo. ¿Cesa el llanto? — Sí / No

¿Estás húmedo o incómodo con un pañal sucio? ¿Tienes irritación por el pañal? Revisar/cambiar el pañal. ¿Cesa el llanto? — Sí / No

¿Te duele algo? Revisar si el trasero tiene granitos, si la ropa le raspa, si las pestañas del pañal le están rozando la piel, si los calcetines le aplastan los dedos. Desvista al bebé y revise cada artículo, uno por uno. ¿Cesa el llanto? — Sí / No

¿Tienes sueño? ¿Estás molesto? Estás escupiendo el pecho y el chupo. Mecerlo, abrazarlo, cantarle. ¿Se duerme y deja de llorar? — Sí / No

¿Estás cansado pero demasiado agitado para calmarte, aun abrazándote? Llevarlo a un lugar tranquilo y oscuro. Mecerlo, abrazarlo, cantarle. ¿Se duerme y deja de llorar? — Sí / No

¿Tienes dolor de oído? ¿Te sientes aún más molesto cuando intento ponerte en posición horizontal? Revisar si tiene fiebre. — Sí. Tomar contacto con la oficina del médico. / No

No tienes fiebre; nada te está haciendo daño; no estás cansado o húmedo; no tienes hambre, y mis esfuerzos por consolarte no están dando resultado. ¡Me siento exasperada! Voy a ponerte en tu cuna y mostrarte un juguete o ponerte en la mecedora y salir a otra habitación. Aquí estás seguro y bien. Regresaré en exactamente diez minutos. En esa pausa de diez minutos, ¿el llanto del bebé comienza a disminuir como si estuviera quedándose dormido? — Sí / No

Intentemos otra vez con el pecho o el chupo. ¿Cesa el llanto? — Sí / No

Voy a pedir ayuda y consejo: a una amiga con experiencia, a la oficina del médico, a la enfermera, a mi madre. Tal vez tienes un período de cólico o simplemente tienes ganas de llorar. Vamos a un lugar tranquilo, donde te meceré y te demostraré cuánto te amo, y te acompañaré hasta que quieras volver a sonreír.*

---

* Si el bebé llora durante horas, acuda a su pediatra. Podría tratarse de una infección en el oído u otro problema médico.

Sin duda alguna, las duchas diarias están sobrevaloradas. Espere hasta que el bebé esté tomando una larga siesta (si decide no hacer la siesta usted también), o hasta que haya alguien en casa para ayudarle, y regálese un largo y relajado baño de tina caliente. Es otra manera de disfrutar de lo ordinario. Nada es tan placentero como un baño o una ducha caliente cuando uno está tan sucio como sólo puede estarlo si ha tenido alzado a un recién nacido con escapes de líquido. Si no puede esperar hasta que se presente el momento ideal, métase en la ducha y dése un enjuague rápido. Puede poner un columpio de bebé o una sillita en el baño para no perder de vista a su pequeño. El murmullo del agua que corre puede incluso provocar otra siesta. Si el bebé comienza a ponerse inquieto, puede cantarle mientras termina.

En cuanto a sentirse culpable porque el bebé no siempre huele como una rosa, tome en cuenta que limpia por lo menos la mitad de su cuerpo cada vez que la cambia, y la otra mitad cada vez que vomita. Además, demasiados jabón y agua pueden afectar la piel delicada de un bebé. No más al cumplir con las permanentes tareas de cuidar el bebé logrará la meta ideal de limpieza: que su bebé no se confunda con un nido de bacterias. Sin embargo, debemos advertirle que hasta los bebés más limpios a veces sufren los efectos de las bacterias. La costra que les sale en la cabeza a los recién nacidos, una especie de caspa, suele ser muy común. A veces la piel de su pequeña puede lucir amarillenta, indicando un toque de ictericia. Casos como estos no son automáticamente el reflejo de la negligencia o la incompetencia de los padres. Los controles médicos del bebé le servirán de apoyo en tales situaciones; los profesionales de la salud la guiarán en cuanto al tratamiento de cualquier malestar que pueda surgir en su recién nacido.

Al bebé no le importa si la casa está ordenada o no

En cuanto a una casa desorganizada, en este momento de su vida nuestro consejo es... ¡lo adivinó! el principio No. 1 de la filosofía libre de Remordimiento Materno (Debe estar dispuesta a renunciar a ciertas cosas.) Mientras su hogar no se convierta en caldo de cultivo de bacterias mortales, considérelo seguro y déjelo así. Si usted ha estado leyendo este libro de corrido desde el Capítulo 1, puede estar pensando que nosotras, las autoras, abogamos por la dejadez doméstica nacional, ¡y tiene razón! Hasta cierto punto. Somos conscientes de que cada una de nosotras necesita un mínimo de limpieza para mantenerse cuerda y sentirse sana.

La definición de una casa limpia al estilo del recién nacido

La víspera del nacimiento, su casa hubiera podido figurar en el diccionario bajo la rúbrica de "meticulosidad". Han transcurrido un par de semanas y se ha convertido en una pocilga. Pero, ¿es cierto eso?

Su recién nacido no ve muy bien todavía; no se quejará de que se esté acumulando un montón de correo sin abrir en la mesa de la sala. Su recién nacido no tiene mucha movilidad; no le exigirá que recoja los montones de ropa sucia que se están acumulando en el piso del dormitorio principal. Su recién nacido tiene una dieta limitada; no le importará que todos los vasos, tenedores y ollas permanezcan en el lavaplatos todo el día hasta que lleguen refuerzos a casa (esposo, pariente, amiga). Su recién nacido no usa guantes blancos; el polvo que cubre los muebles no lo ofenderá. Su recién nacido no está concentrándose en su sentido del olfato; no le importa que haya que sacar la basura. Si su desordenado hogar no está asediado de ratones... si los materiales que las bacterias suelen amar se limitan al lavaplatos y se recogen (más o menos) diariamente... si hay bacterias brotando inofensivamente en recipientes plásticos en el refrigerador, encerradas, inofensivas y fuera de la vista de todos... si la basura está esperando que se la coloque en el andén... ¿sabe qué? Tiene una casa limpia ¡al estilo del recién nacido!

Pida ayuda

Si ya ha reducido sus exigencias y le preocupa de veras esa materia verde y burbujeante brotando del lavaplatos, probablemente necesita reunir un poco de ayuda para salir de la zona de peligro. Encontrar ayuda no es el muro infranqueable que mucha gente piensa que es. ¿Cuántas veces le ha dicho a una amiga: "¿Llámame si necesitas algo?" Si esa amiga la llamara a pedirle algo que está claramente entre sus posibilidades, ¿lo haría? ¿Cómo se sentiría después? Seguramente se sentiría muy bien consigo misma. Ayudarles a los demás les da a las personas la sensación de ser buenas personas, buenos amigos (o hermanas) o buenos miembros de congregación. También aporta a su sentido de justicia kármica: si le ayudan a alguien un día, saben que alguien va a ayudarles otro día.

Cierto, la dependencia excesiva de la ayuda ajena puede traspasar los límites. Pero supongamos que no es esa su intención. Supongamos que usted sigue siendo lo suficientemente razonable como para no abusar de las buenas intenciones de su amiga. Si es el caso, otra razón que puede impedir que busque o acepte ayuda es la extraña sensación de que "tengo que hacerlo todo yo sola" cuando llega un nuevo hijo a agrandar la familia.

Mientras que es posible que organicemos la visita de algún pariente a nuestra casa por un par de días tras el nacimiento del primer hijo, muchos de nosotros no nos imaginamos que ese tipo de apoyo podría ser necesario para el segundo bebé. Pensamos que deberíamos ser totalmente independientes mientras cuidamos de alguien completamente dependiente de nosotros. Deje esa actitud. Agradecida, acepte las ofertas de apoyo de amigos, parientes, colegas ¡y de cualquiera que esté dispuesto a ayudarle!

Si lo requiere, llame a una amiga y pregúntele si, por favor, puede pasar por su casa y lavar los trastos mientras usted y el bebé hacen una siesta; seguramente oirá el chirrido de llantas frente a su puerta muy rápidamente. Ciertamente, ella no va a deleitarse fregando sus ollas, pero no le molestará. Le ayudará con gusto, como se lo ha dicho ella misma docenas de veces. Hay personas que pueden hacerle las compras o llevarle las comidas y con toda seguridad encontrará alguien que alce y consienta al bebé mientras usted se baña o duerme.

Nunca olvidaré el día en que dos de mis amigas vinieron a ver a mi tercer hijo recién nacido y pasaron media hora doblando ropa mientras charlábamos juntas sobre la vida. ¿Que si me sentí culpable de que alguien me hiciera las labores domésticas? En absoluto (cuando quedaron hechas.) Al principio me pareció incómodo, pero después pensé: ¿para qué son los amigos?

Si usted es nueva en la comunidad y todavía no tiene amigos cercanos o familia, una excelente manera de encontrar apoyo es unirse a un grupo de autoayuda de madres.

Igualmente, recuerde que su nuevo papel de madre o padre (o de madre o padre de varios hijos) implica la decisión de cuidar y guiar a otra persona. No es el papel de empleada doméstica o de cocinero. No es parte de sus responsabilidades mantener la casa lista para recibir invitados en cualquier momento. ¿Cree que es coincidencia que los bebés humanos no se puedan desplazar? ¡Desde luego que no! Obviamente no se espera de nosotros que tengamos un hogar inmaculado al principio. Podemos ubicar al niño en un lugar seguro, sabiendo que no se trepará a la mesa llena de trastos sucios. No hay necesidad de prodigar a los visitantes fabulosas comidas cuando pasen a saludar.

¿Afectará su orgullo propio no poder deslumbrar a sus invitados, o ni siquiera ofrecerles lo básico? Dígase que nada podría aportarle un mayor orgullo que tener un bebé feliz en su hogar. Y en cuanto a las personas que la visitan lamentando su estado o el de su casa, usted no tiene por qué volverlas a invitar.

Nota

1   Wikipedia: The Free Encyclopedia [la enciclopedia gratuita], distribuida bajo licencia de GNU Free Documentation License, editado el 4 de julio de 2004, recuperado el 10 de julio de 2004, http://en. Wikipedia.org/wiki/Male_lactation.

2   Patricia Pendy, *Ethological Attachment Theory: A Great Idea in Personality?* (Evanston, Illinois: Northwestern University, 1998); Robbie Davis-Floyd, Phd., *Bonding Period*, "The Birth Scene", http//www.birthpsychology.com/birthscene/ppic4.html (recuperado el 10 de julio de 2004).

CAPÍTULO 5

El inicio de decisiones acertadas en la crianza (y el fin de hábitos infantiles problemáticos)

Sin ninguna duda, dos fuentes importantes de Remordimiento Materno son los hábitos alimenticios y las costumbres relacionadas con el sueño. Más de una tercera parte de los encuestados por Remordimiento Materno identificaron las costumbres alimenticias como una causa de culpa. Casi un tercio dijo lo mismo en cuanto a los hábitos de sueño de sus hijos.

La filosofía libre de Remordimiento Materno aborda estas dos áreas reconociendo en primer lugar que los niños hacen muchas cosas a lo largo de su vida que están fuera del control de sus padres, aún recién nacidos. Comer y dormir son dos excelentes ejemplos. Para efectos prácticos, no podemos forzarlos a comer ni obligarlos a dormirse. A veces no podemos impedir que adquieran otros hábitos que nos parecen simplemente asquerosos, aunque a veces podemos guiarlos para que se alejen de tales comportamientos ¿Por qué, entonces, supone la sociedad que debemos o podemos hacerlo? Es ahí que entra el remordimiento, pues creemos que fallamos si nuestros hijos optan por hacer cosas que no quisiéramos que hicieran y que intentamos enseñarles a no hacer. Pero usted no puede controlar las preferencias de sus hijos, como tampoco sus propios padres hubieran podido controlar sus preferencias cuando usted era niña. Lo que sí puede hacer es generar oportunidades para que sus hijos elijan lo correcto.

Un plato lleno de remordimientos

Ni los recién nacidos ni los niños pequeños se mueren de hambre voluntariamente. La responsabilidad de un padre es proveerles una variedad de alimentos sanos y adecuados para la edad que tienen. El niño será quien decida si come o no esos alimentos. Existe una abundancia de literatura para guiar a los padres en cuanto a lo que son los alimentos sanos y adecuados para la edad del niño (si no conoce estos documentos, pídaselos a su pediatra. No es esto a lo que queremos referirnos aquí. Más bien, queremos concentrarnos en cómo reacciona usted cuando los hábitos alimenticios de su hijo no están a la altura de lo que usted o la sociedad espera.

Mi hijo era un niño muy exigente con la comida. Sé que empeoré las cosas preocupándome tanto por él. Temía que si no le daba los alimentos que quería comer, se dejaría morir de hambre. Entonces comencé a cargar mantequilla de maní en mi cartera; si nos encontrábamos en algún lugar donde no había mantequilla de maní, ahí estaba mamá. Mi hijo tiene ahora diez años y apenas este año comenzó a comer carne. Me hace sentir muy mal haber permitido que el tema de la comida haya dominado su vida. Quisiera haberme impuesto desde el comienzo y haber hecho que probara otros alimentos. Pero cuando se está en plena situación, se pierden de vista ciertas cosas.

La trampa del remordimiento con frecuencia se cierra cuando intentamos anticiparnos a los hechos. Nos preocupa que nuestro hijo no esté comiendo lo suficiente o que esté comiendo demasiado, o que no tenga buen aspecto como lo tiene el hijo del vecino, o que sus valores no estén exactamente en la mitad de la curva, o que, o que… ¿Qué hacer entonces si tiene enfrente suyo un plato lleno de remordimiento? Ponga el tenedor sobre la mesa y lea lo que dijeron algunos de los participantes en el sondeo:

Al enseñarles a sus bebés a comer solos, sea paciente y trate de divertirse tanto como ellos. Deles una cuchara y no se angustie por el desorden. Ríase con ellos mientras aprenden esta importante destreza (si no, los desanimará).

* * * * *

Es la responsabilidad de los padres ofrecerles a sus hijos tres comidas y dos refrigerios diarios con alimentos nutritivos, variados y aptos para el desarrollo los niños. No convierta el tema de la comida en algo más importante de lo que es en realidad, ni se angustie si su chico no quiere comer. No se va a matar de hambre. Desde luego, si el niño en realidad no está progresando, consulte con el médico; pero ese no es un tema de crianza sino un tema médico. Sírvale la alimentación adecuada y todo saldrá bien.

* * * * *

Evite preparar comidas aparte para su niño. Hágale saber que debe comer con la familia.

Son consejos excelentes, sensatos, y todo se reduce a lo siguiente: al crear buenos hábitos alimenticios temprano en la vida del niño, se podrá ahorrar mucho remordimiento futuro. Tanto la madre como el hijo se beneficiarán: la madre tendrá menos remordimiento y el hijo disfrutará de una dieta más saludable.

Lleno quiere decir lleno

Abordemos otro tema relacionado con la comida. Algunos padres creen que tiene sentido exigirles a los niños comerse todo lo que tienen en el plato. Sin embargo, los niños, más que los adultos, saben comer cuando tienen hambre y no comer cuando no la tienen.

Se debe estimular a los niños a desarrollar un sentido interno de la saciedad; es decir, dejar de comer cuando están llenos. Insistir, o tan sólo animar a su hijo a que termine toda la comida que se le sirve, significa desconocer ese sentido y puede conducirlo a comer demasiado. Comer demasiado causa trastornos estomacales (y puede conducir al sobrepeso). En lugar de concentrarse en que terminen lo que tienen en el plato, ¿por qué no enseñarles a los niños a servirse de manera realista? El estómago de un niño es apreciablemente más pequeño que el de un adulto Una buena regla para calcular el tamaño de las porciones es que ninguna porción debe ser más grande que el puño de quien la come. Quizás comprobará que su hijo siempre come más, o menos, pero comience con una porción del tamaño de su puño. A un niño pequeño sírvale en un plato más pequeño. El niño que apenas aprende a caminar podrá manejar mejor un plato pequeño; el menor tamaño contribuirá a que nadie le llene el plato con demasiada comida.

El bocado "no, gracias"

La regla que dice que los niños no pueden llenarse de un tipo de comida antes de haber probado todos los diferentes alimentos en su plato funciona bien en algunas familias. Uno de los encuestados llamó a esto "el bocado 'no, gracias'". Una vez que los niños hayan probado un alimento, pueden decir "no, gracias" y no comer más de él. Se puede también introducir nuevos alimentos gradualmente, uno por uno, acompañado de un favorito conocido. De esa manera usted no tendrá que preocuparse de que sus hijos no coman lo suficiente para saciarse.

Aclare que una vez que se retira la comida de la mesa, la cocina se cierra durante dos o tres horas (los estómagos pequeños necesitan refrigerios entre las comidas). Si los niños saben que se cierra la cocina, pueden estar más dispuestos a comer lo que en ese momento tienen en el plato.

Mi hijo de seis años le dio un vistazo al almuerzo y dijo: "¡Puá! Yo no quiero esto". Le señalé que además de lo que él llamaba "esa cosa horrorosa", tenía papas fritas en el plato. Pidió que se le permitiera levantarse de la mesa. Yo le dije que podía levantarse cuando todos acabáramos de comer y le recordé que la cocina se cerraría después. Permaneció sentado un rato y después,¡quién lo creyera!, se comió su comida "horrorosa".

El postre

¿Y ahora qué decir del superpoderoso postre? La policía no va a irrumpir en su casa si se sirve un postre, tampoco si no se sirve. No obstante, los postres y dulces son un tema candente para muchos padres.

Hemos adoptado la regla de que si alguien está demasiado lleno para terminar su comida, está demasiado lleno para el postre. Eso no significa en absoluto que tenga que terminar su comida. No es una amenaza, es una simple declaración de hecho. También servimos postres, pero no a diario.

La moderación

En materia de opciones de comida, apoyamos la idea de reglamentar y regularizar. Esto significa permitir el consumo del alimento pero poner límites en cuanto a cuándo, cuánto, por qué y dónde puede consumirse. Los padres pueden promover unos hábitos alimenticios equilibrados en sus hijos si les demuestran que no hay alimentos "malos", y que todos ellos deben comerse con moderación. Hasta defendemos la opinión políticamente incorrecta de que se debe tener en la casa algo de comida chatarra.

Le advertí a mi hija que los cereales pre-endulzados le iban a pudrir los dientes y las rosquillas la engordarían. Nunca le compré ese tipo de cosas cuando era pequeña, ni siquiera galletas, habiéndola entrenado a reconocerlas como el enemigo, cargado de grasas que bloquean las arterias. Quería que creciera sana y en forma. Pero ahora que es adolescente, es evidente que no resultó así. Si alguien lleva una caja de galletas a la casa, al día siguiente ya no queda ni una. Si un litro de helado llega hasta nuestro congelador, no veo un plato en el lavaplatos sino un hueco en el centro del envase, una señal reveladora de que lo ha estado engullendo a escondidas, directamente del envase, con una cuchara. Parece perder el control cuando se trata de dulces. Creo que si le hubiera enseñado a comer dulces con moderación en lugar de prohibírselos, habría resultado mejor.

Ponga a dormir la culpa por los hábitos de sueño

Ahora que tienen las barriguitas llenas, están listos para acostarse. Por lo menos, así lo esperamos. ¡Lo sabemos! Cuando los padres no dormimos lo suficiente, no funcionamos tan bien como podríamos. Un adulto demasiado cansado se vuelve olvidadizo, ineficiente, malhumorado, deprimido y fácilmente agotado. Los niños también.

Los hábitos de sueño tienen una importancia crítica para toda la familia. Hemos observado que los problemas de comportamiento de muchos niños vienen de que les hace falta suficiente sueño de buena calidad. Hoy en día los niños con frecuencia tienen horarios similares a los de los adultos. Van a la escuela o a la guardería temprano en la mañana, se quedan en la escuela para hacer deporte o para recibir atención adicional; los que tienen tareas tienen que quedarse levantados a hacerlas, o ven televisión. La última encuesta anual de la Fundación Nacional del Sueño (FNS) encontró que los niños de todas las edades están durmiendo menos del tiempo recomendado.[1] Los niños necesitan entre diez y catorce horas de sueño cada día, según la edad, y los más pequeños requieren más, según la FNS. (Su pediatra le ofrecerá recomendaciones específicas para la edad de sus niños).

Los niños son resistentes y pueden adaptarse a reducciones del sueño, pero no deberían tener que acostumbrarse a un sueño limitado. Ellos podrán hacer frente a la vida (desde la dentición hasta los exámenes de aritmética) de mejor manera si sus hábitos permiten y dan prioridad a suficientes horas de sueño. De igual manera, usted disfrutará más de sus hijos si están descansados y contentos que si están cansados y malhumorados.

Al igual que con la comida, animar a su hijo o hija a dormir lo suficiente comienza en la primera infancia. Existen muchos libros sobre los hábitos de sueño que tratan desde temas específicos del sueño (mojar la cama) hasta métodos de entrenamiento para un mejor sueño. En este capítulo abordamos cómo los temas fundamentales se aplican a nuestra filosofía libre de Remordimiento Materno.

Dónde deben dormir: ¿en sus camas o en la suya?

Dónde duermen los chicos es un tema candente. Pero tenemos los guantes de hornear puestos y no nos da miedo usarlos. Las siguientes son algunas ideas de nuestros encuestados sobre los hábitos de sueño:

Algunas personas prefieren la cama familiar, pero nos parece que tener nuestro propio dormitorio de adultos, y tiempo solos, es de vital importancia para nuestro matrimonio. A nuestros hijos les permitimos acostarse en nuestra cama solamente si están enfermos o asustados.

* * * * *

Sentíamos enorme culpa al tratar de acostar a nuestro primogénito en su cuna. Lo intentamos todo, hasta envolvernos la cabeza con almohadas para no oírlo. Entonces un amigo muy sabio de la India nos cuestionó sobre la costumbre de los padres estadounidenses de apartarse de sus hijos cuando más los necesitan. Desde ese día nuestro bebé durmió con nosotros y todo el mundo durmió bien. Hicimos lo mismo con nuestro segundo hijo. Ambos decidieron cuándo estaban preparados para dormir en sus propias camas.

Nunca caiga en la costumbre de dormirse en el dormitorio de su hijo o de permitir que éste duerma con usted, a no ser que quiera hacerlo por mucho tiempo.

* * * * *

Creo firmemente que el niño debe dormir en su propia cama e inicié esa práctica desde el primer día. Mi hijo dormía en su cuna conmigo en el cuarto de al lado, el de huéspedes. Cuando lloraba, yo acudía inmediatamente; pero él se ha acostumbrado a dormir en su propia cuna y ha dormido tranquilamente toda la noche desde que tenía ocho meses. Está feliz en su cuna y es un niño equilibrado.

* * * * *

Los buenos hábitos de sueño me llegaron del cielo. Los puse en práctica desde el nacimiento, acostando a los niños en su propia cama a la misma hora. Si tenían una pesadilla, yo acudía a ellos y me recostaba con ellos en lugar de permitir que vinieran a nuestro dormitorio. Si querían dormir con nosotros, lo hacían en el piso, junto a nosotros. Eso duró más o menos un mes y después pensaron que su cama era mucho mejor y dejaron de pasarse a nuestro cuarto.

Nos parece que tiene sentido hacer todo aquello que le permita a su familia lograr suficiente sueño de buena calidad. Si se siente culpable de oír llorar a su hija en noches en que no puede dormir, es recomendable que la lleve a su propio dormitorio o que la acompañe en el de ella. Tenga en cuenta sin embargo que, ya sea que duerma en su propio cuarto o con usted, su hijo va a contar con ese mismo tratamiento por días, semanas o hasta años. Al intentar decidir qué hacer, pregúntese lo siguiente: "¿Esta costumbre será algo que yo pueda aceptar, o terminaremos por volvernos locos posteriormente intentando deshacer lo hecho?"

Dígame, ¿cómo puede una persona de un metro de altura invadir una cama doble? Nuestro hijo había tenido pesadillas desde que nos trasladamos a nuestra casa nueva y ahora quiere estar siempre en nuestra cama. Es un desastre. Mi marido y yo nos sorprendemos colgados del borde de la cama mientras nuestro hijo ronca despatarrado en nuestra cama. Nosotros nos sentimos agotados mientras que él está lleno de energía, ¡que regrese a su cuarto!

¿Es egoísta querer estar solo en su propia cama? No. Sus hijos saben que los ama aun si no comparte su dormitorio con ellos. ¿Es "tramposo" optar por la vía más fácil y dejar que el niño se instale en su dormitorio? No. Si todos logran dormir bien y están contentos así, es la decisión acertada para su familia. Pero cuando le remuerde la culpa materna, es fácil perder la perspectiva. Así que tenga presente que el objetivo de irse a la cama es que todos duerman lo suficiente; después, tome la decisión que corresponda.

Rituales para ir a dormir

Los niños necesitan rituales a la hora de acostarse para ayudarles a ambientarse para el sueño. Nuestros encuestados ofrecieron los siguientes consejos:

Para promover buenos hábitos de sueño se necesita ser constante. Los padres deben mantener la misma rutina cada noche y a la misma hora.

* * * * *

Buenos hábitos de sueño: siempre mantenga la misma rutina desde el principio. Comience a preparar al niño temprano (alrededor de las siete de la noche) y escoja una rutina tranquilizante para que el niño sepa lo que le espera cuando sea hora de dormir. Acuéstelo siempre estando despierto (y a la misma hora cada noche) para que no dependa de su presencia para dormirse.

¿Nota el esquema? Constancia y regularidad. Para un niño una rutina constante significa seguridad y bienestar; a los niños les gusta saber qué va a pasar. Aun si su horario de trabajo o alguna ocasión especial resultaran en una leve desviación de la norma, la clave es una rutina establecida.

Aunque no podemos ofrecerle una rutina mágica para la hora de acostar a los niños, le podemos dar algunas pautas sobre cómo crear algunas rutinas prácticas para su propia familia. Aunque no lo crea, hasta los niños más pequeños disfrutan la buena lectura. La voz del padre o de la madre es tranquilizante para un niño, por lo que leerles a sus hijos sigue siendo una práctica que ha resistido la prueba del tiempo. Si los libros no son lo que prefieren a la hora de dormir, ensaye cantarles canciones de cuna, rezar con ellos, darles besos y abrazos, o cualquier combinación de los anteriores. Para aquellas noches en que usted no va a estar en casa para mantener la rutina, intente escribirle instrucciones a la persona que vaya a acostar a los niños. Si su niño es lo suficientemente grande, elaboren un ritual juntos para aquellas noches en que usted esté ausente, de tal manera que el niño sepa que aunque usted no esté con él, ha participado en el ritual.

Evite las noches largas e interminables en que el niño pide otro libro, otro abrazo, otro beso, y lo obtiene. Esta práctica impulsa al niño a resistirse a dormir una vez que está metido en la cama y puede generar Remordimiento Materno. Si usted cede ante las peticiones de "uno más", reforzará las súplicas y de repente estará involucrada en una sesión larga y complicada que incluirá entrar y salir del cuarto del niño dos, tres o más veces. Esta interminable rutina la hará sentir que está haciendo todo lo posible por que el niño se sienta a gusto y se duerma pero que no lo está logrando. También puede ser muy agotador para una madre ansiosa por disfrutar unos minutos de paz al terminar el día. Cuando la hora de ir a dormir se vuelve interminable, una madre o un padre puede impacientarse y comenzar a gritar, lo que no le ayuda al niño a dormirse.

Estaba en casa sola con nuestro pequeño de tres años. Acababa de terminar la rutina de ir a dormir cuando me pidió otro libro. Entonces le leí otro libro. Hubiera podido declararme de acuerdo con entrar y salir de su cuarto como un yoyo durante tres horas, pues eso fue lo que hice. Un beso más, un vaso de agua más, un abrazo más, una pregunta más. Cuando mi esposo regresó a casa más tarde esa noche, pasó por el dormitorio de nuestro hijo y yo tomé nota del silencio. "¡SÍ!", pensé, "¡Por fin se durmió!". Pero cuando pasé de puntillas por el cuarto de mi hijo en camino al mío, lo oí llamar muy animado: "¿Mami?".

Los hábitos orales

Entre los hábitos más generadores de culpa que surgen en el primer año de vida son las fijaciones orales, conocidas también como biberones, chupos y dedos pulgares. Todos ellos tuvieron una finalidad al principio. Todos ellos pueden ser difíciles o hasta imposibles de eliminar cuando llegue el momento. Si su pequeño utiliza cualquiera de ellos y no los abandona por su propia voluntad, a continuación le ofrecemos algunos consejos generales sobre cuándo actuar y cómo. Desde luego, si a usted le preocupan los efectos que estos hábitos puedan tener en el desarrollo físico de su hijo, le recomendamos consultar con un médico o un dentista.

El biberón

Una vez que el niño haya adquirido la capacidad de beber de una taza, creemos que lo más recomendable es suspender el biberón de un día para el otro. Puede iniciar la taza a los seis meses de edad y el niño habrá dejado el biberón a los catorce meses. Es posible que usted se sienta peor que su bebé al deshacerse del biberón a esa edad tan temprana. Al igual que con otros hábitos, entre más espere y más tiempo postergue dejarlo, más difícil le resultará. Si su niño está muy apegado a su biberón, es posible que llore y tenga rabietas durante un par de días para demostrarle que no está contento. Pero una vez que se supera esta fase, se acabó. No más biberón.

¿Necesita algo de apoyo en la transición? Intente decirle al niño: "Se fue el biberón. ¿Qué te parece una canción y un abrazo en la mecedora?" Para aliviar la ansiedad del niño, ofrézcale una alternativa tranquilizante. Cuando haya decidido que es el momento de lanzar la Operación Abajo el Biberón, trate de escoger un momento en que la vida doméstica no esté afectada por tensiones adicionales a las normales, un momento en que surjan pocos trastornos que la distraigan de su misión. Consentir al niño más que de costumbre y prestarle más atención exclusiva hará que ambos se sientan mejor.

El chupón

Los chupones tienen su tiempo y su lugar; pero cuando su bebé comience a hablar, es un buen momento para tirar el tapón. Los chupones son más fáciles de eliminar que los dedos pulgares, pues no están pegados a la mano del niño; pero esto no quiere decir que el Remordimiento Materno sea menor. Aunque los bebés sí necesitan chupar, la mayoría no necesitan un chupón más allá del primer año de edad. Al igual que en el caso del biberón, creemos que una buena regla general es eliminar el chupón súbitamente a la edad de un año. Sin embargo, si necesita ayuda, intente uno de los siguientes consejos: hágale saber a su niño que es difícil entenderle cuando tiene el chupón en la boca. Puede también recortarle la punta al chupón para que resulte menos satisfactorio chuparlo. Puede intentar también que el niño se interese por un intercambio: cada vez que tome el chupón, pregúntele si no quisiera cambiarlo por el juguete que usted tiene en la mano.

Chuparse el dedo

Chuparse el dedo tiene una función similar que el chupón: tranquilizar a un bebé que necesita chupar. Después de los primeros meses, los pequeños pueden chuparse el dedo para adquirir seguridad o cuando están cansados o contrariados. La diferencia entre el dedo y el chupón es que no se le puede quitar el dedo de la mano al niño. Lo más probable es que su papel sea distraerlo para eliminar el hábito. Cada vez que vea que se lleva el dedo a la boca, intente darle algún objeto al niño. También es adecuado decirle al niño de manera muy tranquila: "Oye, no te entiendo. Por favor sácate el dedo de la boca y dime lo que quieres que sepa". Esto se diferencia del regaño o la provocación, que seguramente conducirían a una lucha de poder y a la reacción contraria por parte del niño.

Cómo salir del camino de los hábitos

Mientras que los hábitos alimenticios y de sueño son las dos áreas que más remordimiento materno generan, no son las únicas. Como hemos visto, los hábitos orales, como chuparse el dedo, también son causantes de mucha angustia en los padres.

También existen el retorcerse el pelo, el hurgarse la nariz, el comerse las uñas, el mascar el lápiz, e innumerables comportamientos que preferiríamos que nuestros niños no practicaran. Aunque algunas de estas costumbres no impedirán que su hijo se convierta en uno de los grandes del mundo, sí pueden interferir en sus relaciones con sus pares y en su socialización. Si su hijo está dispuesto a abandonar la costumbre, puede hacerlo con relativa facilidad y sin que usted intervenga. Pero si el hábito se ha convertido en parte de su hijo de tal manera que no puede imaginarse vivir sin practicarlo, o si quiere abandonarlo pero no encuentra la fuerza para hacerlo solo, siga leyendo.

Mientras que la filosofía libre de Remordimiento Materno se caracteriza, en general, por una aceptación benévola, creemos que hay situaciones en que usted deseará decir: "¡Esto me fastidia y no voy a aceptarlo más!". Le sugerimos, cuando llegue a ese punto, que asuma un papel activo para ayudarle a su hijo a pasar a una etapa diferente, una que nos gusta llamar "¡Basta ya!".

En el Capítulo 6 vamos a expresar nuestro desprecio por los sistemas de recompensa (conocidos también como sobornos). Pero las recompensas sí juegan un papel en la eliminación de los malos hábitos. Las recompensas son premios que no tienen una relación directa con el comportamiento. Cuando esté dispuesta a poner en práctica un enfoque de recompensas, este debe ser claramente definido y no negociable. Al utilizar las recompensas para suprimir los malos hábitos debe intervenir y verificar si el niño está pasando por una fase en que no está practicando la mala costumbre. En muchos casos, los elogios y el afecto son suficiente recompensa; por lo que siempre debe comenzar con ellos. Pero si cree que se requieren mayores incentivos, sepa que para muchos niños, esperar días o semanas para acceder a una gran recompensa no representa un incentivo suficiente para abandonar la costumbre cuando el impulso los asalta. Prepárese para dar pequeñas recompensas que van creciendo a medida en que se logren mayores éxitos. Ganarse un punto para obtener un juguete es un ejemplo clásico de un incentivo creciente.

Otro consejo más sobre la eliminación de los malos hábitos: si su hijo está desplomado patéticamente, muriéndose por practicar el mal hábito y usted se apiada de él y cede una vez más, habrá borrado todo su trabajo previo. Todo ese sufrimiento que acaba de presenciar será aún más largo y más intenso la próxima vez. Su hijo sabrá que, no importa cuantos días pasen o cuantas veces usted le diga que no, al final usted cambiará de parecer y le dirá que sí. Por lo tanto, sea firme. Es la mejor manera de abreviar lo desgarrador del momento. Es entonces que usted recordará el principio No. 5 de la filosofía libre de Remordimiento Materno y comprenderá que defender su *no* es provechoso tanto para usted como para su familia y alivia la culpa.

Nota

1   *2004 Sleep in America Poll*, March 2004, the National Sleep Foundation (Encuesta sobre el Sueño en Estados Unidos, Marzo de 2004, Fundación Nacional del Sueño) www.sleepfoundation.org.

SEGUNDA PARTE

La esencia del remordimiento

CAPÍTULO 6

¡Yupi! Gritar sin remordimiento

La encuesta sobre el Remordimiento Materno reveló que gritarles a los chicos es el generador de remordimiento No. 1. No es especialmente sorprendente, pero sí resulta desconcertante. Somos dueños de la laringe, luego deberíamos poder controlar el volumen. Cuando optamos por subir el volumen y gritarles a nuestros hijos, nos asalta el Remordimiento Materno.

Alrededor de una tercera parte de nuestros encuestados dicen que pelean con sus hijos a diario y otro 38 por ciento admite involucrarse en peleas a gritos un par de veces por semana. Sin embargo, un altísimo 60 por ciento de los encuestados dice sentirse culpables cuando gritan a los hijos, y el 47 por ciento informa que les produce el nivel más alto posible de remordimiento.

Ciertamente, la mayoría de nosotros grita, pero la mayoría de nosotros no quiere gritar. Entonces, ¿por qué sucumbimos y perdemos el control? En algunos de nosotros, viene de haber crecido en un hogar donde los padres gritaban con frecuencia. El remordimiento surge cuando esas mamás recuerdan lo terrible que era ser objeto de los gritos de sus propios padres.

Si este caso se parece al suyo, entonces la filosofía libre de Remordimiento Materno puede ayudarle a dejar de perpetuar el ciclo que podría producir una generación más de gritones. Algunas mamás gritan cuando pierden la paciencia con sus chicos, dando rienda suelta a la inmadurez emocional al responder a las rabietas de sus hijos con una propia. La filosofía libre de Remordimiento Materno le pide que reflexione sobre cómo grita, por qué grita, y qué quiere hacer al respecto. Puede optar por un enfoque diferente, ajeno a los gritos, y ahorrar sus cuerdas vocales para cuando las necesite de verdad (como cuando quiera animar a sus chicos gritándoles de entusiasmo).

Gritar de más

Por favor tenga en cuenta que existe una diferencia entre perder el control y abusar verbalmente de alguien. El simple gritar se refiere al comportamiento del niño, no al niño. Expresa la frustración de los padres con respecto a un acto: "¡Le echaste encima un vaso de leche a tu hermano! ¡Eso no se hace!". Por el contrario, la siguiente es una reacción injuriosa: "Eres un idiota. Sabes que no debes echarle encima la leche a tu hermano. Si lo haces otra vez, puedes buscarte otro sitio para vivir. Eres un bobo, y no sé por qué no puedes hacer nada bien".

Si se da cuenta que sus gritos incluyen amenazas, insultos y/o groserías, sepa que ha cruzado la raya, que ha incurrido en un comportamiento abusivo verbalmente y que debe dejar de hacerlo. El abuso verbal es altamente perjudicial para sus relaciones con sus hijos. Existen muchos programas para ayudarles a los padres que estén al borde de ser abusivos (o que hayan rebasado ese límite) a abandonar ese comportamiento destructivo. Tomar clases para aprender a ser buenos padres puede servir, como también unas cuantas sesiones con un terapeuta.

Puesto que la mayoría de los padres no son insultantes, asumamos que sus gritos tampoco lo son. Aunque puedan ser frecuentes, digamos que los gritos no son la mejor manera de interactuar con sus hijos. Asumamos que usted pierde el control sólo de manera esporádica y a ciertas horas del día (la hora pico de la comida de la noche), o sólo bajo determinadas circunstancias (los niños se niegan a alistarse para ir al colegio y siempre pierden el bus). Asumamos además que grita cuando pierde la paciencia con sus hijos, y que pierde la paciencia cuando siente que sus chicos se están comportando mal. Le tenemos buenas noticias. Puede eliminar los gritos y, por ende, ponerle fin a la culpa por completo. Todo lo que tiene que hacer es llenar su caja de herramientas para ser buen padre con algunas otras opciones diferentes a los gritos. En palabras de uno de nuestros encuestados:

Escuche a su hijo pacientemente y sin distraerse, especialmente a los niños en edad escolar. Le será útil para entender cómo ayudarles. Si se requiere disciplina, piense primero. ¿Qué quiere que aprendan? ¿Está pensando solamente en cómo se siente usted y qué necesita? En otras palabras, gritarle al niño puede hacerle sentir mejor, pero ¿le ayudará al niño a cambiar su comportamiento?

El consejo anterior resume adecuadamente la actitud sin remordimiento materno hacia los gritos. Practique el principio No. 3 libre de Remordimiento Materno (mire hacia el futuro y divise el panorama general), canalizando su energía hacia la modificación del comportamiento y no en el desahogo paterno de la frustración. La modificación del comportamiento no es nada nuevo, y sin duda usted ha oído hablar de ella o la ha estado utilizando, aunque no conociera el término técnico.

Sus cuatro herramientas básicas para la disciplina

Casi todas las técnicas de modificación del comportamiento se centran en cuatro métodos: los elogios (método conocido como refuerzo positivo), las consecuencias naturales (el aprendizaje a través de los resultados lógicos de las decisiones o acciones), las recompensas (utilizar premios de algún tipo para motivar a alguien a practicar un comportamiento) y el castigo (refuerzo negativo), del que los gritos son una de las formas.

Refuerzo positivo

El refuerzo positivo significa prestar cuidadosa atención al comportamiento de sus hijos y elogiarlos cuando hagan lo que usted quiera que hagan. El refuerzo positivo es una herramienta verdaderamente mágica en su arsenal libre de Remordimiento Materno y una manera segura de poner en práctica el principio No. 3 (mire hacia el futuro y divise el panorama general). Una vez que comience a usar el refuerzo positivo con regularidad, se sentirá tan poderosa como una levantadora de pesas olímpica. Pero antes de entrar en los detalles, concentrémonos en la palabra "refuerzo". Esta técnica no sugiere deshacerse en halagos ante cada acción de su hijo. Se trata de ayudarles a sus hijos a reconocer los comportamientos específicos que usted espera de ellos.

Para comprender el poder del refuerzo positivo, mírelo por este lado: usted puede saber lo que no quiere que haga su hijo, pero esa es sólo la mitad de la batalla de la modificación del comportamiento. Ese simple hecho no la lleva a ninguna parte. Es la ausencia de acción. No puede enseñarle una ausencia, y él no podrá aprenderla. Entonces, ¿qué es exactamente lo que quiere que haga su niño? Cuando logre saberlo (y que sea realista), entonces en el momento mismo en que vea esa acción, sonríale y elógielo.

Marcy odia quedarse sentada quieta, pero vamos a la sinagoga cada ocho días y nos parece que a los once años de edad, ya debería poder quedarse quieta una hora y media. Decidí intentar el refuerzo positivo. En el momento en que Marcy se sentó, la alabé por lo silenciosamente que lo hizo. Después, cada par de minutos me incliné y le dije lo bien que me parecía que se estaba comportando. Cuando se terminó el culto, me aseguré de decirle lo orgullosa que me sentía de ella y felicitarla por su comportamiento en presencia del rabino. Por la noche volví a decirle lo orgullosa que me sentía de su conducta durante el culto. Después de un tiempo, Marcy comenzó a percibirse a sí misma como una niña que puede permanecer sentada durante todo el culto y se siente orgullosa de ello.

Si como padre o madre dirige su atención hacia lo positivo, verá que lo positivo atrae lo positivo. La sorprenderá que tiende naturalmente hacia el principio No. 6 (ríase mucho con sus hijos). Encontrará también que sus elogios se escucharán más fuerte y resonarán por más tiempo que cualquier grito.

Consecuencias naturales

Permitir que los niños vivan las consecuencias naturales de sus actos es difícil para muchos padres. Tememos que nuestro hijo o hija se perjudique con la experiencia y nos culpe más tarde de lo que le ocurrió. No obstante, su opción de utilizar el mecanismo de las consecuencias naturales no significa arrojar a sus hijos al mundo cruel y obligarlos a que se valgan por sí mismos. Significa permitirles experimentar los resultados lógicos y naturales de sus propios actos y decisiones. Al igual que el refuerzo positivo, las consecuencias naturales son otra poderosa alternativa a los gritos y son libres de Remordimiento Materno.

Por ejemplo, si su pequeña se niega a ponerse zapatos en pleno invierno, está bien. Permítale sentir cómo es tener los pies fríos. Lleve consigo los zapatos, y una vez que se canse de tener los pies fríos, ella misma se los pedirá.

Le advertí a mi hijo que iríamos al centro comercial a comprar un regalo para el cumpleaños del abuelo y que no regresaríamos antes de haberlo comprado. Le pregunté varias veces si quería ir al baño y, en un momento dado, al verlo bailotear, hasta lo llevé. Pero, a los tres años, se negó a ir o aun a ensayar. Cerca de diez minutos más tarde tuvo un accidente. Tuvo que andar unos veinte minutos más con la ropa húmeda hasta que compramos el regalo y llegamos hasta el automóvil. Entonces le dije que pusiera su ropa húmeda en una bolsa plástica y se limpiara las nalgas y las piernas él mismo con una toalla húmeda antes de ponerse la ropa de repuesto. Sin gritar, sin castigar, sólo algunas instrucciones sencillas para ayudarle a resolver la situación.

Mientras no esté poniendo a su hijo en peligro, déjelo aprender. A diferencia de los gritos, los castigos o las recompensas, el sistema de consecuencias naturales interioriza los sentimientos que se asocian con los comportamientos y casi siempre es la disciplina que corresponde de manera ideal a la acción.

Sistemas de recompensa

Los sistemas de recompensa, conocidos también como incentivos (y a veces como sobornos), son otra técnica de modificación de comportamientos pero son difíciles de poner en práctica y por eso los padres deben restringir su uso. Con los sistemas de recompensa el objetivo es tratar de estimular un tipo de comportamiento ofreciendo incentivos (juguetes, pequeños regalos, un cuento adicional a la hora de dormir, etcétera) cuando se logran ciertas metas en tal comportamiento. Se distinguen claramente de las consecuencias naturales porque son motivadores externos que no tienen nada que ver con la acción misma.

En el Capítulo 5 discutimos cómo usar las recompensas eficazmente, pero ahora vamos a poner énfasis en la parte difícil de su empleo como técnica multiuso para la modificación de los comportamientos.

Los sistemas de recompensas casi siempre funcionan bien inicialmente, y es por eso que siguen gozando de mucha popularidad entre los padres. Pero con frecuencia pierden su efecto rápidamente y pueden salir mal. Siendo lo que es la naturaleza humana, si la gente practica con regularidad comportamientos que les garantizan recompensas, el premio puede comenzar a parecerse a un derecho y pueden surgir resentimientos entre quien da y quien recibe la recompensa.

Los hijos de Janine, en edad escolar, simplemente no querían arreglar sus cuartos. Todos los sábados ella los mandaba a sus cuartos a arreglarlos y dos horas más tarde ni siquiera las tareas más básicas estaban hechas. Ella comenzaba a gritar y ellos pedían un descanso, nada de lo cual contribuía al orden en los cuartos. Janine decidió poner en práctica el sistema de los puntos: cuando los niños terminaban una tarea en sus dormitorios, recibían un punto. Cuando tenían cinco puntos recibían un juguete. ¡Funcionó! El primer día que lo intentaron, se ganaron todos sus puntos y salieron felices a la tienda de juguetes a comprar sus recompensas.

La semana siguiente, sin embargo, los chicos querían negociar. Ciertamente, recoger los zapatos merecía un punto completo, ¿no es cierto, Mami? Pronto estaban arreglando sus cuartos sólo parcialmente pero pidiendo un punto cada vez que hacían cualquier pequeñez. Aunque los dormitorios no estaban totalmente limpios, en el curso de dos semanas habían logrado ganarse cinco puntos de todos modos y querían sus juguetes. Sintiéndose atrapada, Janine compró los juguetes, pero se negó a participar en el siguiente ciclo. Les dijo a los niños que tenían que arreglar los cuartos completamente una vez por semana para ganarse un punto. Los chicos se enojaron y la acusaron de cambiar las reglas y de ser injusta. No sólo eso, Janine notó que comenzaron a hablar más y más de juguetes, planeando su próxima recompensa. Cada vez que iban a la tienda, le pedían a Janine que les comprara un juguete, prometiendo arreglar sus cuartos si se lo compraba y enojándose si no lo hacía. Mientras que antes tenía dos dulces niños que poco pensaban en juguetes excepto en torno a sus cumpleaños y Navidad, ahora tenía dos monstruos llorones y ávidos de juguetes con dormitorios sucios.

Las recompensas son más efectivas si se usan por períodos cortos cuando se trata de reforzar un comportamiento nuevo o de ayudarle a un niño a aprender, o a desaprender, una costumbre. Apenas usted se dé cuenta de que lo importante para sus hijos es la recompensa y no el comportamiento, le conviene utilizar una técnica diferente.

Castigo

El castigo, o refuerzo negativo, del cual los gritos son sólo una forma, puede ser potente pero también perjudicial. Un resultado típico cuando un padre o una madre usa el castigo es que después todos se sienten mal: tanto el niño como el padre o la madre. El propósito del refuerzo negativo es generar un sentimiento desagradable o una consecuencia negativa que se asocie a un determinado comportamiento, de tal manera que la persona se abstenga de repetir tal comportamiento.

Sostenemos que el refuerzo negativo tiene su lugar en la crianza de los hijos, pero es un lugar limitado. El ejemplo clásico es agarrarle la mano a un niño cuando se ve que la mano está a punto de alcanzar el fogón de la estufa. También puede gritarle fuertemente "¡No!" cuando vea a su pequeño tratando de meter un tenedor en una toma eléctrica. Cuando el tema es la seguridad y se requiere una reacción rápida, el refuerzo negativo es la herramienta adecuada. Si restringe los gritos sólo para las transgresiones más serias, cuando suba el tono de voz su hijo tendrá una indicación clara de la gravedad del asunto y de la dimensión de su desagrado.

Gritar es una solución de corto plazo. Los sistemas de modificación del comportamiento contribuyen a obtener resultados a largo plazo. Desde luego, habrá momentos en que todavía tenga ganas de gritar. Nos ocurre también. Lo importante por recordar en esos momentos es la fuerza de una disculpa. Así es: pídales disculpas a sus hijos cuando se equivoque. A menudo los padres se preocupan de que pedir disculpas puede hacer que parezcan débiles. No es así. Pedir disculpas les enseña a los niños que nadie es perfecto y que, cuando cometen errores, las personas deben asumir la responsabilidad. De la misma manera como, según el principio No. 2, la crianza de los hijos no es un deporte de competencia, disculparse por un error no equivale a admitir derrota.

Las 3 C: Calmado, Coherente, Cariñoso

El refuerzo positivo, las consecuencias naturales, los sistemas de recompensa y el castigo son todos métodos de disciplina. Disciplina no quiere decir castigo; en realidad quiere decir "enseñar". No hay necesidad de sentirnos culpables al disciplinar a nuestros hijos, siempre y cuando les enseñemos lo que esperamos de ellos y lo que deben esperar de sí mismos. Es aquí donde entran las 3 C:

Calmado, Coherente, Cariñoso. Sólo las palabras sugieren sentimientos de agrado y serenidad. Constituyen otra de las claves de la disciplina sin remordimientos porque destacan que su comportamiento permanece bajo control en cualquier situación.

Manténgase en calma: este es el primer paso que figura en muchos afiches e instrucciones sobre cómo comportarse en una emergencia. Es la primera cosa que le dicen que debe hacer en una situación desesperada.

Sea coherente: no es justo cambiar las reglas en mitad de un juego, ni es una manera eficaz de hacer que sus hijos aprendan las reglas.

Demuéstreles su cariño: sus hijos saben que los ama pero la respetarán si su amor por ellos se expresa tratándolos con respeto también. ¿Le suena conocida la siguiente situación?

Está intentando salir de casa para llevar a los chicos a cine con amigos. Su hijo se niega a buscar sus zapatos y su hija necesita su cartera. Al final grita: "¡Les dije que estamos de prisa. ¡Súbanse al automóvil!" Sin embargo, inmediatamente después de su arrebato a su hijo le da una pataleta completa y su hija sale y golpea la puerta detrás de sí. Bueno, ¡eso sí que salió bien! Y ahora van a llegar todavía más tarde porque él aún no se ha puesto los zapatos y se niega a levantarse. Usted lo agarra a él y sus zapatos, lo fuerza para que se siente mientras usted entra en el automóvil bajo la mirada feroz de su hija. Se encuentra con sus amigos y se siente pésimo de haber manejado de tan mal todo el episodio y por la actitud de su familia como resultado. Mirando atrás, está segura de que hubiera podido manejar mucho mejor la situación si no hubiera estado bajo la presión del tiempo.

Puesto que para los padres nunca hay tiempo que perder, debemos asumir que nunca tendremos suficiente y tratar de ver cómo impedir que la escasez de tiempo mine nuestros esfuerzos. En este caso, ¿que ocurriría si nos acordáramos de las 3 C?

Está tratando de encontrarse con amigos para ir al cine y está de prisa. Su hijo no tiene los zapatos puestos y su hija está buscando su cartera desesperadamente. En lugar de insistir en que todos se apuren, tranquilamente le hace a su hija algunas preguntas para que recuerde dónde perdió su cartera (¿cuándo fue la última vez que la usaste? ¿La dejaste en el automóvil?) Y le dice que tiene un minuto para buscarla mientras usted se ocupa del chico de los zapatos. Le ha hecho saber que entiende la importancia de la cartera ayudándole a tratar de encontrarla. Ella tendrá que decidir si puede prescindir de su cartera. En seguida usted se arrodilla y le informa a su hijo que no lo dejarán entrar al teatro si no se pone los zapatos.

Si insiste en no ponérselos, usted tendrá que decidir. Esta es la parte difícil. Con calma le expresa a su hijo una vez más que los zapatos son obligatorios para entrar al cine. Si quiere ir, tiene que ponérselos. Diga lo que diga a continuación, tiene que ser coherente hasta el final. Le presenta las opciones en un tono respetuoso y cariñoso, y no en tono de amenaza:

Opción 1. Sin zapatos, no hay cine. Él se los pone y se van.

Opción 2. Sin zapatos, no hay cine. Él sigue negándose. Usted les informa a todos que se quedarán en casa. Su hija logra convencer amablemente a su hermano de que se ponga los zapatos y se van.

Opción 3. Sin zapatos, no hay cine. Él sigue negándose. Usted les informa a todos que se quedarán en casa. Su hija intenta ayudar, permanece serena, pero tampoco tiene éxito. Usted la alaba por su intento de colaboración y de alguna manera logra que vaya al cine. (Usted es madre y padre y puede inventarse alguna solución, aunque sea que ella tenga que ir otro día o a otra función más tarde.)

Opción 4. Sin zapatos, no hay cine. Él sigue negándose. Usted les informa a todos que se quedarán en casa. Su hija inmediatamente tiene una pataleta; usted le informa que hubiera podido reaccionar de una manera más útil y que el cine tendrá que esperar hasta un mejor momento para todos.

Opción 5. Usted decide que no tiene sentido perder tiempo valioso peleando por los zapatos y sube a su hijo descalzo en el automóvil con su hija. Se lleva los zapatos consigo y se dice a sí misma que todos estarán más tranquilos cuando lleguen al teatro. Una vez en el teatro, si puede ponerle los zapatos a su hijo sin pelea, se acabó el cuento. Si no, va a enfrentarse con las mismas opciones de arriba en un lugar diferente.

Todas las opciones tienen un elemento crítico en común: no hay gritos, no hay pérdida de control, no hay lucha de poder y no hay remordimiento. Usted permanece en control de la situación manteniéndose en control de su propio comportamiento.

Una última cosa que debe recordar es que usted decide si quiere o no participar en una pelea con su hijo. Utilizando las 3C, no sólo pasará menos tiempo peleando sino que les demostrará a sus hijos cómo hacer frente a las dificultades de la vida con su propia actitud calmada, coherente, y cariñosa. Esto le reportará grandes beneficios con su familia en los años venideros.

CAPÍTULO 7

Modere ese tono de voz, segunda parte

En el Capítulo 6 presentamos algunas estrategias para abordar la disciplina sin gritar. Ahora abordaremos varias circunstancias que pondrían a prueba la paciencia hasta de las mamás más serenas: las rabietas y otras malas conductas en público, la insolencia y que sus hijos no les hagan caso. Una mamá puede ahorrarse mucho remordimiento en tales situaciones si utiliza cierta empatía y pone en práctica algunas de las mejores herramientas de la filosofía libre de Remordimiento Materno. En todas estas situaciones, la mejor opción es demostrarles a sus hijos el tipo de comportamiento que espera de ellos, brindarles maneras de poner en práctica ese comportamiento, y colmarlos de elogios cuando cumplan sus expectativas.

Convertir los espacios públicos en espacios libres de remordimiento

Al igual que una compañía privada que se convierte en pública, el comportamiento de los niños en público es difícil de predecir, y entre más jóvenes son, más difícil es pronosticar cómo van a comportarse. Como padres nuestra responsabilidad es tratar de leer el informe de la bolsa y evaluar si debemos invertir en introducir a nuestros hijos en el sector público o no. Habrá ocasiones en que resultará más conveniente para todos no exhibirlos en el patio de operaciones de la bolsa, ¡a menos que estemos dispuestos a venderlos!

Los niños cansados, hambrientos o enfermos casi siempre se portan mal en público, sin importar la edad, y mientras más jóvenes, más difícil prever su comportamiento futuro. Si no puede posponer su salida hasta que el niño se sienta completamente bien, su mejor opción es soltarle un poco las riendas. Un arrebato público, una pelea o un berrinche se avecinan. Mucha de la culpa materna en torno a tales comportamientos se centra en lo que piensan los demás y tiene poco que ver con nuestros hijos. A veces la mamá se siente culpable de la manera como maneja una rabieta pública tensionante. Que le sirva de consuelo saber que todo padre y madre se enfrenta a esta situación en un momento u otro.

Evitar lo inevitable

Buena parte de su remordimiento materno con respecto al comportamiento público de sus hijos puede evitarse haciendo precisamente eso: evitando. Evite situaciones que puedan exigirle demasiado de su hijo. Por ejemplo, evite llevar a su pequeño a cualquier restaurante que no tenga una sillita para niños. Hasta que sus niños estén lo suficientemente grandes, reserve las sillas de cuero y las servilletas finas para un encuentro de adultos. Pero tampoco tiene que limitarse a la comida chatarra, ni debe hacerlo. Hay muchos restaurantes de tipo familiar donde unas personas maravillosas no sólo le cocinan la comida sino que se la sirven, la retiran y le lavan los platos. Prepárese, sin embargo, si aún no ha vivido el placer de unas miradas llenas de odio de los otros comensales del restaurante. En algún momento lo hará mientras esté criando a sus hijos, aún en los restaurantes más familiares. Cuando le ocurra, repítase a sí mismo: "Nadie aquí nació adulto". Una que otra pausa en el restaurante, con un breve paseo por el corredor o en el estacionamiento, hace maravillas para un niño y es otra manera de hacer que se sienta a gusto en ese entorno. Cuando los niños se sienten cómodos, es menos probable que se comporten mal. Mientras su hijo no esté arrojando su comida al suelo o gritando, despreocúpese de las miradas displicentes y disfrute su comida. La filosofía libre de Remordimiento Materno considera los restaurantes familiares lugares divertidos en sí mismos, pero también un campo de entrenamiento para una eventual excursión al lugar de las servilletas finas.

Otra excelente manera de evitar las confrontaciones en público es preparar a los chicos para lo que va a ocurrir. Mientras se dirige hacia su destino, comience a narrarle el viaje a su hijo. Una de las autoras de este libro, Devra Renner, narra estas excursiones con voz de azafata, lo que provoca la risa de sus chicos. Lo más importante es que los niños recuerdan lo que ella les dijo porque era chistoso. A través de la narración puede hacerles saber el objetivo del viaje, cuanto tiempo durará, así como dónde y con quién estará el niño. Si se trata de hacer compras, dígales también qué se va comprar y para quién. Entre más detalles, mejor. Puede iniciar el juego de la preparación cuando sus hijos están muy pequeñitos para que tanto usted como ellos se vayan acostumbrando.

Cuando combina el evitar y la preparación con un enfoque gradual, con experiencias adecuadas para la edad, está poniendo en práctica el principio No. 3 de la filosofía libre de Remordimiento Materno (mirar hacia el futuro y al panorama general). También incluye una sana dosis del principio No. 1 de la filosofía libre de Remordimiento Materno (renunciar a ciertas cosas). Se presenta también la oportunidad de poner en práctica el principio No. 6 (reírse mucho con sus hijos). El enfoque gradual le permite enseñarles a sus hijos el comportamiento público que espera de ellos en pequeños pasos adecuados para su edad. En la medida en que van madurando y demostrando creciente dominio de las destrezas del comportamiento en público, tales como el autocontrol, el tono de voz "en interiores" y respetar las reglas de comportamiento del lugar, puede exponerlos agradablemente y sin riesgo a una gama más amplia de lugares y circunstancias, adecuando sus expectativas en cuanto al comportamiento de sus hijos a medida en que éstos aprenden. Esto les permite a todos disfrutar la experiencia mientras practican los comportamientos que se esperan de ellos.

Un enfoque gradual en materia de cine podría ser como sigue: autocine para los más pequeños, la función de la tarde para los preescolares y temprano en la noche para los que van a la escuela. En cuanto al teatro en vivo, comience con producciones para niños como los espectáculos sobre hielo, luego pase al teatro local y después a conciertos juveniles de la orquesta sinfónica. Recuerde, la idea del enfoque gradual es adecuar sus expectativas a la edad que tienen, y no a la de los adultos.

Mi amiga y yo llevamos nuestras niñas pequeñas a ver un espectáculo infantil sobre el hielo. Comenzó la música y los niños comenzaron a cantar y bailar en los pasillos. Las cuatro nos estábamos riendo y divirtiendo. Y en ese momento la vi. La abuela detrás de nosotras nos estaba mirando mal por permitir que las niñas se levantaran de sus sillas. Estaba obligando a su pequeña nieta a quedarse quieta. Se me borró la sonrisa de la boca. ¡Me sentí tan culpable! ¿El comportamiento de mi hija les estaba dañando el espectáculo a otros miembros del auditorio? Le susurré a mi amiga, pero ella simplemente se encogió de hombros. Su mensaje era que estábamos en un espectáculo infantil y que si la abuela requería silencio, hubiera debido ir a un concierto de la sinfónica. Después de eso no me volví a preocupar por la abuela. Le enseñé a mi hija a decir cortésmente: "Discúlpeme" al pasar frente a los demás en la fila. Dejé que disfrutara la función a su manera, bailando en el pasillo.

También nos gusta el enfoque proactivo para aprender a comportarse adecuadamente en público: practicar en casa. A los niños les gusta fantasear, entonces ¿por qué no hacer juegos de roles en que se va a un restaurante a comer o se va a un espectáculo con los niños? Indíqueles el comportamiento correcto que usted quiere que imiten, aunque sea el de los comensales de mentira en el restaurante de mentira que ha puesto en la sala de su casa. "¿Ven esa niña lo bien sentada que está?" o "¿ven ese niño? Está hablando tan discretamente" o "Miren a esa mamá. Está comiendo con tenedor". Si les enseña a los niños lo que se espera de ellos y lo practica con ellos, tal vez no se comportarán en público como pequeños pillos revoltosos. Simplemente se comportarán como niños.

Para domar la bestia

Le recomendamos, en la medida de lo posible, salir con los niños cuando estén en forma; para nosotros eso significa sanos, descansados y sin hambre. Sabemos que esa es la situación ideal y que se presentarán circunstancias en que tendrá que hacerle frente al mundo con sus niños moqueando, cansados o con hambre. Sin embargo, antes de encender el auto, piense en evitar: ¿realmente tiene que ir al supermercado a las ocho de la noche con los chicos detrás, aun si se le acabaron la leche, el pan, el cereal y todos aquellos elementos que constituyen algo parecido a un desayuno? Podrá requerir algo de creatividad de su parte, pero tal vez pueda inventarse algo que se asemeje a un desayuno y dejar las compras para la mañana. ¡Los restos de pizza también pueden convertirse en desayuno! (Ver la lista de recomendaciones sin Remordimiento Materno para hacer frente a momentos como este en el Apéndice B). Por otra parte, ¿qué pasa si no hay ni una sola hoja de papel higiénico en toda su casa? Prepárese para hacerle frente a las compras.

Una excursión al supermercado puede asimilarse a tropezar con una guarida de serpientes, a no ser que usted tenga un plan para lidiar con los inevitables aullidos de hambre y los "yo quiero eso" de sus hijos. Si su hijo es lo suficientemente grande, la "narración pre-compras" puede incluir decirle qué cosas hay en su lista. Entonces él podrá ayudarle a encontrar las cosas en los estantes. Eso lo involucra en la compra y evita que se aburra, que se dirija de cabeza hacia las delicias en los estantes bajos que usted no tiene ninguna intención de comprar, o que arme un berrinche cuando usted le diga que esos cien paquetes de chicles "no están en nuestra lista". Le recomendamos también que le dé a su niño algún pequeño tentempié por el camino, o que lleve consigo algo que pueda comer mientras hacen las compras. No se preocupe por si se comerá la cena o no. ¿Qué es más importante: una cena precisamente ese día, o comprar el papel higiénico que se le acabó con un mínimo de alboroto?

Digamos que su niño no pudo comer nada antes de las compras y usted no tiene nada de comer a mano cuando comiencen los alaridos de "¡Tengo hambre!": no lo dude y cómprele algo en la tienda de comidas del supermercado, aunque él insista en comida chatarra. Deje que él coma mientras usted termina de hacer las compras rápidamente. Usted puede preguntarse si eso no es ceder ante una pataleta. ¿No me sentiré culpable por ceder, casi tan culpable como me sentiría arrastrando a mi hijo gritando por toda la tienda? Recuerde el principio No. 5 de la filosofía libre de Remordimiento Materno (acostúmbrese a decir *sí* con más frecuencia y a defender su *no*). Si usted ha entrado en un depósito de comida con un niño hambriento, usted tiene una excelente razón de decir *sí* y amplias oportunidades de actuar. Si asume el control de la situación, podrá evitar una lucha de poder y una escalada del problema.

Si le preocupa lo que dirá la gente de su niño gritón o de la solución de la comida chatarra, he aquí un muestreo: Algunos estarán pensando: qué bueno que cesaron lo gritos. Algunos pensarán: pobre chiquito, tiene hambre. Algunos pensarán: pobre mamá, ¡cómo recuerdo esos tiempos! Y otros pensarán: a mí no me preocupa, no es hijo mío. Todos estarán pensando en acabar con su lista de compras y salir de ahí, exactamente igual como si usted y su hijo hambriento no estuvieran en la tienda. ¿A quién le importa? Poco importa lo que piensen. Y eso es lo esencial de lidiar eficazmente con las rabietas públicas, sin importar dónde ocurran.

Si ocurren en la tienda…

Si ocurren en la puerta del consultorio médico…

Si ocurren en el carril donde es prohibido estacionar…

Si ocurren en el avión…

¡Tiene que actuar para evitar volverse loca!

Las personas con quienes se encuentra en público probablemente nunca más se cruzarán con usted y no se expondrán al peligro de los ruidos que emanan de su familia. No se preocupe por ellas. Una vez que deje de concentrarse en ellas y preste toda su atención a su hijo en plena situación, su sensación de culpa se evaporará.

Cuando mi hija mayor era muy pequeña, las frustraciones de la vida se acumulaban en su interior y no había manera de evitar la tempestad. Aprendí a observar las señales de una pataleta inminente como se escudriñan las nubes para predecir la lluvia. Pero no siempre acerté al hacer el pronóstico de las pataletas. Un día estábamos de compras cuando brotó el berrinche a caudales. Se revolcó en el anden frente al almacén. Hubo personas que tuvieron que pasar por encima de ella. Consideré llevarla alzada, pataleando y gritando, hasta el auto, pero pensé en lo difícil que es tener dos años de edad, sin ningún control de su propia vida. Entonces me senté en la acera junto a ella y dejé que gritara. Tras unos cinco minutos le pregunté si le importaba hacerse a un lado para dejar pasar a la gente. Se negó. Nos quedamos sentadas. Unos pocos minutos más tarde se levantó y se volvió a dejar caer lejos de la entrada. Nos quedamos otros veinte minutos, ella gritando y yo sentada. Muchos de los extraños me sonreían queriendo decir: "yo también pasé por ahí", pero otros expresaban disgusto. No me preocupé. Cuando acabó, la abracé y le sequé la cara. Le di una versión abreviada de mi discurso sobre el tema: "¿valió la pena? ¿De veras te sientes mejor?". Después continuamos haciendo nuestras compras y pasamos un día maravilloso.

Antes de que comience a poner en duda nuestra salud mental, le diremos que hay momentos en que debe decidir cortar el anzuelo e irse. Por ejemplo, si su niño comienza a tirar su comida en el restaurante, o se presenta una repetición de la pataleta en el supermercado, dese cuenta de que le está tomando el pelo y es hora de irse. Váyase tan rápida y calladamente (de parte suya) como pueda. Concéntrese en la escapada. Dirigir una mirada de disculpa a los presentes es una pérdida de esfuerzo. Todo padre o madre del universo ha tenido que hacer esto en uno u otro momento y ahora es el turno suyo; usted no es la primera ni será la última.

Aunque le tiente gritar o regañar a su hijo mientras aún se encuentra en el lugar, absténgase. Si grita a su niño en público, los demás no la verán con simpatía. Desde luego, importa poco lo que los demás piensen de usted, pero por favor tome conciencia de que probablemente no van a demostrar mucha comprensión por un chico con berrinche y su madre con pataleta. Uno de ustedes debe mantener el control y en realidad debería ser el adulto.

Sus esfuerzos por disciplinar a su hijo no deberían resultar en una humillación pública para él. De todas maneras, aunque no lo digan, muchos niños se sienten avergonzados de perder el control en el supermercado. Lo que usted necesita es concentrarse en retomar el control de su propio comportamiento y el de su hijo. Añadirle una humillación pública a la mezcla puede resultar en un niño resentido que no querrá volver a la tienda. Algunos niños tienen memoria de elefante; es mejor no convertir el momento en algo aun más memorable. Cuando todos estén tranquilos, ya sea en el auto o en casa, vuelva al tema de lo que ocurrió. También, al postergar su reacción hasta que pase el momento, se dará a sí misma algún tiempo para calmarse. Una vez que esté tranquila, podrá hacer el inventario de las razones de la debacle y abordarlas.

En palabras de una de las autoras, Julie Bort: Durante el primer vuelo en avión de mi hija, el cambio de rutina, la tensión del viaje y los oídos taponados la hicieron explotar. Comenzó a gritar. Las personas a mi alrededor comenzaron a inquietarse y a enojarse. Me esforcé por no permitir que me afectaran sus miradas de desagrado y me dije: "¿A quién le importa? Nunca más veré a estas personas, y si no toleran a una niña llorando, no merecen mi comprensión". Mecí a mi hija y la consolé mientras gritaba. Le dije que sabía lo difícil que era para ella. Tras unos pocos minutos se durmió. Al final del viaje, una pareja mayor del otro lado del pasillo, que yo había pensado estaría entre los más enojados, se me acercó. Ambos me felicitaron por la manera como manejé la situación y me declararon "una muy buena madre". Eso le dio un impulso certero a mi confianza como madre.

Cuando se enfrenta a una pataleta y mantiene sus emociones bajo control, será "la mamá que mantuvo la cabeza fría cuando su hija perdió el control". Esto reforzará su imagen de sí misma. ¿Recuerda a Lamaze? Este es el momento de ponerlo en práctica. Respire profundo y concéntrese en la respiración. Esto le dará tiempo para calmarse y pensar en un plan de acción para acabar con la pataleta.

Cómo acabar con las impertinencias

Por alguna razón, un comentario insolente de un niño puede hacer que una mamá se vuelva loca ¡y cómo! Conocemos una mamá que no estaba de acuerdo con golpear a los niños y sin embargo le dio una bofetada a su hijo como reacción impulsiva a un comentario impertinente. Apostamos que esa mamá pasó la noche con un caso agudo de remordimiento.

Usted no tiene que aguantarse a los chicos maleducados. De hecho, tiene que eliminar de un tajo cualquier comportamiento en que su hijo la trate a usted o a cualquier otra persona irrespetuosamente. La manera de erradicar este comportamiento es darles ejemplo a sus hijos de cómo espera que se dirijan a usted. Es decir, hábleles a ellos en el mismo tono respetuoso que desea que utilicen cuando hablen con usted. Cuando se atrevan a ser groseros, párelos. Explíqueles por qué no es aceptable la grosería. Después, demuéstreles la manera correcta de formular su comentario y haga que lo repitan en palabras respetuosas y en un tono de voz cortés.

Cuando mis hijos tenían nueve y siete años, pasamos por una fase en que todo lo que me decían era en tono de pelea o una insolencia. Yo me enojaba, mi esposo me defendía y cada vez los chicos se veían obligados a irse castigados a su cuarto. Aunque quería que comprendieran que su grosería hacia mí no era aceptable, también quería vivir en un hogar feliz en que mis chicos no tuvieran problemas constantemente. Entonces me inventé la regla de "Sí, mamá". Lo único que se les permitía decirme era: "Sí, mamá". Literalmente. Eso era todo. Cuando les dije la nueva regla, reaccionaron ante la idea con miradas de rebelión. Entonces la practicamos durante unos quince minutos. Les dije: "Si yo digo 'Vayan a limpiar su cuarto', ustedes dicen: 'Sí, mamá'. Hice que repitieran: "Sí, mamá". Lo intenté con otras frases: "Es hora de acostarse". Y respondieron: "Sí, mamá". "¿Están haciendo sus tareas?" "Sí, mamá". "¿Puedo echarles espinacas en el pelo?" Riéndose: "Sí, mamá". En las dos semanas siguientes, no me podían hablar si no respondían "Sí, mamá". Los premié convirtiéndolo en un juego en que yo me inventaba tonterías a las cuales debían responder: "Sí, mamá". Y funcionó. El tono de voz y el respeto que yo deseaba se practicaron hasta que se convirtieron en un hábito. Hasta el día de hoy, cuando se les escapa alguna impertinencia, un par de horas de "Sí, mamá" corrige la situación.

Cada uno de los miembros de la familia merece respeto y consideración. Si observa que a sus hijos les causa dificultad esa idea, cerciórese de que usted no esté contribuyendo al problema. Si no les ha estado demostrando un comportamiento respetuoso últimamente, es hora de comenzar. Igualmente, recuerde colmarlos de alabanzas cuando actúen correctamente.

Cómo manejar el dilema de la escucha selectiva

Su hijita de cinco años está jugando en el suelo en el cuarto adyacente y usted le dice que se lave las manos para ir a comer. Pocos minutos más tarde, usted todavía está esperando que se lave y se presente en la cocina. Usted la llama otra vez. Pasan los minutos. Finalmente, usted sale furiosa hacia el otro cuarto gritándole: "¡Esta es la tercera vez que te he dicho que te laves las manos para ir a comer! ¡Tienes que aprender a hacer lo que se te dice!" La niña sube la mirada sorprendida y se pone a la defensiva: "Yo no sabía que querías que me lavara las manos. No te oí".

Usted le contesta gritando: "Yo estaba a un metro de distancia de ti. No me estabas escuchando, me estabas pasando por alto. Por eso te vas a la cama esta noche sin ver televisión".

Ella sale furiosa, y cuando usted se calma se siente culpable de su propio estallido y se pregunta por qué su hija siempre parece empujarla hasta el punto en que pierde el control.

Bienvenida al maravilloso hito del desarrollo humano llamado escucha selectiva. La escucha selectiva es común entre los chicos de cinco a siete años de edad, pero puede comenzar ya a los cuatro años y durar hasta los doce. Es uno de los resultados de la capacidad de concentración creciente de sus hijos y de su mayor interés en el mundo. Entienda que sus hijos no la están pasando por alto deliberadamente. Están tan concentrados en la tarea presente (jugar, por ejemplo) que se desconectan de todo lo demás, incluyendo su voz impartiendo instrucciones. En otras palabras, el niño en realidad no le oyó.

CONSEJO ÚTIL

Demasiada escucha selectiva

Aunque la escucha selectiva es una etapa normal del desarrollo, si parece extrema puede ser un indicio de que el niño tiene algún problema físico o emocional. Dígale al pediatra que le parece que su pequeño se desconecta con frecuencia. Los mensajes de la profesora indicando que a su hijo se le dificulta prestar atención en clase deben tomarse en serio (recuerde, ella lidia con niños de la edad del suyo todo el día). Si usted no logra fácilmente romper la concentración de su hijo, si al tocarle la espalda con la mano no se produce una reacción inmediata, podría ser una buena razón para visitar el médico.

La escucha selectiva no es una señal automática de falta de respeto. El cerebro del niño dirige todos sus esfuerzos hacia el objeto o sujeto y se desconecta del mundo, al igual que usted cuando está leyendo una novela o viendo televisión. Gritar no ayuda. A medida que crezca y adquiera la habilidad de ejecutar varias tareas simultáneamente, su hija podrá comenzar a prestarle atención más rápidamente cuando usted lo solicite. No obstante, existen mejores métodos para lidiar con la escucha selectiva que exigirles a sus chicos que se mantengan atentos a sus instrucciones en todo momento.

Cuando comience a notar la escucha selectiva, debe abandonar el hábito de gritar sus instrucciones de una habitación a la otra de su casa (la señal reveladora de la escucha selectiva es que su hijo insista en que no le oyó). Acérquese a su hijo y tóquelo suavemente en el hombro. Cuando le preste su atención, déle sus instrucciones. Pídale que le repita sus instrucciones sólo para asegurarse de que haya asimilado sus palabras. Igualmente, pídales a sus hijos que se acerquen a usted cuando requieran su atención y, también, que esperen que usted les brinde toda su atención antes de hablarle. Una de las autoras les permite a sus chicos entrar a su oficina en casa en cualquier momento mientras está trabajando. Se paran junto a su silla como señal de que necesitan decirle algo. Tan pronto como puede, en lo posible en menos de un minuto, suspende lo que está haciendo y los saluda. Permita que sus hijos aprendan a captar su atención cortésmente, y utilice los mismos métodos corteses cuando esté intentando obtener la atención de ellos. Para compartir instrucciones, como citas médicas, mensajes telefónicos o listas de tareas, no hay nada más eficaz que escribirlas. No es que usted deba convertirse en secretaria personal, pero un tablero para fijar mensajes ubicado en un lugar central puede ayudarle a comunicar instrucciones.

Desde luego, comprender la escucha selectiva y dejar mensajes en el tablero no le ayudan cuando tiene que subir a los chicos en el auto, ya mismo, y se están desconectando. Entonces vuélvase creativa e invéntese maneras de captar la atención de sus hijos sin gritar.

Mis tres niños estaban en plena fase de escucha selectiva y estaba volviéndome loca sintiendo que estaba gritando todo el tiempo. Entonces compré un pito. Tres pitazos se convirtieron en la llamada a subirse al auto. El primero era la advertencia de que se pusieran los zapatos y se alistaran para salir. El segundo quería decir: "Más vale que se encaminen hacia el auto". Y el tercero: "Voy en camino al garaje y más vale que ustedes estén sentados en el auto o corriendo hacia él". También compré un megáfono para captar la atención de mis hijos. Cuando no lo estoy utilizando para que me presten atención, invento juegos para entretenerlos. Ellos piensan que el megáfono es divertidísimo.

Los campamentos de verano enfrentan la escucha selectiva entrenando a los chicos a practicar llamadas, cantos o juegos de palmas. Si los animadores necesitan que todo el mundo preste atención, comienzan llamando "Hola" y los chicos deben contestar en unísono: "¡Hola qué!" O dan palmas rítmicamente.

Una vez que se da cuenta de la razón por la cual sus chicos no parecen escucharla nunca, puede inventarse soluciones ingeniosas y divertidas para animarlos a reconocer cuando usted necesita su atención. No hay necesidad de gritar. También, recuerde que la escucha selectiva es sólo una fase y que pasará.

En los años que preceden la adolescencia, sus hijos vuelven a ser capaces de escucharle cuando están ocupados, pero la escucha selectiva se convierte en el tema de cuándo es el mejor momento para hablarles. Hay veces que lo que ocurre en el mundo los distrae mucho. Están volviéndose adultos. De la misma manera como usted a veces está inabordable durante sus reuniones, llamadas telefónicas o crisis domésticas, usted tiene que tener el mismo respeto por su hijo preadolescente. Cuando su preadolescente está hablando por teléfono no es un buen momento para hablarle de los planes de fin de semana.

Ha aprendido ahora algunas estrategias libres de Remordimiento para eliminar las contiendas diarias a gritos (¡y las semanales también!) Con estas estrategias, además de las herramientas que aborda el Capítulo 6, tiene ahora el control del volumen de su laringe. Si puede moderar la voz que grita, podrá cultivar la risa en su lugar.

CAPÍTULO 8

Guía para padres para un
manejo doméstico sin estrés (o casi)

Un hogar que luce como si un huracán lo hubiera devastado es incompatible con una vida hogareña cómoda y tranquila. Pero, y no se equivoque, un hogar inmaculado, aséptico y exageradamente ordenado es igualmente incompatible. La filosofía libre de Remordimiento Materno busca el equilibrio realista en todas las cosas, incluyendo el manejo doméstico. Mejor: especialmente en el manejo doméstico.

Las labores domésticas son responsabilidad de todos los que viven en la casa, no sólo de las mamás. No obstante, las mamás se vuelven locas persiguiendo motas de polvo. Esta es su segunda área de culpabilidad (después de gritar); 59 por ciento de los encuestados se refieren a vivir en una casa desordenada como fuente de sentimientos de culpa. Figura en un puesto alto tanto entre los padres de niños pequeños como entre los de preadolescentes y en todos los grupos de edad entre los dos. Casi la mitad de las mamás encuestadas llegaron a identificarla como el área que más fuerte remordimiento les causa. Esta cifra se compara con el 19 por ciento de los padres que se sienten fuertemente culpables por tener una casa desordenada, aunque el 38 por ciento de los padres que participaron en la encuesta identifican las labores domésticas como un área que les genera algo de remordimiento.

La presidenta del Consejo de Manejo Doméstico

Las mamás no sólo sufren de Remordimiento Materno intenso porque la casa les parece demasiado sucia, sino que también les duele estar dedicándole tanto tiempo a tratar de hacer las tareas domésticas. Nuestras encuestadas dicen que pasan el mismo tiempo manejando la casa (como "presidentas del Consejo de Manejo Doméstico") que interactuando directamente con sus hijos. 46 por ciento de las mamás encuestadas informan que pasan la mitad o más de su día como presidentas del Consejo de Manejo Doméstico (PCMD). Por el contrario, los papás dicen que pasan más tiempo con sus hijos que en las tareas de PCMD. Una tercera parte de los papás informa que la mamá hace el trabajo de PCMD más o menos sola (mientras que menos del uno por ciento de las mamás da crédito al papá como único PCMD).

Las mamás se sienten frustradas porque el interminable trabajo doméstico es justamente eso: interminable. Se sienten culpables porque las horas que pasan persiguiendo motas de polvo son horas que les quitan a sus hijos. Dos de las encuestadas comparten estos consejos:

Yo simplemente reconozco la culpa e intento manejarla cuando surge. Por ejemplo, cuando me siento culpable de no estar con mis hijos cuando estoy limpiando o preparando la cena, dejo lo que estoy haciendo y juego con ellos algunos minutos; eso los calma a ellos también, especialmente al de cuatro años.

* * * * *

El mejor consejo es intentar equilibrar su tiempo con lo que surja en ese momento. Deje de lado las tareas domésticas y juegue con los niños cada vez que esté en casa. Sólo estarán pequeños una vez en la vida y usted tiene toda la vida para realizar las labores domésticas.

Parece fácil. ¡Y puede serlo! La filosofía libre de Remordimiento Materno postula que esos dos usos del tiempo: las tareas domésticas y la interacción con los niños, no se excluyen mutuamente. Simplemente involucre a los niños en las faenas caseras con usted. Obviamente no se puede esperar de los niños desde recién nacidos hasta los dieciséis meses que ayuden a mantener limpia la casa, y, aunque comerse las migajas que se caen sí contribuye a limpiar el piso, no estamos seguras si eso cuenta como una ayuda.

Pero tan pronto como el niño comienza a caminar y es capaz de seguir instrucciones simples, puede ayudar. Créanoslo. El método libre de Remordimiento Materno para un manejo del hogar indoloro (o casi) no es solamente simple sino también práctico y viable. ¿Le intriga? Quítese esos guantes de látex y siga leyendo (o avance hasta el recuadro "A los chicos les encanta ayudar", en la página 102. En este capítulo tenemos un baldado de ideas para ayudarle a arremeter contra el desorden y lavarse la culpa.

Cómo mantener la cordura cuando la mugre casera enloquece

Aunque los niños pueden ayudar con muchas tareas domésticas, algunas de ellas requieren una mayor participación de los adultos. Cuando se descubra responsable de las tareas enumeradas abajo, a continuación encontrará algunos consejos para ayudarle a manejarlas sin remordimiento:

- Trate de no irse a la cama dejando los trastos sucios en el lavaplatos. Entrar a una cocina limpia en la mañana puede hacer que su día sea más agradable.
- Piense en cuánto tiempo tiene para la tarea que está a punto de emprender. Si no tiene tiempo para terminarla toda, considere si es posible dividirla en segmentos manejables que pueden irse ejecutando a lo largo del tiempo.

- Mantenga un juego de útiles de limpieza en cada baño, incluyendo esponjas, trapos, toallas de papel, un cepillo para el inodoro, etcétera. Limpiar la taza del baño y pasarles el paño a las superficies le tomará sólo unos minutos si tiene a la mano todo el equipo.

- Acéptelo: el desorden ocurre, pero no tiene que ocurrir en todas partes. Infórmeles a la familia y los amigos que un determinado mostrador en la cocina debe permanecer libre de desorden en todo momento (no todas las superficies horizontales tienen que usarse para almacenar objetos). Intente asignarle a cada miembro de la familia un cajón u otra área específica para que guarde su propio desorden.

- Enséñeles a los niños que no pueden comenzar un juego nuevo hasta no haber guardado el anterior.

- Intente la "regla de los diez minutos primero" con usted misma. Pase los primeros diez minutos de cualquier período de tiempo que tenga disponible durante el día organizando el desorden. Hágalo primero. Suspenda después de diez minutos. Eso basta para ir mermando gradualmente los montones que aparecen como por arte de magia, y talvez hasta para evitar que se formen algunos.

La visita de la realeza puede esperar

El primer paso para conquistar el remordimiento doméstico es crear un plan realista para el mantenimiento básico. Realista se define, en parte, según su estilo de manejo de proyecto doméstico (vea el examen al final de este capítulo llamado "¿Usted se mantiene al día o se pone al día?"). La palabra realista se define también según sus expectativas. Si espera mantener su estado de limpieza a un nivel que llamamos "digno de la realeza", le sugerimos activar el principio No. 1 de la filosofía libre de Remordimiento Materno (renuncie a ciertas cosas) y reduzca sus expectativas. La limpieza digna de la realeza es la limpieza que se logra justo antes de que lleguen los invitados. Es ese espacio de tiempo especial en que su casa podría ser fotografiada para una revista de decoración. La pulcritud digna de la realeza no dura ni siquiera unas pocas horas, a no ser que haya desterrado a su familia de su casa. Una cosa es tener una habitación de su casa en un estado digno de la realeza, tal como ese espacio poco utilizado que conocemos como la sala, y es otra esperar que toda la casa permanezca en esa condición. Nos parece que lo apropiado es mantener un mínimo de limpieza.

Le animamos vivamente a considerar como su mínimo lo que llamamos limpieza a nivel de superficies. Le sorprenderá lo agradable que se verá su casa si le pasa rápidamente la aspiradora a aquellas partes del piso a las que tiene acceso fácil y pasa el paño por las superficies brillantes (qué pena, pero esto no se aplica a los inodoros). Créanos, ¡todos lo hemos hecho y decimos que la casa está limpia! En el capítulo 3 le ofrecimos algunos indicadores de seguridad como guía para establecer las reglas en el hogar. La limpieza a nivel de superficies cumple con esos indicadores de seguridad. Quiere que su hijo juegue en un entorno seguro: aspire las motas de polvo antes de que el bebé se las coma y despeje las superficies antes de que su preadolescente se coma los restos de comida. Una vez que haya descartado peligros como intoxicación por alimentos, sofocación o ingestión de polvo, habrá logrado la seguridad. El resto del desorden simplemente es la prueba de que usted preferiría que la admiren por ser una excelente mamá que por ser una excelente empleada doméstica. Además, ¿qué cree que le brinda una experiencia más agradable en la crianza de sus hijos: que la casa esté desordenada y sus chicos puedan jugar con usted, o que haya pasado más tiempo limpiando la casa que jugando con los niños?

Los chicos aportan su parte

Por otra parte, ¿por qué no combinar el tiempo que pasa limpiando con el tiempo que pasa con sus hijos? Este enfoque no sólo es más fácil de lo que parece sino que es una excelente manera de poner en práctica el principio No. 6 de la filosofía libre de Remordimiento Materno (ríase mucho con sus hijos).

La manera en que abordamos las faenas domésticas influye en la participación de nuestros hijos en mantener limpia su casa. Si los perseguimos constantemente, recogiendo la menor cosa detrás de ellos, desde luego que comenzarán a percibirnos como la empleada doméstica, cuya función es mantener su entorno impecable.

Cuando una niña es capaz de seguir una orden sencilla y de caminar mientras tiene un objeto en la mano, es lo suficientemente grande para ayudar. Una niña de dos años puede lanzar un juguete a un cesto. Ayúdele poniendo una caja grande, ancha y baja en que ella pueda meter todo sin mucho esfuerzo. Aunque el área de juegos necesita estar medianamente ordenada para ajustarse a los indicadores de seguridad, no hay necesidad de todo un trajín para mantenerla arreglada. Una manera fácil de mantener esta área bajo control es limitar el número de juguetes que haya que recoger. Además de promover la actitud de que la pulcritud no importa, demasiados juguetes en el área ponen a los chicos en riesgo de herirse y pueden convertirse en caldo de cultivo de bacterias y provocar una enfermedad (para ver más consejos en cuanto a las tareas adecuadas según la edad, vea el recuadro "A los chicos les encanta ayudar: una guía para las responsabilidades en el hogar").

Revise los juguetes que sus chicos utilizan y piense si todavía tienen edad para ellos. Mientras los niños recogen los juguetes del suelo, haga que tiren los que ya no usan en una bolsa que después usted podrá donar a una organización caritativa para la infancia (quitándose de encima la culpa del desorden y enseñándoles a sus hijos una lección sobre cómo ayudar a los demás). Intente alternar los juguetes que usan, metiendo unos y sacando otros del área de juegos, limpiando los que saca antes de guardarlos. Remojar los juguetes en agua jabonosa es una tarea que puede hacer con sus niños. Simplemente saque y limpie uno o dos juguetes cada par de días y guárdelos en una caja en el closet. Los juguetes que reaparecen después de haber permanecido desterrados en la caja del closet recuperan su atractivo y parecen "nuevos" otra vez.

Los libros son seguramente otro tipo de objetos que hasta los niños muy pequeños pueden aprender a recoger. Pero recuerde que sus niños no son bibliotecarios y alégrese de que hayan logrado poner el libro en el estante. Deje a un lado sus expectativas de que el libro esté perfectamente alineado con los otros libros, en orden alfabético o por tema (aun si se ha tomado el trabajo de ponerle una etiqueta a cada libro con el número correspondiente del sistema decimal Dewey). Poner los libros en el estante a la buena de Dios está bien para los más pequeños y hasta para los de primaria, pero en el caso de los más grandes, usted ya tendrá tanta práctica con el principio No. 1 de la filosofía libre de Remordimiento Materno (renunciar a ciertas cosas) que usted misma ya no se acordará de cómo usar el sistema decimal Dewey. De hecho, tal vez tendrá que corear el principio No. 1 como un mantra mientras limpia la casa con sus niños más pequeños, por lo menos hasta que aprenda a alegrarse de la idea de la pulcritud que tienen, que es menos que perfecta.

Ahora que mis hijos me ayudan con las faenas domésticas, encuentro que soy una mamá mucho más feliz. En lugar de sentirme como una empleada doméstica, me divierte hablar de cuánto me ayudan los chicos en casa. Evidentemente, hay que hacer ciertos sacrificios, como no exigir demasiado en cuanto a la calidad de la tarea. He aprendido que si dejo que mi hijo en edad preescolar me ayude con la limpieza, tengo que volver a definir el significado de la palabra "limpiar". A la manera del preescolar, limpiar quiere decir rociar un vidrio con toneladas de limpiavidrios de una sola vez, usar una toalla de papel para frotar y repetir este procedimiento una y otra vez hasta que el aburrimiento lo venza. Que su hijo le ayude significa que en lugar de exclamar: "Cielos, ¿qué ocurrió aquí?", usted sea flexible y diga: "¡Cariño, qué bien huele! ¡Lo hiciste muy bien!"

A los chicos les encanta ayudar:
una guía para las responsabilidades en el hogar

La filosofía libre de Remordimiento Materno hace hincapié en disfrutar a sus hijos al adecuar sus expectativas sobre el comportamiento de sus hijos a lo apropiado según su edad. El cuadro a continuación representa la idoneidad de ciertas tareas domésticas comunes según la edad. Acoplar las tareas con la capacidad emocional y de desarrollo les ahorra frustraciones a usted y a su hijo. Obviamente, usted conoce mejor a su hijo y puede darse cuenta si está o no lo suficiente maduro en las edades mencionadas aquí (pero, poco importa, talvez pueda ensayar utilizar la lista tal como está antes de ajustarla; ¡sus hijos podrían sorprenderla!)

EDAD	ACTIVIDAD
17-24 meses	Puede recoger y guardar los juguetes, uno por uno, bajo la dirección y con la ayuda de un adulto; puede ayudarles a los adultos a echar la ropa en la lavadora o secadora.
2-3 años	Puede escoger la ropa y vestirse con poca o ninguna ayuda de un adulto, puede amontonar libros en un estante, ayudar a poner la mesa, llenar el plato de comida de una mascota, echar ropa en una canasta, regar las plantas.
4-5 años	Puede sostener una aspiradora de mano, limpiar el polvo, tender una cama, vaciar las canastas de desperdicios, recoger el correo, levantar platos irrompibles de la mesa, ayudar a poner y sacar objetos irrompibles del lavaplatos automático.
6-7 años	Puede separar ropa por lavar según el color y hacer montones, hacer pares de calcetines, barrer pisos y corredores, poner y levantar la mesa, barrer hojas del

	césped, pasar un trapo a las superficies en la cocina y el baño, pasar la aspiradora con supervisión, guardar ropa en cajones, tender y destender una cama con supervisión.
8-10 años	Puede cargar el lavaplatos automático, poner en su sitio los alimentos, aspirar, trapear, limpiar superficies duras (ventanas, superficies en los baños), llevar a cabo tareas simples en la cocina sin supervisión (hacer un sándwich, lavar frutas), llevar a cabo tareas más calificadas con supervisión, doblar y guardar ropa, sacar las mascotas, sacar la basura, leerles a los hermanos menores, bañarse en la tina o en la ducha.
10-12 años	Puede ocuparse por completo de la ropa por lavar, desde separarla hasta doblarla, con poca o ninguna supervisión (sin embargo, ¡enséñeles a separar la ropa roja de la blanca primero!), limpiar todas las instalaciones en el baño sin supervisión, trapear, limpiar superficies, lavar ventanas, lavar el auto, cocinar una comida caliente con supervisión, preparar una comida fría sin supervisión, descargar el lavaplatos automático, llevar a cabo tareas más largas o varias tareas simultáneamente con poca o ninguna supervisión (organizar el dormitorio).

Recuerde también que el cerebro de un niño no arranca diciendo: "¡Atención, atención! Acabas de hacer un terrible desorden que va a volver locos a tus padres y que les tomará una semana limpiar". De vez en cuando recuérdele a su hijo que guarde algunas de sus cosas. Incluya este ejercicio en su programa realista, y especifique. Hasta por lo menos el cuarto año de escuela primaria el niño no está lo suficientemente maduro para el manejo de proyectos, entonces no basta con decirle que limpie la sala familiar, esperando que él preste atención a lo que usted haga y lo imite. En el caso de los pequeños desde que caminan hasta los preadolescentes, dígale al niño que recoja un objeto específico (un libro) y lo ponga en un lugar determinado (el cajón de libros). A los niños en edad escolar se les puede pedir que recojan categorías de objetos: libros, juguetes, ropa, etcétera. Puede también dividir la tarea pidiéndoles que recojan los objetos según el color, la forma, el tamaño y otras categorías más divertidas ("¡recoge los objetos que riman con la palabra 'gancho'!")

Hablando de diversión, entre más aborde la limpieza conjunta con un sentido de juego y de humor, más disfrutarán todos del tiempo que pasen juntos. Las faenas domésticas no se percibirán como algo sucio, terrible, agotador, o desagradecido a no ser que usted las presente de esa manera. ¡A los niños pequeños trapear y limpiar las ventanas les parece genial!

Mi tropa de niñas exploradoras (Brownies) y yo pasamos un fin de semana de camping en el patio trasero. Yo había preparado suficientes actividades guiadas para que se ganaran cuatro insignias. Como parte de su entrenamiento para un viaje real a un campamento sin electricidad ni agua corriente, tenían que probar que eran capaces de hacer su parte del trabajo. Ayudaron a armar su carpa, prepararon sus propias comidas y limpiaron. Al término del fin de semana, les pedí que hicieran un guión de teatro jocoso sobre la parte que más les gustó. ¡Pasaron por alto todas esas actividades divertidas que les había preparado para las insignias y prefirieron representar tareas como cocinar, barrer y lavar los trastos! Me quedé pasmada. Se me ocurrió que las actividades guiadas con niños de seis años son frecuentes, pero rara vez se les delega la plena responsabilidad de su propio cuidado. Lo disfrutaron mucho. Aprendí a no apresurarme a hacerles el trabajo a mis hijos. Los niños jóvenes en edad escolar quieren ayudar, ¡y yo debo permitírselos!

Aproveche esta maravillosa oportunidad permitiéndoles a los niños en edad escolar que le ayuden; sin embargo, tiene que adaptar sus expectativas a la definición de "limpiar" de un niño pequeño. Apele a la magia del refuerzo positivo discutido en el Capítulo 6 y prodigue elogios en proporciones iguales por el esfuerzo, no por el resultado. Quitarle la camisa de las manos para mostrarle la manera "correcta" de doblarla, o seguir con críticas instructivas mientras la vuelve a doblar, sólo servirá para reforzar el mensaje que limpiar no es algo que él haga bien, entonces ¿para qué intentar? Mami la empleada doméstica vendrá a limpiar. Por el contrario, intente cantar una canción y baile con sus hijos mientras combaten la mugre juntos y arreglan el desorden. Piense en divertirse y se divertirá.

Si le preocupa convertir a sus hijos en sirvientes al hacerlos responsables por la limpieza, cúbrase con el principio No.5 de la filosofía libre de Remordimiento Materno (decir *sí* con más frecuencia y defender su *no*). Tiene toda la razón de permitir que sus hijos hagan la parte que les corresponde y ninguna razón de negarles que lo hagan. Además, a los chicos les gusta ayudar tanto como les gusta hacer desorden. Cuando los anima a ayudar, les enseña a hacerse responsables de su entorno y les permite intentarlo, aunque no esté a la altura de lo que usted haría. Estará mirando hacia el futuro y el panorama general (principio No. 3 de la filosofía libre de Remordimiento Materno) y evitará convertirse en sirvienta en su propio hogar. Además, les estará enseñando a sus hijos destrezas de vida que necesitarán una vez que salgan de su nido y construyan uno propio.

Examen: ¿Usted se mantiene al día o se pone al día?

Las tareas domésticas serán más llevaderas para usted y sus hijos si redacta un plan que corresponda a su estilo de manejo. Si no toma ese paso, estará exponiéndose al remordimiento. Los planes que no corresponden a su estilo natural de funcionar son difíciles de ejecutar a largo plazo, parecido al remordimiento que sentimos el 5 de enero cuando nuestras resoluciones de Año Nuevo son tan sólo recuerdos. Este examen está diseñado para hacer que piense en cómo le gusta funcionar.

Lea los siguientes pares de enunciados. Después, seleccione el enunciado de cada par (ya sea *a* o *b*) que la describe mejor.

1a. Casi nunca leo más de un libro a la vez; prefiero completar uno antes de comenzar el siguiente.

1b. Frecuentemente leo varios libros al mismo tiempo, tomando el uno o el otro según mi estado de ánimo.

2a. Cuando es mi turno lavar los platos, prefiero hacer todo lo del día de una vez en lugar de hacerlo después de cada comida.

2b. Cuando es mi turno lavar los platos, prefiero que el lavaplatos y las superficies se mantengan libres de desorden. Los objetos sucios se ponen inmediatamente en el lavaplatos después de usarlos.

3a. Si me atraso en el lavado de ropa, me pongo al día lavándola toda, pero después a menudo permanece en canastos esperando que la doble y la guarde.

3b. Si me atraso en el lavado de ropa, me aseguro de tener suficiente tiempo para lavar, secar y guardar cada carga antes de comenzar.

4a. Cuando pago las cuentas, las junto todas, escribo los cheques y los envío normalmente una o dos veces al mes.

4b. Pago las cuentas varias veces por semana según la fecha de vencimiento.

5a. Prefiero planificar de antemano las comidas de la semana. De esa manera sé qué ingredientes debo descongelar o tener a mano antes de comenzar a cocinar.

5b. Rara vez planifico las comidas, y prefiero cocinar lo que me venga en gana comer cada día.

Puntuación: Dése un punto por cada afirmación de tipo *a* y tres puntos por cada *b*.

5-8 puntos: usted prefiere "ponerse al día". Le agrada más ejecutar una tarea de principio a fin antes de pasar a la siguiente. Prefiere esperar hasta que la tarea sea lo suficientemente grande para requerir toda su atención, y puede parecerle agotador saltar de una tarea a la otra. Si interrumpe una tarea, puede no volver a ella y entonces puede sentirse abrumada y culpable al contemplar la lista de tareas a medio cumplir. Al priorizar sus compromisos, déjese suficiente tiempo para terminar una tarea en un solo período continuo, si es posible. Haga el lavado de la ropa en uno o dos días en la semana, por ejemplo, en lugar de intentar lavar una carga cada día. Escoja una hora específica durante el día para lavar los platos, por ejemplo, por la noche tras la cena. Tómese un día cada semana, o tal vez un día cada mes, para hacer diligencias; en ese día puede realizar, de principio a fin, todas aquellas pequeñas tareas que se acumulan durante el mes: devolver libros a la biblioteca, pasar por la farmacia o por la lavandería, etcétera. Siempre pase un momento disfrutando la sensación de logro cuando termine una tarea, y no inicie otra hasta no haber saboreado el momento.

9-11 puntos: su estilo depende de la tarea. Aunque en general prefiera ponerse al día, al mismo tiempo se da cuenta de que algunas tareas pueden salírsele del control tan rápidamente que prefiere ocuparse de ellas en pequeñas dosis. Tome nota de qué tareas termina con regularidad y cuáles se le acumulan y nunca logra terminarlas. Aplique el consejo de "ponerse al día" con aquellas tareas que nunca parece lograr acabar. Si se siente angustiada y culpable cuando las tareas sin terminar comienzan a acumularse, podría sentirse más cómoda manejándose completamente como una persona que "se pone al día". Si normalmente termina las tareas que han quedado interrumpidas pero se siente abrumada cuando una tarea se crece tanto que no la puede terminar en cuestión de horas, podría adecuarse mejor a un manejo casi completamente como persona que "se mantiene al día".

12-15 puntos: usted prefiere "mantenerse al día". Usted preferiría abordar varias tareas simultáneamente a sentir que está perdiendo tiempo ejecutando una sola. Le parece más fácil abordar el mantenimiento que la organización inicial, y puede sentirse abrumada cuando se retrasa demasiado una tarea. Si alguna no se termina o no avanza lo suficiente en cuestión de horas, usted se siente frustrada. Divida las tareas grandes en pequeños componentes que pueden realizarse en minutos o en horas. Por ejemplo, lave una, y sólo una, carga de ropa al día, encontrando un momento en que pueda doblarla y guardarla. Advierta la sensación de culminación cuando se termina la tarea. Priorice vaciar el lavaplatos automático para que esté disponible para los trastos sucios apenas se usen. Aborde otras tareas de limpieza en sus componentes más pequeños, tal como limpiar un retrete (y no todos los baños), y asegúrese de cumplir entre una y tres de esas pequeñas tareas a diario. Deténgase siempre a apreciar la sensación de culminación cuando termine cada tarea. La gente que se mantiene al día fácilmente puede sentirse culpable porque nunca concluye el suficiente trabajo, la clave aquí es redefinir "suficiente". Permítase un par de momentos por semana para ejecutar pequeñas diligencias, como devolver libros a la biblioteca o pasar por la lavandería. Si se sorprende sintiéndose tan abrumada con tantas tareas sin terminar que la sensación de culpa comienza a asaltarla, evite iniciar cualquier tarea nueva (incluyendo lavar la carga de ropa diaria) hasta que termine las que ya haya comenzado.

CAPÍTULO 9

La gastrónoma culpable

¿Qué hay para la cena, Mamá? Tan sólo la pregunta es suficiente para hacerle perder el apetito. ¿Parece como si en el momento mismo en que cruza el umbral de la cocina de repente todo el mundo necesitara su atención? Para algunas mamás el estrés se calienta tanto que rebosa y se convierte en peleas habituales con los chicos justo antes de la cena.

Tal vez es el simple agotamiento que hace que tenga que desfogarse. Está al final de un día agitado. Está cansada. Tiene hambre. Cocinar representa más trabajo (aunque lo disfrute), y genera la obligación de limpiar después de cenar. Los chicos también están cansados y tienen hambre. Si las actividades post-escolares la mantuvieron ocupada, el tiempo corre. ¡Apúrese y cocine! ¡Apúrense y coman! ¡Apúrense y hagan sus deberes! ¡Apúrense y acuéstense! Después de la cena la espera un pequeño caos en la cocina. No sorprende que la cena se haya convertido en una hora temible para tantas mamás: conduce a peleas, lágrimas, rabia y Remordimiento Materno.

Tal vez la agobie la planificación de la comida cada noche. Hasta en aquellos días en que tiene la previsión de sacar algo del congelador antes de las ocho de la mañana, nunca sabe si la cena que prepare será acogida con elogios o con rechazo. Después de todo ese duro trabajo, ¿le harán el feo sus niños y pedirán sándwiches de mantequilla de maní con mermelada?

Sabemos lo que siente. Más de una tercera parte de las encuestadas identificaron los hábitos alimenticios de sus hijos como fuente de sentimientos de culpa (para un 14 por ciento es la mayor causa de culpa). Las mamás se sienten culpables de permitir que haya comida chatarra en la cena o que falten los vegetales en la dieta; o se preocupan de que los chicos estén comiendo demasiado o no lo suficiente. Ahora, añádale a esa culpa una vinagreta de estrés al tener que encontrar el tiempo para cocinar y comer la cena todos los días, y obtendrá una porción de Remordimiento Materno.

El Capítulo 5 abordaba los métodos libres de Remordimiento Materno para ayudarles a sus hijos a desarrollar hábitos alimenticios sensatos. Este capítulo plantea alternativas pacíficas al estrés de antes de la cena, el manejo del comensal exigente, así como métodos seguros para la planificación de las comidas, hasta en las noches superagitadas de entre semana. Tenemos una despensa llena de sugerencias para manejar la hora más loca del día, la hora de la cena, con una cucharada de alegría y cero culpabilidad.

Cómo evitar la locura de la hora de la cena

¿Le cuesta trabajo quitarse a sus chicos de encima (o sacárselos de sus piernas) el tiempo suficiente para cocinar, aunque sean quince minutos? Ya sea que hayan pasado todo el día juntos o que acaben de llegar a casa al final del día, los estómagos gruñen de hambre pero los chicos están exigiendo su atención. Ahora: la filosofía libre de Remordimiento Materno dice que se les debe dar esa atención. Haga caso omiso de los alimentos sin cocinar por un tiempo más y pase los primeros quince minutos de la hora de la cena jugando, escuchando cómo pasaron su día los niños, mirando lo que llevaron a casa y sacando las ollas y sartenes para que el pequeño pueda divertirse golpeándolas. Ese es el principio No. 4 (aprenda a vivir en el presente). Si alguna vez ha habido un momento perfecto para poner en práctica el principio No. 4 de la filosofía libre de Remordimiento Materno, es éste. Podemos pronosticar que, tras quince minutos, los dioses de la cocina la recompensarán y le concederán a sus niños la sensación de haber pasado horas enteras a su lado. No sólo logrará tener más tiempo para cocinar, sino que le interrumpirán con menos frecuencia y usted podrá permanecer más tranquila mientras cocina.

Si quince minutos no son suficientes para eludir las interrupciones (y la sensación de culpa que le genera haber alejado a los niños), sepa que sus hijos no están tratando intencionalmente de sabotear sus esfuerzos por preparar una comida. Quieren estar con usted. Permítales, entonces, estar con usted. Delégueles una tarea de cocina y preparen la cena juntos. Volvemos al principio No. 4, vivir en el presente. Cuando los chicos participan, usted logra lo mejor de ambos mundos. Si los chicos ayudan a preparar la comida, es más probable que la coman y la disfruten. Los comensales de buen humor hacen que las comidas sean más agradables. También, los chicos aprenderán a apreciar lo que significa preparar la cena y serán capaces de asumir más tareas relacionadas con la cocina a medida que vayan creciendo (ver el recuadro "Guía para enseñarles a sus hijos a cocinar de acuerdo con la edad"). Y, ¡sorpresa!, acaba de sacar un poco de tiempo valioso para la familia a la hora más caótica del día. Prenda la radio, bailotee en la cocina, golpee esas ollas y cante; puede ser muy divertido mientras prepara la cena y un magnífico alivio del estrés al terminar el día.

A veces la tensión de preparar las comidas y la culpa que acompaña esa actividad no vienen de que su hijo la necesite a usted sino de que necesita comer. Los niños rara vez son pacientes o alegres cuando tienen hambre. Entonces, no se lo diga a su madre, pero nosotros le aconsejamos que abandone la idea que es pecado comer antes de la cena. ¿Por qué no pensar en una hora feliz para los pequeños? Ofrézcales a los chicos frutas, vegetales, queso u otros pasabocas sanos, junto con algo de leche, jugo o agua. Hasta pueden picar mientras cocinan ¿no lo hace usted? No se preocupe por dañarles el apetito. Piénselo así: ¿Se siente culpable cuando va a cenar fuera y pide una entrada antes de la comida? Los bebés y los niños pequeños, en particular, necesitan comer comidas pequeñas y frecuentes. Si le preocupa que los tentempiés impidan que se coman la cena cuando se les sirva, instaure la "estrategia de la compañía". Pídales que los acompañen en la mesa mientras ustedes comen. La hora de la cena es con frecuencia la única hora del día que comparte la familia sin involucrarse en otras actividades. Le brinda una excelente oportunidad de poner-

se al día en cuanto a las noticias familiares y simplemente mantenerse en contacto mutuamente.

Guía para enseñarles a sus hijos a cocinar de acuerdo con la edad

El cuadro que sigue es un instructivo sobre los tipos de actividades de cocina que sus hijos están en capacidad de manejar a medida que van creciendo. Pero es sólo una guía, y
depende del desarrollo de su hijo. Prepárese para monitorear
a su hijo de cerca mientras él o ella intenta adquirir nuevas
destrezas en la cocina. La seguridad debe ser siempre su primera prioridad.

EDAD	DESTREZA QUE PUEDEN APRENDER
2-4 años	Poner alimentos en los platos; revolver alimentos fríos, como la masa para tortas.
5-6 años	Sándwiches de mantequilla de maní; medir harina bajo supervisión; quebrar huevos. Manejo seguro de los alimentos, como lavarse las manos tras quebrar los huevos.
7-8 años	Comidas que se preparan en horno-tostadora; usar el horno microondas con seguridad. Entender una receta. Limpiar.
9-10 años	Cómo usar un cuchillo afilado adecua- damente en la preparación de alimentos y en la mesa. Usar el horno con supervi- sión. Manejo seguro de los alimentos, como lavar los vegetales.

| 11-12 años | Práctica en el uso del cuchillo. Usar electrodomésticos como licuadora, batidora de huevos eléctrica. Manejo seguro de las carnes crudas. |
| 13 años y mayor | Cocinar seguramente con menos supervisión. Destrezas más avanzadas con el cuchillo (cortar zanahorias en tiras, por ejemplo). Limpiar, incluyendo la estufa, y lavar cuchillos. |

Acabe con el síndrome del cocinero personal

¿Le ocurre que se convierte en cocinero personal, preparando cenas diferentes para los adultos y los niños, y hasta para cada individuo? (Arvejas para su hijo, habichuelas para su hija, pescado para usted, una hamburguesa para su esposo…) A la mayoría de los padres no les gusta comer comida para bebés en frascos, por lo que la idea de comidas separadas comienza de una forma muy inocua, en realidad. Sin embargo, cuando llegan a la edad de dos años, los niños pueden comer muchas de las mismas cosas que usted come.

Puede ser que sus días como cocinero personal comenzaron cuando descubrió que su hijo sufría de alergias a ciertos alimentos. O tal vez fue el día en que se dio por vencida y comenzó a servirle sándwiches de mantequilla de maní para la cena porque era lo único que su hijo comía. Si usted es el cocinero personal de la familia y no le molesta serlo durante los próximos tres a dieciocho años, por supuesto, haga lo que disfruta. Por otra parte, si la agobia o la amarga el trabajo adicional, si la hace sentirse culpable cuando "falla" en sus esfuerzos adicionales, es hora de cambiar.

Hasta un niño muy pequeño puede comer lo que come la familia. Por tanto, lleve el bebé a la mesa.

Compré un molino de comida para bebé. Lo llevaba conmigo a los restaurantes y molía lo que estuviéramos comiendo y se lo daba a nuestro hijo. Había padres que se me acercaban a preguntarme lo que estaba haciendo, y cuando yo les respondía me decían: "¡Vaya! Qué buena manera de hacer que su niño coma lo mismo que usted". Yo pensaba lo mismo. Creo también, aunque no tengo ninguna prueba estadística de ello, que nuestros dos hijos son receptivos a probar una gran variedad de comidas porque los alimentamos de esa manera.

La misma táctica funciona con las comidas en casa. Prepare una comida y cocine los vegetales un poco más de tiempo para poder triturarlos y volverlos puré. Su bebé podrá disfrutar comiendo lo que usted coma y usted estará inculcándole una costumbre para toda la vida: una comida preparada al estilo familiar y no al estilo de restaurante. Esto tiene el beneficio de impulsarlos (sin insistir) a ensayar nuevos alimentos simplemente estando en la mesa con el resto de la familia y siguiendo su ejemplo.

Entonces, la próxima pregunta es: ¿qué puede hacer para que sus hijos no sean tan exigentes con la comida? La respuesta es: nada. Sólo sus hijos pueden decidir qué comidas les gustan. Lo que le corresponde a usted es ofrecerles una variedad de comidas y, con cortesía, sin peleas, animarlos a probarlas y seguirlas probando. No sólo cambian los gustos con la edad (en los adultos también) sino que montones de investigaciones sobre los comportamientos caprichosos en materia de comida demuestran que a menudo los niños necesitan probar un alimento entre 10 y 30 veces antes de decidir que les gusta. Sin embargo, investigaciones recientes han demostrado que muchas madres les dan a probar a su hijo un alimento desconocido sólo 2,5 veces antes de concluir que no le gusta.[1] La filosofía libre de Remordimiento Materno la estimula a evitar las luchas de poder en torno a la comida, sin importar lo benévolo de su propósito o lo nutritivo del alimento en cuestión. Por otra parte, se puede esperar de los niños que tomen un pequeño mordisco de todos los alimentos en su plato, hasta aquellos que ya hayan probado y no les hayan gustado.

Si no quieren comer un determinado alimento, y aun si se niegan a probarlo, no se preocupe. Si tienen suficiente hambre, es más probable que no sólo probarán el alimento sino que les gustará; pero, en realidad, usted no puede controlar el hambre de sus hijos. Tampoco es usted su empresa personal de hostelería, algo que tanto sus hijos como usted deben entender. Si su niño insiste en que sólo comerá galletas de queso, no cargue consigo paquetes de galletas de queso a todo evento al que asista por temor a que no comerá nada. En otras palabras, no le facilite a su hijo sus hábitos de comensal caprichoso.

Enfrentar las alergias tampoco significa que la madre o el padre deba asumir el papel de cocinero personal. Usted puede elaborar una lista básica de recetas seguras para su hijo alérgico y que toda su familia pueda disfrutar. Si se siente culpable de hacer que toda la familia coma alimentos costosos y especializados siendo que sólo una persona lo requiere, siéntese con un libro de cocina y planifique un poco. Muchas recetas normales pueden estructurarse de modo que usted pueda poner a un lado una porción para hacerla libre de alergias antes de añadir el queso, los crutones, la leche u otros alérgenos. Talvez los costos no la preocupen pero se sienta culpable de tener que hacer que toda su familia adapte su paladar cuando sólo una persona lo requiere. Aborde esos alimentos como cualquier otro alimento nuevo, incorpórelos en su despensa y en sus recetas hasta que se conviertan en los favoritos de su familia.

Mi hija más pequeña no puede comer trigo. A lo largo de los años, su hermana mayor ha aprendido a disfrutar muchas comidas sin trigo. Le tomó muchos ensayos acostumbrarse, por ejemplo, a la pasta de arroz, que se parece a la pasta de trigo pero tiene un sabor y una textura diferentes. Hoy, ambas se contentan con una taza de tallarines de arroz de pelo de angel con salsa alfredo. No toda la familia se restringe a un régimen sin trigo, pero sí lo tomamos en consideración: añadimos los crutones a la ensalada una vez que está servida en el plato, preparamos una sola salsa de espagueti pero dos clases de tallarines, de trigo y de arroz, y así sucesivamente.

Una vez que haya abandonado el síndrome del cocinero personal, le resultará útil integrar a sus hijos en la nueva rutina. Sus hijos pueden ayudarle a armar una lista de recetas de reserva que toda la familia disfrutará. Pueden ayudarle a comprar los ingredientes y asumir por lo menos algunas pequeñas tareas para ayudarle a preparar la comida, o hasta prepararla completamente con usted. Las horas de comida ofrecen igualmente una excelente manera de poner en práctica el principio No. 7 de la filosofía libre de Remordimiento Materno (reserve momentos específicos para estar juntos), ¡pues todos necesitan comer!

Cómo enseñarles a sus hijos a cocinar

A los niños les encanta cocinar. Si un niño prepara una comida, se la come. Hasta los más pequeños pueden ayudar a preparar la cena. Pero en nuestras agitadas vidas, a menudo no nos tomamos el tiempo de enseñarles a nuestros hijos a cocinar porque si lo hace un adulto podemos comer más pronto. Muchos niños de diez años tienen miedo de usar un cuchillo porque nadie les enseñó ni les hizo practicar. Con supervisión, es decir, demostrándoles cómo hacer las cosas y monitoreando cómo las hacen con seguridad, los niños pueden cocinar comidas enteras. Su hijita sonreirá de orgullo si la familia se come una cena preparada por ella, llena de cebollas mal cortadas. ¡A usted esas cebollas le van a saber muy bien!

Una tarde me torcí el tobillo y no me podía parar. Me senté en una silla gritando las instrucciones para la preparación de la cena mientras mis hijos hacían el trabajo. Estaban encantados de ayudarme cuando los necesitaba y más felices aún de tener la situación casi completamente bajo su control. Sabían que no me podía levantar e intervenir y hacerme cargo del trabajo. Cuando terminamos de comer y ellos aún tenían que limpiar, me dijeron: "¡Guau, qué cantidad de trabajo! ¡Con razón te cansas, Mamá!".

Comidas para las familias activas

Para las familias con niños en edad escolar, otra fuente de estrés es simplemente encontrar tiempo para comer la cena, para no hablar de prepararla. Con la práctica de fútbol, la gimnasia, la clase de drama, los exploradores, además de los deberes escolares ¿a quién le queda tiempo para comer? Nos parece que los niños en edad escolar no deberían participar en más de dos actividades extracurriculares que requieren más de dos días de la semana (tema que trataremos en más detalle en el Capítulo 17). No obstante, aun si limita las actividades a dos por hijo, si tiene más de uno habrá días en que las horas entre las 3 de la tarde y las 7 de la noche serán extremadamente agitadas. Si no tiene ayuda, un marido disponible, una niñera, o un sistema de compartir los viajes en auto, no tiene a nadie que cocine mientras usted lleva y trae a los niños.

CONSEJO ÚTIL

La nueva clase de clubes de comidas

Algunos padres han organizado programas para compartir las comidas. El grupo se pone de acuerdo sobre el menú. Todos se turnan para cocinar lo suficiente para compartir con todas las familias. Se hacen arreglos para recoger o distribuir las comidas. Estos pueden funcionar muy bien para las familias que también comparten el sistema de compartir los viajes en auto. ¡Vale la pena mencionarles esta idea a sus amigos!

Usted necesita un plan B que le brinde opciones para alimentar a su familia cuando tenga poco tiempo para cocinar sin que se agobie hasta tal punto que se convierta en la mamá maniaca y gritona que después bata el record del remordimiento. Le ofrecemos una estrategia de cinco partes para lograr comidas con bajo estrés y mucho placer en noches muy agitadas. Gracias a estos trucos, usted se transformará en la sonriente Mamá la Magnífica, sacando la cena de un sombrero. Un redoble de tambor, por favor...

1. Amarás tu congeladora

Cocine porciones adicionales en las noches en que pueda cocinar y congélelas para convertirlas en nutritivas comidas instantáneas que se pueden calentar en el horno microondas. Congele algunas de ellas en porciones individuales también. Un sistema de empaque de alimentos con sellado al vacío resulta ideal para esto. El sellado al vacío elimina el aire del empaque y protege los alimentos de las quemaduras de la congeladora. Si no tiene disponible ese sistema, usted misma puede sellar su propia comida al vacío. Ponga los alimentos en una bolsa plástica para congelar con cierre de cremallera y extráigale todo el aire antes de sellarla hundiendo la bolsa cuidadosamente en un recipiente lleno de agua. Después, congélela.

Consejos para comidas congeladas felices

La mayoría de las comidas cocinadas pueden congelarse, incluyendo:

* Las pastas.
* Sopas, salsa de carne para espaguetis, los guisos (omitir las papas, ver más adelante).
* Chili, sopa de lentejas, fríjoles y arroz y otros platos con base en los fríjoles.
* Pechugas de pollo cocidas y trocitos de pollo hechos en casa.
* Estofado de carne.
* Pavo, extraiga y congele el relleno separadamente para reducir el riesgo de deterioro.
* Carnes frías.
* Sándwiches envueltos en masa [...]

Los siguientes alimentos no deben congelarse:

- Crema, queso de crema.
- Huevos cocidos.
- Alimentos fritos en aceite (a no ser que no le moleste que se pongan blandos cuando los vuelva a calentar).
- Papas cocidas cortadas en cubos; se pueden poner como caucho o disolverse. Las papas en puré o papas dulces confitadas se congelan bien. Si prepara guiso para congelar, añádale las papas cocidas cuando lo recaliente.

2. Comidas rápidas

Haga una lista de cinco a diez recetas que le gusten a su familia, que se puedan preparar en cuestión de minutos y que se basen en alimentos básicos que usted mantiene a la mano. Asegúrese de tener los artículos de esta lista en su despensa permanentemente y siempre podrá servir una cena en minutos, hasta en momentos de apuro. En el Apéndice B, hemos redactado una lista de sugerencias de alimentos básicos que siempre deben tenerse en casa.

Las noches de ajetreo no son las adecuadas para improvisar con la cena. Si elabora una lista de cerca de diez cenas rápidas que se preparan con ingredientes básicos, no requerirá más de quince minutos para alistar la cena. Cada una de sus recetas debe tener algunas variaciones fáciles.

Es el momento de utilizar ingredientes preparados, pero recuerde que aunque los alimentos tales como las mezclas de especias, el arroz blanco y las sopas o salsas enlatadas son excelentes para las comidas rápidas, en general son menos nutritivos que las alternativas caseras. Por lo tanto, compense el detrimento nutricional añadiéndoles verduras frescas y carne y sirviendo ensaladas, frutas y otros alimentos ricos en nutrientes.

3. Un refrigerio digno de una comida

Para los niños en edad escolar, prepare el refrigerio de llegada del colegio lo suficientemente sustancioso como para considerarse una comida. Téngalo listo sobre la mesa cuando los chicos lleguen del colegio, o listo en la nevera para sacarlo y comérselo por el camino. Los sándwiches, la fruta y las papas fritas bajas en grasa son la comida perfecta para viaje y se pueden preparar la noche anterior. De hecho, muchas comidas saludables están disponibles en forma transportable. No tiene que sacrificar la comodidad para acceder a las vitaminas. Las zanahorias, el queso, las mezclas de nueces y frutas, el pan integral, el yogurt, la leche, las carnes secas (por la proteína y el hierro, aunque algunas marcas tienen altos contenidos de sal), todos estos son buenos ejemplos. Para contribuir a promover la técnica libre de Remordimiento Materno de que todos ayuden en las tareas domésticas, haga que sus niños mayores preparen su propio refrigerio. Tal vez la sorprendan ¡y le ofrezcan preparar un refrigerio para usted y también para sus hermanos menores!

4. Una cena rápida pero buena

Para unas comidas rápidas de entre semana, considere el uso de comidas chatarra con moderación pero con eficacia. Para hacer frente a un ataque de remordimiento por el uso rutinario de la comida chatarra, intente limitar el consumo de alimentos poco saludables a un artículo cada vez. Por ejemplo, dígales que escojan entre las papas fritas, una gaseosa y una leche malteada. Si quieren papas fritas, para beber pueden escoger leche, jugo o agua. Si quieren gaseosa, pueden escoger una ensalada con su hamburguesa con queso. La mayoría de los restaurantes de comidas rápidas ofrecen folletos con la información nutricional sobre sus productos. Usted y sus hijos pueden revisar juntos esos folletos. La información nutricional también le brinda el respaldo para defender su *no* (Principio No. 5 de la filosofía libre de Remordimiento Materno) si su hijo quiere decirle que una leche malteada es una opción saludable. Puede añadir variedad incluyendo también artículos para llevar. Muchos restaurantes de servicio interno están mejorando su servicio de comidas para llevar, lo que también puede ser una opción. Dígales a sus hijos de antemano que el plan de esa tarde es comida rápida o comida para llevar. Pídales a los niños su orden antes de dejarlos en su actividad extracurricular, y recoja el pedido justo antes de ir a buscarlos.

5. Comida chatarra o comida libre de chatarra

Otra manera de evitar el remordimiento que generan los hábitos alimenticios y al mismo tiempo servir una comida rápidamente es utilizar las comidas pre-empacadas, ya sea del estante o congeladas. Sin embargo, utilice estos alimentos con cautela. En general, toda esa categoría de alimentos contiene grandes cantidades de sodio, grasa, azúcar y productos químicos de nombres impronunciables. Además, hasta los alimentos publicitados como orgánicos o naturales pueden carecer de valor nutritivo. Sin embargo, como las comidas rápidas, las comidas pre-empacadas pueden ser parte eficaz del plan de comidas sin Remordimiento Materno. Lo importante es con cuánta frecuencia se recurre a ellas, y lo que se compra. Si usted rara vez les dice a sus chicos que abran una bolsa de papas fritas, hágalo sin remordimiento. ¿Qué clase de frecuencia es "rara vez?" Pues si tiene que abastecerse de esos artículos mediante viajes rutinarios a la tienda, usted tendría que admitir que los consume de forma rutinaria y no rara vez.

Nota

1   B. R. Carruth, Ph.D. et. al., "The Phenomenon of 'Picky Eater': A Behavioral Marker in Eating Patterns of Toddlers," (El Fenómeno del niño caprichoso con la comida: Un indicador de comportamientos en los patrones de comida de los niños de corta edad".) Journal of the American College of Nutrition (Revista del Colegio Estadounidense de Nutrición) 17, no. 2, pp. 180-186 (1998), www.jacn.org (bajado el 17 de noviembre de 2004).

CAPÍTULO 10

El tiempo en familia y
la zona de peleas limpias

El principio No. 7 de la filosofía libre de Remordimiento Materno le aconseja reservar momentos específicos para reunirse en familia. Pero ¿qué pasa si las constantes peleas entre sus hijos estropean su tiempo en familia? ¿Cómo equilibrar el tiempo en familia y los momentos privados con cada uno de sus hijos (teniendo ya un programa recargado)? ¿Cómo saber qué es justo cuando tiene que dividir su tiempo no sólo entre sus hijos sino también entre las responsabilidades domésticas, a la vez tomando en consideración los recursos financieros? Tal vez esté a punto de ampliar la familia y tenga un ataque de Remordimiento Materno por ello. Mientras nos estamos refiriendo a temas familiares, ¿qué tal la sensación de culpa en cuanto a temas relacionados con la familia ampliada, como el hecho de vivir lejos de los abuelos, o situaciones similares?

Sí, nos referimos al mundo desordenado, problemático y complicado de la dinámica familiar y la terrible sensación de culpa que emana de ella. Aunque no existe ninguna familia completamente libre de líos, podemos ayudarle a minimizar las fuerzas destructivas y generadoras de culpa para así desarrollar la armonía en su hogar. Comencemos haciendo que sus hijos peleen menos entre ellos.

Cómo alejar la culpa de tener un segundo hijo

Está a punto de aumentarle otro hijo a su familia, cuando de repente algo la golpea como una piedra entre los ojos. ¿Cómo puede hacerle eso a su hijo mayor? Siempre está cambiándole el mundo a ese niño, agregándole otra persona que competirá con él por su atención, su tiempo, su dinero y su amor.

Yo fui la segunda hija, y desde el momento en que nací mi hermana albergó fuertes sentimientos de rivalidad hacia mí. Desde luego, yo no entendía qué era la rivalidad cuando era una niña pequeña. Lo único que sabía era que mi hermana siempre era muy mala conmigo. Mamá me prometió que mi hermana dejaría esos sentimientos atrás al ir madurando y que un día las dos seríamos amigas. Nunca ocurrió. Cuando fuimos adultas dejamos de hablarnos. Por eso durante mi embarazo me preocupé mucho de cómo reaccionaría Margaret, mi hija mayor, frente al nuevo bebé. La preparé de la manera acostumbrada: con libros, videos y discusiones. Yo quería asegurarme de hacerle saber a Margaret que su hermanita pequeña nunca la remplazaría sino que sería un miembro más de la familia por amar. Siempre llamé al bebé "el bebé de nuestra familia". Busqué maneras de incluir a Margaret, de dos años de edad, en todo lo que nos entusiasmaba. Margaret seleccionó el ajuar de la niña, ayudó a decorar su cuarto y la cuidó, ayudando a bañarla y a ajustarle los pañales. En la medida de lo posible, concentré mi atención más en Margaret que en el bebé. Dejé que Margaret se me subiera a las rodillas mientras yo amamantaba a su hermanita. Le entregaba el bebé a otras personas para poder alzar en mis brazos a Margaret (pensando que al bebé no le importaba quién le sacaba el aire). Me alegra contarles que mis hijas son, y siempre han sido, muy buenas amigas.

¡Qué manera tan eficaz de ayudarle a un niño pequeño a adaptarse al nuevo bebé desde el principio! Pasar por alto la necesidad de preparar al primero para la llegada del segundo podría afectarlo y generar enormes sentimientos de culpa. Agregar a la familia un segundo bebé a menudo hace que las madres sientan que deben apresurar el desarrollo del primer hijo. Quieren sacarlo de la cuna o quitarle los pañales. ¡Relájese! Si su niño no está listo para dormir en una cama o para abandonar los pañales, no lo empuje. Su recién nacido estará igual de contento en una abuelita o en una cuna prestada. El entrenamiento para dejar los pañales puede ser lo suficientemente tensionante (o por lo menos sucio) sin añadirle un innecesario sentido de urgencia. ¿Tiene dos con pañales? No sólo está perfectamente bien, sino que tampoco representa más trabajo (no importa lo que diga la gente). Sus niños dejarán la cuna y se pondrán ropa interior de algodón cuando estén listos.

Pelear limpio

Entonces, ¿exactamente qué nos imaginamos con el principio No. 7 de la filosofía libre de Remordimiento Materno? ¿Vemos familias riéndose juntas durante la cena cada noche, o durante encantadoras veladas en torno a un rompecabezas de 1.000 piezas? No, vemos que los niños se pelean por el nivel de leche en sus tazas, y el más pequeño lanza las piezas del rompecabezas de un extremo al otro de la habitación mientras los otros miembros de la familia protestan exasperados. Escenas como esa pueden llevar a las mamás a sentirse muy mal en cuanto a la calidad de su tiempo en familia, a pensar que sus esfuerzos por organizar un tiempo en familia agradable terminan en perturbaciones o altercados.

Pero discutir es normal y no es necesariamente una mala cosa. Los desacuerdos pueden generar cambios positivos en la familia. Son una manera para los individuos de expresar sus emociones y de indicar a los demás que sus necesidades no están satisfechas. Los desacuerdos pueden promover el cambio y el crecimiento. Si todos nos entendiéramos y estuviéramos de acuerdo sobre todo, ¡nunca cambiarían las cosas! Si embargo, hay maneras de disputarse que son constructivas, que no son ni humillantes ni intencionalmente hirientes.

Deben establecerse reglas para pelear limpio en su familia y usted y todos los adultos en su hogar deben demostrar cómo cumplirlas. Es importante que los niños vean que las personas pueden tener desacuerdos, discutir sus diferencias de opinión y llegar a un acuerdo. Cuando los adultos demuestran las reglas para pelear limpio, los niños crecen aprendiéndolas. No estamos recomendando peleas demoledoras y desenfrenadas frente a sus hijos, ni argüir sobre temas de adultos frente a sus hijos, sin embargo, demostrarles que Mamá nunca insulta a Papá durante un desacuerdo les enseña a sus niños que los insultos nunca son necesarios.

Desde luego, antes de poder demostrar las reglas para pelear limpio, primero hay que establecerlas, discutirlas y colgarlas en un lugar central. Puede hasta leérselas a los niños más pequeños si una pelea comienza a ponerse grave. Puede ser que su familia quiera elaborar sus propias reglas, acá le mostramos algunas básicas:

Reglas para pelear limpio

1. Manténgase en el tema y no traiga a colación errores del pasado que ya han sido resueltos.
2. No se permiten insultos.
3. Todas las partes deben mantener las manos y los pies lejos del contendor.
4. Use declaraciones que comienzan por "yo" en lugar de declaraciones que culpan al otro (por ejemplo, "yo me siento furioso cuando usan mis juguetes sin pedírmelo" en lugar de "¡tú me pusiste furioso cuando sacaste mis juguetes de mi cuarto sin pedírmelo!")
5. Respete la clave. Pónganse de acuerdo en familia sobre una palabra clave para cuando el altercado comience a violar cualquiera de las reglas anteriores, o si alguien se siente demasiado herido o fuera de control para respetar las reglas. Cuando se pronuncie la clave, se suspende la discusión. A veces, si la clave es una palabra especialmente graciosa o disparatada como por

ejemplo "cáspita" o "recórcholis" puede romper la tensión maravillosamente.

Mi hijo de once años y yo tenemos nuestras confrontaciones con cierta regularidad. Ambos deseábamos que eso dejara de suceder, por lo que una de las cosas que hicimos fue inventarnos una clave: "elefante". Cuando uno de nosotros siente que está demasiado enojado, grita "¡Elefante!". Eso nos sacude y nos silencia a los dos y con frecuencia hace que dejemos de pelear y nos riamos.

Pelear limpio promueve los desacuerdos productivos, lo que ayuda a aliviar el Remordimiento Materno. Requiere que todos se centren en la manera como se tratan mutuamente durante las peleas. Al mantener la atención en el tema, las personas pueden pasar a una solución más rápidamente.

Peleas entre hermanos

"¡Mamá, ella me pegó!"

"¡Pues él me mordió!"

"¡Y ella me quitó mi juguete!"

"¡Él se sentó encima de mi libro!"

"¡Ella lo dejó en mi cuarto!"

¿Le suena conocido? A veces sus hijos se comportan como bestias, especialmente unos con otros. Entre mejor entienda cómo funcionan los niños, mejor armada estará para guiar a sus hijos en sus relaciones con sus hermanos. Note que dijimos "guiar". Sus hijos no escogieron a sus hermanos y usted no puede controlar sus relaciones. Ellos pueden amarse, pueden crear vínculos familiares y sin embargo no gustarse demasiado. Entienda que depende de sus hijos decidir qué tipo de relaciones desarrollarán con sus hermanos. Algunos hermanos llegan a ser muy cercanos, otros no.

Si usted tiene hermanos, puede haber sentido rivalidades con ellos y puede estar ansiosa por evitarlas entre sus propios hijos. Puede aliviar su Remordimiento Materno si recuerda que la historia no tiene por qué repetirse. La relación que sus hijos tienen entre ellos no será automáticamente igual a la que usted tuvo con sus hermanos. Sus hijos no son usted.

La actitud libre de Remordimiento Materno nos enseña que los niños son individuos y deben tratarse como tales y eso contribuye mucho a contener la rivalidad entre hermanos. Es más, si usted trata siempre de enseñarles a sus hijos a tratarse con respeto, aunque a veces peleen no caerán en la tentación de hacerse daño deliberadamente. Sea que la rivalidad esté en el centro de las peleas o no, los hermanos pueden aprender a tratarse con amabilidad. Si logra generar un comportamiento cortés entre ellos, habrá contribuido enormemente a ayudarles a convertir esa relación en una amistad.

Como en muchas áreas de la filosofía libre de Remordimiento Materno, aliviar la culpa relacionada con las peleas entre hermanos comienza con la recolección de información. ¿Alguna vez ha observado discretamente una pelea ya comenzada, manteniéndose al margen y viendo cómo sus hijos encuentran su propia solución? ¿O tiene la tendencia a intervenir inmediatamente, identificar la causa y aplicar justicia? Si nunca ha actuado como observador, tal vez es el momento de intentarlo. La próxima vez que comiencen los gritos, ubíquese fuera de vista y observe.

Muchos padres asumen que los niños pelean porque están enojados. Eso es cierto, pero a menudo la ira no es la primera emoción que el niño siente y que lo motiva a actuar. Esta primera emoción generalmente es el dolor, sentirse herido emocionalmente, celos, frustración, o hasta dolor físico. Una vez que esto ocurre, el niño actúa. No interfiera, a no ser que crea que la situación va a degenerar en golpes, si alguien está llorando o está fuera de control emocionalmente. Los golpes, los mordiscos o cualquier otra violación de la seguridad deben frenarse inmediatamente. Los chicos deben recordar que las personas no son ni un saco de boxeo ni un juguete para mordisquear. Si los niños actúan de manera violenta, deben responder por sus actos.

En cuanto a los desacuerdos verbales, trate de no inmiscuirse inmediatamente ni definir una solución. Cuídese especialmente de emitir un fallo que castigue a uno de los chicos y no al otro. Así se evitará un ataque de culpa más tarde si llega a enterarse de que su fallo fue injusto. Tenga presente también que cuando los padres intervienen demasiado rápido sin tener toda la información, y asignan la culpa, los chicos rápidamente se dan cuenta de que es una manera eficaz de meter en líos al hermano. Cuando comiencen los señalamientos, recuérdese a sí misma y recuérdeles a sus hijos que para pelear se requieren dos personas. Una de ellas hubiera podido optar por no involucrarse o hubiera podido suspender la pelea. Los niños desde los tres años son capaces de comprenderlo. A menudo, simplemente escuchar las quejas de sus niños y ofrecerles algo de comprensión y abrazos (y humor, si es lo adecuado) es suficiente para calmar el dolor. Una vez que haya tenido la oportunidad de observar un conflicto, rápidamente se dará cuenta de la importancia de tomar las cosas en cámara lenta al reaccionar ante una pelea ya comenzada. Tal vez los niños resolverán sus diferencias antes de que usted llegue al lugar.

Si se requiere una mayor intervención, pase a la mediación. Mediar en las peleas es otra manera de poner en práctica el principio No. 3 de la filosofía libre de Remordimiento Materno (divise el panorama general). La tarea de un mediador es ayudarles a todas las partes a generar su propia solución a un desacuerdo, al contrario de un juez, que emite fallos. Al hacer el papel de mediador y no de juez, les estará enseñando a sus hijos valiosas destrezas en resolución de conflictos que les servirán para toda la vida.

Cuando esté mediando, mantenga la voz y los gestos lentos, calmados y bajo control. Explíqueles a sus hijos que todos serán escuchados, pero que no se permite interrumpir. Su objetivo es averiguar quién se siente herido en sus sentimientos y por qué, según las partes, ocurrió la pelea. Esta información le indicará cuánta mediación podría tener que hacer. No debe resolverles el conflicto pero sí guiarlos para que identifiquen todos los puntos de vista y encuentren su propia solución.

Mi hermano, el Tío Dave, les trajo a las niñas unos juguetes. No tardaron mucho en ponerse a pelear por ellos. El Tío Dave estaba a punto de salir y comprar duplicados (algo que mi mamá hizo siempre) para que cada sobrina tuviera lo mismo, pero yo le dije que no lo hiciera. Ya me conozco esa situación. No funciona nunca. Me senté con las chicas y les pregunté si querían que aboliéramos la regla familiar que dice que no debemos tocar cosas que no nos pertenecen sin pedir permiso. Les recordé que sin esa regla cualquiera podría entrar al cuarto de otra persona y sacar cualquier cosa. También les pregunté si querían vivir en un hogar donde nadie compartiera nada. Eso significaría que nadie podría jugar con las cosas ajenas. Las dos lo pensaron y decidieron voluntariamente compartir los juguetes que el Tío Dave les había traído. Percibieron que ambas estaban dispuestas a hacer concesiones. A lo largo de los años, ambas se volvieron expertas en negociar sus propias soluciones sin intervención mía.

Los niños son niños

Intente mirar el mundo a través de los ojos de su hijo. Los niños no son adultos en miniatura. No debemos esperar de ellos que actúen como adultos durante largos períodos de tiempo. Como padres debemos brindarles a los niños pequeños un entorno seguro en el cual explorar y crecer. En la medida en que van creciendo, debemos pensar también en un entorno que no fomente los conflictos. Cuando están aburridos, lo más probable es que se entretengan peleando. Reprenderlos por pelear en el auto, durante un viaje en avión, o en una ceremonia religiosa no resolverá el problema. Sea proactiva; lleve consigo actividades que rompan con el aburrimiento (las hay muchas), y con facilidad evitará una buena cantidad de peleas. Y también se dará el gusto de tener una experiencia más agradable.

Cada vez que emprendemos un viaje en avión, me aseguro de que mi pequeño pueda correr un rato en el área de espera.

Me aseguro de que no esté gritando, sólo moviéndose. Un día una mujer me abordó y se quejó, diciendo: "¡No puedo creer que usted deje que su hijo corra por el área de abordaje de un aeropuerto!" Yo me encogí de hombros y le dije directamente: "¿Qué preferiría usted, que golpee el espaldar de su silla como loco durante las próximas dos horas, o que corra por el área de abordaje un rato y se canse?". La mujer me sonrió y me contestó: "¡Mamá inteligente!".

Cuando los niños no se sienten bien, o cuando están bajo presión en el colegio, tienden a aumentar la irritabilidad y la agresividad. Cuando se desatan demasiadas peleas en el hogar, examine de cerca lo que puede estar ocurriendo en el mundo de su hijo. Evalúe las actividades de las últimas veinticuatro a cuarenta y ocho horas. ¿Durmió lo suficiente? ¿Los dulces, las gaseosas u otras fuentes de calorías sin nutrientes han sido parte de la dieta de su hijo últimamente? ¿Ha tenido un profesor suplente esta semana? Los niños a menudo no poseen las destrezas de lenguaje o sociales necesarias para articular las cosas que perturban sus vidas. A veces ni siquiera se dan cuenta de que es un cambio en su rutina, y no el incidente que generó la pelea, lo que los está tensionando.

Si usted sospecha que el comportamiento tiene relación con algo más complejo que el desacuerdo inmediato, hable con su niño a solas en un momento de tranquilidad. Justo antes de acostarse o durante un viaje en auto puede ser el momento ideal para hacerle preguntas. Podría descubrir que la culpa de las últimas horas de dificultades la tiene un dolor de cabeza. Descubrir las causas subyacentes no disculpa a sus hijos de aceptar la responsabilidad de haber actuado inadecuadamente unos con otros. Sin embargo, le ayuda con su mediación. Los chicos pueden mostrarse más dispuestos a hacer concesiones y pasar a otras cosas si se comprenden mutuamente. Si saben que la gruñona está gruñona porque tiene dolor de cabeza y que deberá disculparse cuando se sienta mejor, pueden estar más dispuestos a perdonarla. Si la irritabilidad persiste mucho tiempo, o si empeora, merece una llamada al pediatra.

Un niño a la vez

Una de las alegrías de ser padres es pasar tiempo a solas con cada uno de sus hijos, interactuando con ellos mientras crecen. Sin embargo, las mamás de más de un hijo a menudo sienten mucho remordimiento por esa razón: se preocupan de no estarle prestando la suficiente atención individual a cada uno.

> Me siento extremadamente culpable de no tener tiempo para pasarlo a solas con cada uno de mis hijos. Mi hijo mayor fue hijo único por mucho tiempo, y recuerdo cuánta atención mía recibió. Ahora, cuando trato de hacer cosas a solas con él, el más pequeño interviene o los muchachos comienzan a pelear. Me hace sentir muy mal.

La filosofía libre de Remordimiento Materno busca el equilibrio. Sus hijos no necesitan tanto tiempo individual con usted hasta llegar a sentir que no tienen hermanos. Sólo necesitan saber que tendrán su atención con regularidad, y especialmente cada vez que la requieran. Sugerimos que intente incorporar unos cuantos minutos diariamente para rituales a solas, una actividad semanal juntos (aunque sea una de diez minutos) y un buen bloque de tiempo anualmente para cada uno de sus hijos.

La manera más fácil de crear tiempo a solas es integrarlo en su rutina. Puede ser al acostar a su hijo por la noche, o al ayudarle a su hija a vestirse en la mañana. Estas son oportunidades de poner en práctica el principio No. 4 (aprender a vivir en el presente). Reduzca el ritmo de su actividad y concentre su atención en su hijo y en la actividad de ese momento. Olvide por un instante su lista creciente de tareas por hacer; cuando lo haga, encontrará que esos pocos minutos diarios se volverán extremadamente significativos tanto para usted como para su hijo. Ese será el momento en que su hijo tendrá la oportunidad de compartir los acontecimientos del día, intercambiar chistes entre ustedes dos, discutir roces con otros miembros de la familia o amigos, etcétera. Mantenga presente el talante emocional de su hijo. Si su hijo se enfada fácilmente, la hora de acostarse no es el momento adecuado para discutir una experiencia negativa en el colegio. Si sus hijos comparten dormitorio, piense creativamente cómo incorporar este tiempo a solas con cada uno. Algunas familias logran el momento nocturno individual de abrazos y besos en la sala.

Además de los minutos diarios, añada períodos más largos a solas una vez por semana. Esto es importante para todos los niños, desde los que están aprendiendo a caminar hasta los adolescentes. Escoja una actividad que ambos disfruten: hornear galletas, jugar pelota, tocar un dueto en el piano. Póngalo en su agenda como cualquier otro evento y busque quien cuide sus otros hijos, si es necesario. Si pasan una o dos semanas y se da cuenta de que no ha realizado una actividad con cada uno de sus hijos, sabrá que es tiempo de priorizarlo, aún por encima del tiempo en familia.

Intente planear un viaje de fin de semana de madre e hijo anualmente, si es posible. Si puede liberar la casa de los otros miembros de la familia para que ustedes dos puedan quedarse en control del lugar, puede poner una carpa en el patio trasero o en la sala y pasar la noche allí. Pasar la noche en un hotel local también resulta bien. Los fines de semana de madre e hijo pueden ser especialmente útiles para retomar el hilo con un hijo que se está acercando a la pubertad y de repente comienza a decirle que no quiere hablar de su vida con usted. Es también una excelente manera de sanar las heridas de un desacuerdo anterior.

Las relaciones se construyen con las experiencias a lo largo del tiempo. Cuando se les dedica tiempo, se desarrollan lazos más fuertes.

Justo pero no igual

Justo no quiere decir igual, y entre más rápido sus hijos y usted se den cuenta de ello, más pronto dejarán de hacerse acusaciones de que "eso no es justo". Los padres pueden sentir un gran peso de culpa al intentar que todo sea igual entre sus hijos. Una tercera parte de nuestros encuestados identificaron la distribución del tiempo, de los recursos financieros y de las tareas de manera justa como fuente de remordimiento, y 14 por ciento de ellos dijeron que esto les hace sentir el mayor nivel de sentimientos de culpa.

Justin, mi hijo, está en tercer año elemental y Natalie, mi hija, en pre-escolar. Le estaba ayudando a Justin con sus deberes cuando Natalie entró en el cuarto. Comenzó a quejarse y a lloriquear que "nunca puede ver a Mami". Me sentí muy mal. Había pasado una hora con Justin, por lo que dejé de ayudarle con sus deberes y jugué a las muñecas con ella durante una hora.

A veces una mamá tiene que explicarse a sí misma y explicarles a sus hijos que aunque ahora está dándole más tiempo (o comida, o ropa, etcétera) a uno de sus hijos, no está siendo injusta. Cuando sus otros hijos necesiten más de su tiempo (o más comida, ropa, etcétera) ella se lo brindará y se ocupará de sus necesidades también.

Enredarse en tratar de gastar sumas iguales de dinero para cada hijo también es una fuente de Remordimiento Materno. No acepte la presión de tener que comprar el mismo artículo para todos si se lo compra a uno de ellos. Los niños son individuos y se sentirán más apreciados si las compras se hacen teniendo en cuenta sus intereses y necesidades específicos. El valor monetario tampoco tiene que estar en el centro de sus preocupaciones. Cuando llegan los cumpleaños, ellos simplemente quieren lo que quieren; a veces son cosas caras, a veces no. No estamos diciendo que los niños no deban estar conscientes del valor de los juguetes; decimos que el precio no debe ser el criterio principal al elegir regalos "justos".

Ahora, veamos si la perspectiva "justo pero no igual" puede aplicarse a la distribución de las responsabilidades familiares. A no ser que esté administrando una finca familiar, probablemente les asigna a sus hijos tareas relativamente fáciles, cargas de trabajo razonables como contribuciones al mantenimiento del hogar. Le dice a uno de sus hijos que saque la basura y limpie la mesa de la cocina. Le pide a la otra que recoja los juguetes de la sala. El primero se muestra reticente, acusándola a usted de ser injusta al darle dos tareas, que, según él, representan el doble de trabajo. La respuesta libre de Remordimiento Materno es señalarles que ninguno de ellos está siendo tratado como la Cenicienta y que las responsabilidades en el hogar se distribuyen de acuerdo con la edad y la capacidad. Recuérdeles a sus hijos que se requiere la ayuda de todos para mantener las cosas funcionando bien.

A lo largo del tiempo usted está tratando con justicia a todos sus hijos, aunque en un día determinado uno de ellos haga más trabajo que los demás; y esto puede ocurrir porque los niños mayores son capaces de hacer más que los pequeños. Cada uno de ellos debe responder al mismo objetivo a largo plazo: ser un miembro de familia que aporta al manejo del hogar y, con el tiempo, llegar a ser un adulto responsable.

Remordimiento preferencial

Tal vez se siente culpable porque le preocupa que si no hace lo mismo por cada uno de sus hijos, ellos la acusarán de favoritismo. Puede preocuparla también, en secreto, que su atención gravita más fácilmente en torno a un hijo que al otro. El temor al favoritismo es otra área que puede hacer que se dispare el nivel de culpa. De forma realista, puesto que sus hijos son individuos, tal vez usted se entienda mejor con uno y tenga que trabajar más con los otros para manejar su relación.

Mark, mi hijo más pequeño, y yo nos entendemos bien. Él es organizado y al mismo tiempo tranquilo y flexible. Exactamente como yo. Mi hijo mayor, David, es muy diferente. Parece descontrolarse en busca de sí mismo y odia los cambios. Nunca sé exactamente qué decirle, pues yo nunca fui así. David se entiende muy bien con mi marido, pero yo nunca siento que comprendo a David. Entiendo a Mark, y esto hace que me sienta muy culpable de estar estafando a David, de alguna manera.

La filosofía libre de Remordimiento Materno le dice que sea tolerante consigo misma. Preferir un tipo de personalidad a otras es parte de la naturaleza humana. Los sentimientos de preferencia en su relación con sus hijos no tienen que ser tan graves como le han enseñado a creer. Muchas veces, en el caso de muchos padres, tales sentimientos son pasajeros, especialmente cuando se despreocupan de ellos. Piénselo en términos de sus relaciones con adultos. Usted llama a una amiga y la invita a ir a cine con usted; llama a otra amiga y almuerzan juntas. Disfruta de la compañía de ambas, pero prefiere pasar más tiempo con una o la otra de ellas en un día determinado. Lo mismo ocurre con las relaciones entre padres e hijos. Un día usted quiere estar cerca de su hijo mayor, otro día anticipa con alegría emprender un proyecto con el más pequeño. Sus hijos pueden estar meciéndose en un columpio parecido. ¿Nunca ha tenido la impresión de tener el estatus de padre favorito el lunes y de persona no grata el miércoles?

Lo importante que debe recordar es encontrar áreas de interés para compartir con sus hijos que contribuyan a forjar lazos. En un equipo de dos, puede escoger actividades que les interesen a los dos. Mejor aún, pueden aprender juntos una nueva actividad. Esto último ayuda a evitar que como madre se incline a ser la experta o a mostrarse como la poderosa y la omnisapiente cuando interactúe con su hijo (si no tiene idea de cómo montar en patines, no podrá estar dándole instrucciones a su hijo sobre cómo hacerlo correctamente, ¿no es cierto? Ambos tendrán que tambalearse juntos). Siempre y cuando las actividades en que se involucren sean del agrado de ambos, el tiempo que pasen juntos contribuirá a apaciguar cualquier remordimiento que sienta como resultado de conflictos de personalidad.

Una opinión objetiva

Si reconoce que siempre parece (o desea) pasar un tiempo desproporcionadamente largo con un solo hijo, o alejarse de uno de sus hijos, piense en hablar con un asesor profesional individual o familiar. La opinión objetiva de una tercera persona puede resultarle muy benéfica. Parte de la filosofía libre de Remordimiento Materno consiste en admitir que necesita más ayuda y obtenerla. ¡Hacerlo le proporcionará alivio a su remordimiento!

Varios de los principios de la filosofía libre de Remordimiento Materno pueden serle útiles. El principio No. 4 (vivir en el presente) puede ayudarle a concentrar su atención en los elementos más encantadores de su relación con su hijo y no en los aspectos frustrantes. El principio No. 5 (decir *sí* y defender mejor su *no*) puede ayudarle a identificar aquellas ocasiones en que su propia negatividad aumenta a las tensiones entre los dos. El principio No. 6 (ríase mucho con su hijo) es una manera segura de hacer que su tiempo a solas con su hijo sea más agradable.

Las madres: usted, la suya y la de él

Ninguna discusión sobre las familias libres de Remordimiento Materno queda completa sin abordar la madre de todas las relaciones: la suya y la de él. Las raíces de la culpa entre los adultos y sus padres son tan numerosas y variadas como las huellas digitales. A continuación presentamos algunas que se prestan para el Remordimiento Materno.

Abuelos fuera de control

No saber cómo manejar situaciones incómodas con los abuelos con frecuencia es una causa de Remordimiento Materno. Las mamás pueden sentirse paralizadas sin poder abordar los temas, preocupadas de haber ofendido o herido los sentimientos de alguien. Un ejemplo de ello es la mamá que siente que su propia madre fue (o es) demasiado crítica y cree que la abuela está siendo demasiado crítica con sus nietos.

Preste atención al niño, no a los adultos (¡incluida usted misma!). A menudo las relaciones entre abuelos y nietos son menos conflictivas que entre padres e hijos. Sus chicos pueden ser capaces de descartar las críticas de la abuela mejor de lo que usted lo pudo hacer. Quizá les encante estar con ella. Muchos abuelos han descubierto lo que no funcionó con sus propios hijos y no les impondrán a sus nietos las mismas tonterías. Al contrario, les dan a sus nietos lo mejor de sus destrezas en materia de crianza. Pero si su hijo se está sintiendo incómodo, usted puede eliminar su Remordimiento Materno asumiendo el papel de defensora del niño. Piense cuidadosamente qué necesita hacer para proteger a su hijo de las heridas emocionales. Ahora usted es adulta y puede decirle a su mamá que se aleje un poco. Si esta solución le parece demasiado conflictiva, puede ayudarle a su hijo a salir de la habitación sin un gran alboroto.

Ciertamente, hablar con el abuelo o la abuela puede ser una buena opción. Recuerde que el objetivo debe ser hacerle saber que su comportamiento confunde o hiere a su hijo. La abuela puede no cambiar de opinión, pero usted puede sugerirle que sería más útil que escribiera una lista de sus críticas y se la entregara a usted en lugar de presentarle la lista en voz alta a la nieta.

Si una abuela o un abuelo no está dispuesto a suspender o corregir razonablemente comportamientos dañinos, usted tiene la obligación de limitar el contacto. Esto se aplica a cualquier adulto que usted crea le está generando a su hijo un sufrimiento innecesario. Algunas personas y relaciones son dañinas, y limitar el contacto o alejarse de ellas puede ser la única verdadera opción. Si esta persona es un abuelo, usted puede oír que el remordimiento le dice que sería egoísta restringir el contacto. En última instancia debe considerar la salud y el bienestar de sus hijos. Después de todo, no expondría sus hijos una y otra vez a un extraño que les haga daño. ¿Por qué sentirse obligada a exponerlos a personas dañinas solamente porque comparten los mismos genes?

La siguiente es otra idea para hacer que esas decisiones sean más aceptables. Cuando usted defiende a sus hijos y toma pasos para evitarles daño, les envía un mensaje emancipador que les dice que los malos tratamientos no deben ser tolerados y no lo serán, vengan de donde vengan. Cuando les da ejemplo de cómo se generan las relaciones positivas, sus hijos aprenden cómo construir relaciones positivas.

El remordimiento de vivir separados

En nuestra sociedad trashumante, las familias extendidas se apartan cada vez más. Es más probable que nuestros padres recuerden una época en que casi toda la familia vivía cerca. Las reuniones familiares eran cuestión de rutina y no se celebraban sólo cuando alguien nacía, se casaba o moría. La culpa que le genera el alejarse de sus padres puede ser abrumadora, en especial si los abuelos asumen una actitud que culpabiliza.

Mi esposo, mis dos hijos y yo vivíamos a dos horas de trayecto de mis suegros. Cuando nos trasladamos a mitad de camino entre un extremo del país y el otro, me sentí enormemente culpable de haber arruinado la relación de mis hijos con sus abuelos. Mis suegros se negaban a visitarnos y nos daban a entender que, como fuimos nosotros los que nos trasladamos, era nuestra responsabilidad llevarles los nietos. Por muchos años, todo nuestro tiempo de vacaciones y muchos de nuestros ahorros se destinaron a visitarlos. Después de un tiempo comencé a sentirme molesta. Muchos de mis amigos vivían lejos de sus padres y eso no impedía que esos abuelos hicieran un esfuerzo para ser parte de la vida de sus hijos.

Antes de permitir que el Remordimiento Materno la consuma porque se alejó de su lugar de origen, tenga presente que los aviones vuelan en ambas direcciones y los teléfonos funcionan desde ambos extremos de la línea. En última instancia, lo que usted desea es una comunicación exitosa entre todas las partes, y para que eso ocurra hay que enviar, recibir y confirmar mensajes. Aunque no es exclusivamente responsabilidad suya crear comunicación entre sus hijos y los abuelos, cierta disponibilidad para ceder un poquito allí y aflojar un poquito allá contribuye a lograr el objetivo general de mantener la relación. Hay familias en todo el país que viven separadas y sin embargo se mantienen emocionalmente cercanas. Si ellas pueden hacerlo, usted también.

Propicie una sesión de lluvia de ideas en que se imaginen maneras de mantenerse en contacto sin viajar. ¿Cartas? ¿Correo electrónico? ¿Llamadas telefónicas? ¿Video? ¿Una videoconferencia mensual en vivo por medio del Internet? Adapte el estilo de comunicaciones a las personalidades involucradas. El resultado será un plan que las personas puedan realizar con mayor facilidad. A usted puede encantarle escribir cartas pero puede odiar hablar por teléfono. La abuela puede preferir hablar por teléfono y negarse a escribir. Entonces usted escribe y ella llama. No se deje enredar llevando una especie de registro de quién fue el último en llamar, quién escribió más, etcétera. Puede que no logre evitar que los demás se encarguen del marcador, pero usted puede desviar las conversaciones improductivas sobre el tema aclarando que cada cual es libre de comunicarse de la manera como él o ella lo disfrute más. Intente siempre agradecer sus comunicaciones, sin importar la forma o la frecuencia.

CAPÍTULO 11

Los maridos como padres

Todos hemos oído el dicho que si queremos que algo se haga, se lo deleguemos a una persona ocupada. Las personas ocupadas son así porque saben ejecutar múltiples tareas simultáneamente. ¿Y no es eso lo que hacen la mayoría de las mamás? Las mamás pueden concertar cuatro citas con el dentista por teléfono, y mientras la llamada está en espera, pasar a la otra línea y confirmar una cita en el salón de belleza. Todo esto mientras, simultáneamente, preparan dos sándwiches de mantequilla de maní con mermelada. Esa es, simplemente, la manera como actúan las mamás.

El pensamiento linear vs. el pensamiento apto para la multitarea

La mayoría de las personas han oído que diversas partes de nuestros cerebros se especializan en determinadas tareas. Es materia de discusión si la creencia de que los hombres son lineares y las mujeres aptas para la multitarea es fiel a la realidad. Por otra parte, las generalizaciones no se aplican a los individuos. Muchos hombres son campeones de la multitarea mientras que muchas mujeres se manejan mejor terminando una tarea antes de comenzar la siguiente. Sin embargo, estar atenta a indicios de un pensamiento linear vs. un pensamiento apto para la multitarea le ayudará a decidir cómo guiar a sus hijos cuando necesiten su ayuda. Por ejemplo, digamos que usted ha observado que su hija se siente abrumada por sus deberes escolares, y nota que los tiene todos extendidos sobre la mesa, saltando de las matemáticas a la geografía y a la ortografía. Está intentando abordar las tareas simultáneamente, sin éxito. Ayudándole a aprender a trabajar un tema tras otro (el enfoque linear), guardando todas las herramientas de una tarea antes de comenzar la siguiente, usted puede mostrarle cómo reducir la frustración a la hora de hacer los deberes.

Observe los hábitos de trabajo de los miembros de su familia y vea si se inclinan con naturalidad hacia los métodos de la multitarea o hacia los lineares. Note cómo actúan cuando se sienten exitosos y cómo cuando están frustrados. Cuando está cortando el césped, ¿acaso su esposo se detiene a arrancar algunas malas hierbas que le estorban? ¿Corta primero todo el pasto y deja las malas hierbas para el final? ¿Y usted? Ataca las malas hierbas simultáneamente, ¿o no? Conocer las tendencias, ya sea al enfoque linear o a realizar varias tareas simultáneamente, de su esposo, sus hijos y sus hijas le puede ahorrar mucha frustración en el futuro. Obsérvese a sí misma también. Si descubre que el estilo de trabajo de uno de los miembros de su familia es diferente al suyo, ¿por qué sería su método el de una experta y no el de él? ¿Por qué no sólo pedir los resultados y dejar que la persona los logre?

No sólo muchas mamás intentan hacerlo todo, sino que terminan abrumadas. En realidad, muchas de las tareas que realizan diariamente las mamás pueden ser ejecutadas por otras personas (como el papá) y muchas mamás podrían ahorrarse mucho remordimiento compartiendo tales labores con el padre de sus hijos. No obstante, a menudo, a las mujeres les cuesta trabajo ceder el control, aunque sea (o especialmente si es) a la otra persona en una posición como la suya, el papá. A las mujeres se les bombardea con mensajes que parecen decirles que las buenas mamás son aquellas que se encargan de todo, y la expectativa es que cualquier cosa relacionada con el cuidado de los niños o del hogar sea del dominio de la mamá.

A las mamás primerizas, en particular, les cuesta delegar las responsabilidades del cuidado infantil. Sienten que deben presentarse como "madre para el mundo" apenas dan a luz y dar prueba de que pueden hacerlo todo ellas mismas. Las mamás con más experiencia tienen dificultades cuando han tenido el control de lo que pasa en la familia durante mucho tiempo. Se preocupan de que si ceden el control, el resultado será el caos. ¡No es cierto! Si usted se fuera de la ciudad mañana, su familia sabría como llegar al dentista sin usted. Lo más importante, usted no está sola en el tema de la crianza de los hijos, e involucrar al papá como socio pleno no significa que él esté invadiendo su territorio. Una plena colaboración no sólo la hará sentir mejor sino que será benéfica para toda su familia. Al contrario, delimitar su territorio como única proveedora de servicios de crianza siempre la conducirá al agotamiento, a la tensión nerviosa total y, sin ninguna duda, a un enorme ataque de Remordimiento Materno.

Lisa y su marido, Ron, tuvieron su primer bebé y todo era perfecto en el mundo. Ron trabajaba tiempo completo en una compañía grande y Lisa pidió licencia de maternidad en su trabajo. Durante este período, la compañía le permitió a Ron trabajar medio tiempo para que pudiera ayudarle a Lisa con las responsabilidades de la paternidad. En un día típico Ron llegaba a casa, le daba a Lisa un gran abrazo y un beso, le preguntaba cómo había pasado el día y cómo podía ayudarle. Entonces Lisa le entregaba el bebé a Ron. Ron mecía y hablaba a su pequeña. Lisa se asomaba y le decía: "Ron, le estás hablando muy fuerte. Ella tiene que dormirse ahora". Acto seguido Lisa sacaba el bebé de los brazos de Ron y se dirigía al cuarto de la niña. Ron se quedaba parado allí preguntándose para qué se había tomado el trabajo de regresar a casa a ayudar. Lisa se disgustaba con Ron y se quejaba que si él quería ayudar, al menos podía "hacer las cosas correctamente".

"Correctamente" según Lisa, desde luego. Pero Lisa, como tantas otras mamás, estaba tratando de crear una dictadura de la crianza. Y todos sabemos lo que ocurre en una dictadura. Estimula la revolución y, a veces, el asesinato. No se puede tener una relación dictatorial con su compañero de crianza y esperar que esa persone le "ayude". Lo que se generará será resentimiento.

Una mamá que funciona bajo el lema de "aquí mando yo" puede no sólo dañar su relación con su esposo sino también frustrar la relación de su marido con sus hijos. Conocemos el caso de una niña de cinco años que un día llamó a su abuela llorando: "¡Abuelita, ven, mamá me dejó sola!". La abuela, conociendo a su hija, la madre de la niña, sabía que no haría tal cosa y comenzó a hacer algunas preguntas. Pronto descubrió que el papá estaba en casa en ese mismo momento, en el garaje reparando el auto. A lo largo de los años, la madre había tenido una tendencia tan grande a ejercer el control de las interacciones entre el padre y la niña, que cuando ésta llegó a los cinco años ya casi no existía una relación entre los dos. ¡La hija se sentía como si la hubieran dejado sola, cuando en realidad estaba bajo el cuidado de su padre!

Si quiere que le ayude, déjelo ayudar

Sabemos que las madres súperocupadas no están tratando intencionalmente de pisotear la relación entre sus hijos y el padre. Muchas llegan a pensar que están fomentando la relación, sin darse cuenta de que tratar de orquestar tras bambalinas el tiempo que pasan juntos el padre y su hijo impide que la relación se desarrolle autónomamente.

Las relaciones requieren espacio para crecer y prosperar. Esto implica dos cosas: primero, que los papás van a tener que aprender por ensayo y error lo que funciona bien y lo que no. En otras palabras, el papá no necesita que la mamá le diga cómo empacar la pañalera, o por qué debe darle al chico un refrigerio entre el colegio y la práctica de fútbol. Si sale mal y ocurre una explosión o un desastre, aprenderá como la mamá también tuvo que aprender. Segundo, significa aceptar que las cosas se harán de otra manera si el papá está a cargo de la crianza. Un papá puede escoger otras actividades para realizar con sus hijos. Un papá puede escoger otras comidas para cocinar y tener otras razones de ir al restaurante de comida rápida en lugar de cocinar. Los papás pueden tener su propio umbral en materia de disciplina, sus propias expectativas de comportamiento y su propia manera de usar el humor con sus hijos. Eso está bien. ¡Está absolutamente bien! ¡A eso se le llama una relación!

Aunque la coherencia en la crianza de los hijos es una cosa maravillosa, coherencia no quiere decir "similaridad". Sus hijos pronto conocerán la manera de papá y la manera de mamá de hacer las cosas. Conocerán la manera de la abuela y la del abuelo. Conocerán la manera de la profesora de primero elemental y la de la profesora de segundo elemental. Al igual que usted aprendió todo eso cuando estaba creciendo. En realidad, no importa cuánta tendencia al control tenga una madre, un papá siempre abordará las cosas de manera diferente y a menudo encontrará mejores soluciones para los asuntos del hogar. Es imposible para una mamá convertir a su esposo en una réplica de sí misma.

Otra gran verdad es que cuando usted se retire del escenario y observe a su esposo ser padre, puede descubrir que él maneja algunas situaciones de la misma manera como usted las habría manejado. Si él opta por manejarlas de manera diferente, no significa un desastre para la familia. Simplemente demuestra que hay muchas maneras de llegar al mismo objetivo.

Mi esposo tiene varias temporadas al año en que tiene que trabajar muy duro. En esas épocas, siempre se pone muy gruñón. Cuando llega a casa, inmediatamente comienza a gritar a los niños por cualquier tontería. Quiere que recojan los juguetes de la sala, que le ayuden con el trabajo del jardín, que estén más callados cuando esté viendo televisión o leyendo. Siempre pensé que era injusto con los chicos, y pasé mucho tiempo interviniendo. Pero entonces se enojaba conmigo. Peleábamos y me acusaba de desautorizarlo frente a los niños. Un día me sentí tan exasperada que me callé. Me dije que los chicos no se perjudicarían por el resto de sus vidas si esta vez yo no hacía nada mientras mi esposo les gritaba. Cuando ellos vinieron a mí llorando, les dije que resolvieran la situación con su padre, y salí de la casa. Cuando regresé, encontré a mi esposo en el cuarto de mi hijo en medio de una charla íntima con los niños. Les estaba explicando, con una voz completamente tranquila, lo que esperaba de ellos (solicitudes razonables) y por qué. Los chicos escucharon y, ¡quién lo hubiera creído!, recogieron sus juguetes. Me di cuenta entonces que, al intervenir constantemente, yo estaba facilitándole el mal humor a mi esposo y estaba mostrándome como la mala de la película. Sin mí en el entorno, él rápidamente entendió que tenía que cambiar de táctica para obtener de los niños la limpieza, la ayuda con las tareas y el silencio que quería. Siendo adulto, eso es exactamente lo que hizo.

Si quiere ver a cualquiera de las autoras tener un ataque de cólera, sólo deje que escuche a alguien decir que un padre está de "niñero" de sus hijos. ¡Los papás no son "niñeros", son padres! A nadie se le ocurriría decirle a una mamá que está de "niñera" de sus hijos cuando se queda en casa mientras el papá sale a jugar cartas con sus amigos. ¿Por qué, entonces, oímos con frecuencia decir que "Papá está de niñero esta noche?" En parte es, tal vez, porque los tratamos como tal. Revisamos la hora de acostarse y las comidas adecuadas, les sugerimos actividades para mantener a los niños entretenidos durante nuestra ausencia, y les hacemos saber dónde pueden ubicarnos y cuándo vamos a regresar. ¿No es tonto?

Un par de amigas y yo salimos a cenar y a un cine con otra amiga que es mamá. Cuando salimos del auto para entrar al teatro, la amiga estaba tratando de decidir si poner su celular en mudo. Le recordamos que su hija estaba en casa con papá y que él era tan capaz como ella de llamar al teléfono de emergencias. Si algo surgía, él lo manejaría. El celular se quedó en el auto y las tres pasamos una maravillosa velada juntas.

Entonces quítese los zapatos, relájese y deje que papá haga lo que debe hacer. Pero eso no quiere decir que lo deje abandonado. Si ve que está a punto de caerle un derrumbe encima, tírele una soga y hale de ella con todas sus fuerzas para terminar el rescate, tal como a usted le gustaría que él hiciera con usted. Por lo demás, un padre ciertamente puede inventarse una comida apta para chicos e imaginarse algunos juegos para antes de que se acuesten. Sí, él hará algunas cosas de manera diferente a como usted suele hacerlas, pero ¿qué importa? ¡Lo importante es que se harán!

Cuando no hacer nada es hacerlo todo

Lograr la armonía familiar significa dejar de entrometerse y permitir que los maridos sean padres. Pero tal vez usted no sepa qué es lo que debe dejar de hacer. Si de veras quiere resistir sus impulsos de controlar y ver cómo brilla su esposo como padre, lea esta lista. Algunas sugerencias pueden resultar útiles para su propia situación.

- Planifique días, noches o fines de semana fuera de la casa y lejos de las responsabilidades de la crianza, confiada en que su esposo puede sobrevivir sin usted.
- Deje de referirse a su esposo como "niñero" cuando está solo con sus hijos, ya sea que se lo diga a él o a los demás.
- La programación de las comidas puede llevarse a cabo sin usted; deje que quien esté a cargo de dar de comer a la familia decida lo que se va a comer.
- Deje de darle instrucciones a su esposo, con la excepción de información sobre salud o seguridad, como cuándo se debe administrar un medicamento.
- Comparta con él el horario de los chicos; pero compartir no quiere decir planear la logística. Si tiene que llevar a uno de los chicos al fútbol a las 4 p.m. y al otro a los exploradores a las 4:15, simplemente infórmele y confíe en que él sabrá arreglárselas. Si hay con quién organizar

la llevada en auto, usted puede compartir con él esa información, pero no tiene que hacer los arreglos.

- Deje de llamarlo para ver cómo van las cosas. Con delicadeza resístase también a recibir sus llamadas consultándole cómo hacer ciertas cosas. Responda a tales llamadas diciéndole que usted sabe que él hará lo mejor que pueda y que está segura de que todo saldrá muy bien.
- Deje de pensar que usted requiere un informe a su regreso. Si él decidió saltarse la práctica de fútbol o los exploradores para aliviar la carga del día, esa es su opción como padre (seguramente usted misma ha tomado ese tipo de decisiones en el pasado, y si no lo ha hecho, considérelo una lección: su salud mental se antepone al horario de sus hijos).
- Si la decisión de papá de omitir alguna actividad extracurricular ha molestado a los niños y se quejan con usted, dígales con amabilidad que discutan el tema con su padre.
- Exprésele su aprecio por cualquier asunto que usted piense que manejó especialmente bien de la misma manera como a usted le gustaría que alguien notara y apreciara un buen trabajo suyo.

El remordimiento propio de papá

Al comienzo del libro nos referimos a la idea que el Remordimiento Paterno puede no existir. Pero eso no quiere decir que los papás nunca se sientan culpables.

Primero que todo, hay que perdonarse a sí mismo. Mientras esté cargando con su culpa no podrá expresar su amor adecuadamente. Yo sentí mucha culpa durante varios años cuando mi esposa y yo tuvimos una pelea. Salí de casa corriendo en una tempestad de nieve. La imagen que tengo grabada en la mente es la de mi hija corriendo hacia la puerta delante de mí (no me di cuenta de que ella había estado escuchando) y trancando la puerta con una silla esperando que yo no pudiera salir. La moví a ella y la silla hacia un lado y corrí hacia fuera de todas maneras. Tengo una familia feliz, pero sin embargo de vez en cuando veo la imagen de mi hija junto a la puerta.

Aunque los detalles del incidente que indujo la culpa en este papá no son aplicables universalmente a lo que genera arrepentimiento en todos los papás, la culpa que sienten los papás tiende a centrarse en circunstancias y actos específicos y no es la sensación generalizada que hemos descrito como Remordimiento Materno. De hecho, de acuerdo con nuestra encuesta sobre el Remordimiento Materno, el doble de papás que de mamás dicen no sentir ningún remordimiento relacionado con la crianza.

Eso no quiere decir que se sientan automáticamente menos agobiados como padres. A los papás les preocupa el impacto de sus decisiones en la crianza de sus hijos. Se preocupan de que sus decisiones puedan afectarlo todo, desde los hábitos alimenticios hasta los exámenes preuniversitarios de sus hijos. Tan sexista como pueda parecer en esta era de lo políticamente correcto, los hombres y las mujeres a menudo ven el mundo de manera diferente, los hombres más concentrados en el momento físico, aquí y ahora, mientras que las mujeres analizan las emociones subyacentes. La traducción de esto es que las mamás interpretan sus angustias de la crianza como "culpa", mientras que los papás interpretan sus angustias de la crianza como "frustración".

Si un niño llora, el papá puede exigir en un tono de voz iracundo (frustración) que se le diga exactamente cómo ocurrió, en detalle, la serie de acontecimientos que condujo a que el niño llorara. La mamá puede concentrarse en qué tan perturbado está, si es un indicio de una herida física o de sentimientos heridos. Puede estar sintiéndose mal por no haber estado disponible durante el momento "traumático" para evitar el incidente, mientras que el papá está analizando por qué ocurrió.

Sólo porque mamá siempre arregla cualquier pequeño chichón con un abrazo y un beso, no quiere decir que papá no sea capaz de arreglar las cosas con un "¡sacúdete, muchacho!". Cada persona demuestra su amor y compasión de manera diferente. La filosofía libre de Remordimiento Materno pide aceptar a papá como papá con la seguridad de que su manera de proceder es tan significativa como la suya. Diferente no equivale automáticamente a mejor, como tampoco equivale automáticamente a peor.

La comunicación entre la culpable y el frustrado

Los papás son excelentes ejemplos a seguir, y entre más activo sea el padre en la crianza de sus hijos, más probable será que esos hijos más tarde lleguen a ser padres responsables a su vez. Entre más vean los niños a sus padres actuando en equipo para criarlos, mejor se sentirán. Aun en casos en que los padres estén divorciados, resulta benéfico para los hijos asegurarse de presentar un frente unido con respecto a los temas de la crianza. ¿Cómo, entonces, se unen el Remordimiento Materno y la Frustración Paterna para generar un entorno sano en el cual criar a sus hijos? Se encuentran en el respeto y la confianza.

Es imperativo que mamá y papá estén de acuerdo en las decisiones importantes de la crianza, tales como las reglas familiares para pelear limpio (vea el Capítulo 10) o la hora de regreso a casa. Esas decisiones deben presentarse como un frente unido. La mamá que se permite confiar en que el papá es tan capaz de lograr el objetivo final con sus metodologías como ella lo es con las suyas se convierte en una madre más relajada y libre de Remordimiento Materno. Unas simples técnicas de comunicación a menudo resultan útiles. Trate de sostener sus discusiones con el papá sobre temas fundamentales relacionados con la crianza fuera de la presencia de los niños. Esto les permitirá crear un frente unido. Para aprovechar al máximo estas discusiones, traten de hablar de temas específicos en lugar de en términos abstractos, e intenten no perderse en acusaciones o reproches. Si los dos abordan sus discusiones de manera calmada, teniendo presente que "estamos en esto juntos", entonces podrán desarrollar estrategias conjuntas. Si descubre que usted y su esposo están en polos opuestos del planeta en materia de la crianza de sus hijos, busque ayuda en forma de libros especializados, clases sobre la paternidad, o hasta un mediador externo o terapeuta familiar. La crianza de hijos es una tarea difícil y, como hemos dicho, es bueno buscar ayuda externa y objetiva si se necesita.

Una observación adicional sobre el frente unido: aunque todos amamos y adoramos a nuestros hijos, los niños pueden ser manipuladores y pueden confiarse de su capacidad de dividir y conquistar si uno de los padres no sabe lo que el otro está haciendo. Si surge una cuestión importante y una conversación privada entre los padres no es posible en ese momento, dígales a los niños que necesita discutir el tema con el otro padre y que los dos les darán una respuesta lo más pronto posible. La frase de cajón "esperen hasta que llegue a casa su papá" no es ideal, pues implica que uno de los padres tiene más poder que el otro. Si están compartiendo la crianza de sus hijos, deben aspirar a estar unidos y en pie de igualdad.

Mi hijo Danny llegó de práctica de béisbol y preguntó si podíamos pedir pizza. No me pareció mala la idea y asentí. En ese momento, desde la otra habitación, mi marido gritó: "¡No, pizza no! Ya le dije a Danny que pizza no, porque durante el partido quería un perro caliente. Se lo compré y no se lo comió". Me sentí mal de tener que decirle a Danny que no después de haberle dicho que sí, entonces pedí la pizza de todas maneras. No pensé que fuera una cosa tan importante, pero mi esposo se enojó mucho conmigo. Me acusó de desautorizarlo. Lo pensé y me di cuenta de que realmente hubiera podido decirle a Danny que debía esperar hasta que su papá y yo discutiéramos los planes para la cena. Le pedí disculpas a mi esposo y nos pusimos de acuerdo en coordinar juntos cada vez que fuera posible para asegurarnos de que nuestro hijo no nos estuviera enfrentando uno contra el otro.

CAPÍTULO 12

La culpa del regreso a la escuela

"De regreso a la escuela": ¿Cómo es posible que estas cuatro palabras generen tanto Remordimiento Materno? Bien, comencemos con las agotadoras compras de ropa, zapatos y útiles escolares. Se deben llenar innumerables formularios, girar cheques, recordar rituales para la hora de dormir y rituales matutinos, asistir a reuniones de regreso a la escuela e iniciar numerosas actividades extracurriculares (lo cual exige más formularios, pagos y, a veces, citas médicas).

La temporada de regreso a la escuela no sólo es cara sino agotadora. De la noche a la mañana, al plan más relajado de vacaciones lo sustituyen levantarse temprano y lo que parece una serie interminable de horarios relacionados con la escuela. Además, recordamos nuestras propias experiencias escolares y esperamos que nuestros hijos tengan las mejores y eviten las peores experiencias. Usted no es la única que lo siente. Una tercera parte de las encuestadas de Remordimiento Materno con hijos en edad escolar identificaron temas relacionados con la escuela (seleccionar programas escolares o académicos, encontrar tiempo para trabajo voluntario) como fuente de culpa. 18 por ciento dijo que es una fuente importante de culpa.

Así que sáquele punta a sus lápices y tome una libreta de papel. La lección de hoy es el enfoque Libre de Remordimiento Materno aplicado a la escuela.

Optar por la culpa

Hubo un tiempo en que los padres no se atormentaban pensando si la escuela de sus hijos era la "correcta". El vecindario en que vivían determinaba la escuela pública a la que asistían sus hijos. Todo el mundo sabía cuáles barrios tenían las mejores escuelas y cuáles tenían escuelas en apuros. Si la escuela de su vecindario no le convenía a su hijo, usted podía asumir el costo mayor de una escuela privada, o cambiar de vecindario. Ya no. En la mayoría de los Estados, ha llegado la posibilidad de "elegir escuela", y aunque es maravilloso tener opciones, ellas traen consigo un lado oscuro que induce a la culpa. La responsabilidad de la selección de escuela les cae en el regazo a los padres, que se preocupan inmensamente por sus decisiones. Sienten que si escogen sabiamente, su hijo prosperará; pero si se equivocan, su hijo se verá perjudicado, académica y socialmente. La presión puede dejar a muchas mamás paralizadas de Remordimiento Materno.

Opciones y leyes

La mayoría de los residentes en los Estados Unidos ya no tiene que trasladarse o recibir una herencia para tener una gama amplia de opciones de escuelas. La mayoría de los Estados ha promulgado leyes de matrícula abierta en una u otra forma, que le permiten escoger la escuela pública para sus hijos. Las leyes varían en materia de procedimientos de aprobación de las transferencias de alumnos –algunos son obligatorios, otros son voluntarios, algunos se aplican a las transferencias en el mismo distrito y otras a las transferencias entre distritos–. En diciembre de 2002, cuarenta y cuatro Estados tenían leyes de matrícula abierta que les permiten a los padres trasladar a sus hijos a la escuela pública de su elección.[1]

Vivo en un bello vecindario, una vitrina de casas restauradas de los años 1800. La gente es maravillosa también. Mi calle está llena de médicos, abogados, y altos funcionarios del gobierno municipal. Pero las escuelas me preocupan mucho. Vecindarios más problemáticos, densamente poblados, rodean el mío. Me preocupan el uso de drogas y la violencia en las escuelas públicas, y que tienen una proporción muy alta de alumnos a maestros. Cuando mis hijos estaban en preescolar, los otros padres comenzaron a comentar la selección de escuela y yo comencé a ponerme frenética. Mis amigos me dijeron que las mejores escuelas a veces tienen listas de espera de dos años. Si no se comienza el proceso cuando el hijo tiene tres años, olvídelo. Los niños deben someterse a pruebas de inteligencia y de destrezas. Los niños que son calificados como "dotados" en esas pruebas son los que entran a las escuelas "de mejor calidad"; nadie puede lograr ser incluido en la lista de espera mientras el niño no haya sido examinado y aceptado. No sé cuantas noches he pasado despierta preguntándome qué hacer. Tal vez debería presionar a mis hijos para que aprendan a leer, o tal vez deberíamos irnos de esta casa y esta área que nos gusta tanto a otro lugar con mejores escuelas públicas. Por el momento, he inscrito a mis hijos en una escuela privada cercana, que es costosa y no ofrece ningún programa de deportes. No sé si he tomado la decisión correcta.

La filosofía libre de Remordimiento Materno promueve una actitud que no genera culpa en torno a decisiones tomadas con honestidad y buenas intenciones (aun si resultan equivocadas). Cuando llega el tiempo de afrontar el remordimiento relacionado con los temas escolares, su mejor táctica a seguir es conseguir información. Si investiga las opciones escolares que tiene y toma decisiones bien sustentadas, seguramente encontrará una excelente solución para su hijo.

Para seleccionar una escuela

Antes de sentir angustia por el regreso a la escuela, tiene que tener una escuela que le genera angustia. Si vive en una comunidad que tiene más de una escuela elemental, intermedia o con bachillerato, tendrá que caminar mucho. Espere hacer bastante ejercicio, pues tal vez tendrá que repetir este proceso cada pocos años: para conseguir preescolar, elemental, escuela media y bachillerato, y antes de trasladarse a un nuevo vecindario.

Cuando investigue una escuela, comience con una lista de lo que usted cree que es necesario y lo que piensa que se requiere para satisfacer las necesidades de su hijo (vea el recuadro "Listas de Control para la Selección de Escuela", más adelante, con una serie de preguntas que le serán útiles). Después, prepare una lista de las escuelas en su vecindario o en el área a la cual se va a trasladar.

Nosotros cambiamos de casa con frecuencia. Entonces cada vez que lo hacemos, sacamos un mapa y ponemos un alfiler donde vivimos y donde trabajamos. Después dibujamos círculos alrededor de estos alfileres para identificar el trayecto más largo que estamos dispuestos a hacer hasta las escuelas. Después, investigamos todas las escuelas en el área marcada por los círculos, y es ahí donde comenzamos a hacer un listado de las escuelas que vamos a inspeccionar para nuestros hijos.

Listas de control para la selección de escuela

Para evaluar sus necesidades escolares

1. ¿Puedo proveer el transporte yo misma, o dependo del transporte escolar?
2. Si opto por una escuela privada, ¿cuánto puedo permitirme pagar por la matrícula?

3. ¿Necesito que alguien cuide a mi hijo antes de entrar o al salir de la escuela?

4. ¿Requiero un programa preescolar en el mismo lugar donde mis hijos en edad escolar van a ir a la escuela?

5. Más allá de lectura, escritura y matemáticas, ¿qué otro tipo de programas son importantes para mí (arte, música, educación física, lenguas extranjeras, ciencias, geografía, etcétera)?

6. ¿Qué tipo de programas extracurriculares quisiera que mis hijos tengan la oportunidad de disfrutar (drama, artes visuales, artes interpretativas, proyectos científicos, deportes internos o de competencia)?

Para evaluar las necesidades de su hijo:

1. ¿Mi hijo trabaja bien solo, o requiere mucha orientación y atención personalizada?

2. Si mi hijo llegara a necesitar apoyo académico adicional, ¿que programas de este tipo existen?

3. ¿Cuánto tiempo estimo razonable que mi hijo le dedique a los deberes escolares?

4. ¿Qué historial tiene la escuela en el manejo de necesidades especiales como las de mi hijo?

Sobre la zona escolar

1. ¿Cómo evalúa el Estado las escuelas y cuál es el rango general de esta zona escolar?

2. ¿Cómo se compara esta zona con el promedio nacional en cuanto a exámenes estandarizados, gastos por estudiante, proporción maestros/alumnos?

3. ¿Cuáles son los límites del área escolar de esta escuela y el horario de buses? ¿A qué hora debe irse mi hijo en la mañana para alcanzar el bus y a qué hora regresa?

4. ¿Tiene la zona escuelas académicas especializadas, y dónde están ubicadas (bachillerato internacional, bilingüe, inmersión lingüística)?

5. ¿Cuál es la política de la zona escolar en cuanto a opciones educativas, y cuáles son los plazos para solicitudes de admisión?

Sobre la escuela

1. ¿Qué dicen otros maestros en la zona escolar sobre esta escuela?

2. ¿Qué dicen otros padres sobre la escuela?

3. ¿Qué edad tienen las instalaciones y qué tan bueno es el mantenimiento?

4. ¿Los equipos en el patio de recreo son nuevos? Si no lo son, ¿qué planes hay para actualizarlos?

5. ¿Cuál es normalmente la proporción de maestros a alumnos?

6. ¿Quién es el director de la escuela y cuánto tiempo lleva en el cargo?

7. ¿Cuánto tiempo llevan los maestros en la escuela? (Un largo ejercicio normalmente indica estabilidad y maestros satisfechos).

8. ¿Se requiere trabajo voluntario? ¿De cuánto tiempo se trata?

9. ¿Tiene la escuela un salón de informática? ¿Qué edad tienen los computadores? ¿Hay computadores también en los salones de clase?

10. ¿Tiene la escuela personal especializado en la biblioteca, el salón de informática, la educación física, las artes?

11. ¿Qué programas académicos especiales ofrece la escuela y cuáles son los requisitos de admisión para los niños?

12. ¿Qué programas no académicos se ofrecen y qué programas extracurriculares y clubes están disponibles?

13. ¿Qué puntuación tiene la escuela en exámenes estandarizados, y qué dice el director en cuanto a los exámenes estandarizados?

14. ¿Cómo se utilizan los exámenes estandarizados?

15. ¿Qué métodos se utilizan para evaluar el avance de los alumnos?

16. ¿Qué impresión le produce la escuela? ¿Es un lugar tranquilo, agradable y sereno, lleno de personas sonrientes y relajadas?

Recaude información

Ahora está lista para recaudar información que le ayude a escoger una escuela. El internet es un buen medio para comenzar la búsqueda. Si no tiene acceso al internet, diríjase a su biblioteca local. Existen páginas web que ofrecen cantidades de estadísticas sobre las zonas escolares y escuelas individuales. Incluyen información sobre aspectos tales como comparaciones de la zona escolar (o de la escuela individual) con el promedio nacional, información sobre los resultados de los exámenes estandarizados, gastos por estudiante, proporción maestro/alumnos, etcétera.

Lo ideal es que hable con los maestros de la zona escolar, los directores de las escuelas posibles, otros padres y alumnos. Al final, lleve a su hijo con usted a visitar las escuelas más opcionadas.

Yo estaba recién llegada al vecindario y pensar en la escuela era algo nuevo para mí. Mi hijo de cuatro años, Alex, estaba muy ansioso por entrar al jardín infantil en otoño. Después de mucha investigación, reduje mis opciones a dos: la escuela que le correspondía a mi vecindario y otra escuela pública a la misma distancia de mi casa. Cuando entramos a la primera escuela, Alex miró el desorden en el salón de clase y me preguntó inocentemente por qué los niños no recogían sus cosas. Cuando fuimos a la segunda escuela, a Alex le encantó ver un espacio tan bello y bien organizado, lleno de actividades divertidas para llenar su día en la escuela. Mi elección fue fácil.

Escuche lo que le dice su intuición

Su intuición es un buen juez. Una escuela puede brillar en el internet, o en el papel, pero el director puede no convencerla. Su instinto en cuanto a su impresión del director pueden y deben pesar en su decisión. Averigüe la tasa promedio de permanencia de los maestros. Si los maestros se quedan por años sin fin o si parece haber una puerta giratoria en el salón de los maestros, eso le indica algo sobre el director de la escuela y sus políticas. Si no encuentra estadísticas sobre la permanencia de los maestros, añada esa pregunta a su lista de cosas para preguntarles a los demás. Lo mismo vale en cuanto a su intuición sobre los maestros y el ambiente en la escuela, etcétera. Si algo en el lugar le da qué pensar, intente averiguar por qué.

Una vez que tome la decisión y matricule al niño, todavía no habrá terminado. Todavía le queda validar sus impresiones en el terreno. Hágalo ofreciendo su tiempo como voluntaria en el salón de clase, hablando con otros padres en la parada del bus, o concertando una cita con el maestro de su hijo. Los niños en un entorno escolar nuevo no son la mejor fuente de información, entonces haga el trabajo de investigación de campo usted misma. Si decide que su selección no es acertada, en lugar de sumirse en el remordimiento, estará en excelente posición para actuar.

Para seleccionar programas académicos

Un día, mientras trabajaba como voluntaria en la escuela, oí una discusión sobre un programa nuevo y avanzado de matemáticas. Mi hija, un genio en matemáticas, no fue incluida en el examen de calificación para participar en él. Tomé la iniciativa, hablé con el maestro y el director y, con cortesía pero con firmeza, insistí en que examinaran a mi hija. No me sorprendió que los resultados del examen demostraran que era una buena candidata. Estoy segura de que si no hubiera intervenido, mi hija nunca hubiera sido admitida al programa avanzado de matemáticas.

Hoy en día no basta que tenga que escoger con pinzas la escuela de su hija, pues además tiene que andar al acecho de los tantos programas académicos y otros, que ofrecen las escuelas. Sea un socio activo en la educación de su hijo. Si usted cree que su hijo puede ser candidato para un programa que no le ha sido ofrecido, hable con el maestro. Usted conoce a su hijo. Si le gusta que la desafíen, ayúdeles a su hijo y a su maestro a encontrar los desafíos adecuados.

Las mamás a veces dudan antes de tomar la iniciativa en tales circunstancias, pues piensan que pueden estar pisando el terreno del maestro. La mayoría de los maestros, sin embargo, acogen con gusto a un padre o una madre que se involucra. Siempre y cuando sus discusiones con el maestro se desarrollen de manera positiva, sin asignar culpas, puede esperar del maestro que acoja sus ideas con respeto. Los dos, usted y él, tienen un mismo objetivo: una experiencia educativa de alta calidad para su hijo.

De igual manera, cuando vea que su hijo tiene problemas académicos, hable con el maestro sobre la disponibilidad de clases particulares o de un apoyo especial. El Remordimiento Materno con frecuencia surge cuando los hijos no están rindiendo académica o socialmente al mismo nivel que sus pares. Al buscar apoyo para sus hijos no está poniendo un estigma en su historial académico. Está actuando responsablemente, buscando para ellos la ayuda adicional que necesitan. Matricular a sus hijos en tales programas la hará sentir orgullosa de tomar parte activa en el bienestar emocional y educativo de su hijo. Su maestro o director debe tener listas de programas académicos especializados. Pídaselos. Trate la escuela como un popurrí de oportunidades para llenar el plato de su hijo.

Cómo convertirse en un rostro familiar

¿Qué tal trabajar como voluntaria en el salón de clase? ¿Sólo pensarlo la hace sentirse culpable? ¿Demasiado? ¿Demasiado poco? ¿En absoluto? Descanse un poco del Remordimiento Materno. El trabajo, otros compromisos, y tener que dividir su tiempo entre los hijos son razones válidas para no ser madrina del salón. Los maestros le dirán que aceptan el tiempo que usted tenga disponible, entonces dé el tiempo que tenga. Si tiene un hijo que le ruega que vaya a su clase porque ve que las otras mamás lo hacen, que le sirva de consuelo saber que sólo una breve visita a su salón de clase será suficiente para demostrarle que a usted le interesa su vida escolar. Sepa también que ser voluntaria en la escuela puede resultar muy divertido. Los chicos son gente muy entretenida si se pasa tiempo con ellos.

Habrá veces en que no se puede combinar un día de trabajo con un día de escuela. Otra manera de aportar como voluntaria es ofrecer llevar a casa una actividad del curso para cortar y armar, o contribuir con sus servicios profesionales a la escuela de alguna manera. Los profesionales de la informática pueden diseñar una página web; los propietarios de pequeñas empresas pueden invitar al curso a una gira por su negocio; los médicos pueden donar curitas o bajalenguas, la lista de posibilidades no tiene fin. La asociación de padres y maestros (APM) de la escuela también le ofrece oportunidades de trabajo voluntario en abundancia en el marco de su disponibilidad y sus habilidades. Usted no tiene que ser presidente de la APM; está bien asomarse al mundo del voluntariado en forma leve, como supervisar un puesto en la feria escolar anual, o hornear (¡o comprar!) una torta para un evento de recaudación de fondos. Encontrará que hay años en que tiene más tiempo y otros en que tiene menos. Tenga presente que lo que importa es su apoyo a la experiencia escolar de sus hijos, no el número de comités de la APM que usted maneje sola cada año.

Cualquier cosa que haga, que sea algo que disfrute. Teniendo tantas opciones entre las cuales escoger para involucrarse, resulta más fácil de lo que cree. De la misma manera, siéntase libre de negarse a participar en proyectos que no le gusten. Al ofrecerse como voluntaria en actividades que la divierten, únicamente actividades que encuentra que disfruta, no sólo alivia su Remordimiento Materno sino que pone en práctica el Principio 6 de la Filosofía Libre de Remordimiento Materno (ríase un poco por el camino).

Sus inicios en la aventura libre de remordimiento de los deberes escolares

Nunca estoy segura de cuánto apoyo debo aportar cuando se trata de los deberes escolares. Si le ayudo demasiado, ¿estoy

socavando el aprendizaje de mi hija, dándole una ventaja injusta en sus calificaciones? Si no le ayudo lo suficiente, me
siento culpable al verla luchar cuando las respuestas me son
tan obvias. Además, mi hija siempre está haciendo sus deberes justo antes de la cena, o cuando estoy tratando de acostar
a los niños más jóvenes, simplemente no tengo tiempo para
sentarme a ayudarle.

Es hora de volver la aventura de los deberes escolares Libre de
Remordimiento Materno. Como regla general, la filosofía libre de
Remordimiento Materno percibe los deberes como la responsabilidad exclusiva de su hijo. Eso no quiere decir que usted no tenga
ninguna obligación en el proceso (de hecho, algunas escuelas requieren que los padres revisen y firmen las tareas), ni que el niño
no necesite ayuda de vez en cuando. Pero si usted percibe los
deberes escolares como responsabilidad exclusiva de su hijo, reduce la culpa relacionada con ello. Habiendo dicho esto, usted no
está totalmente fuera de apuros, así que veamos cómo lograr el
equilibrio en materia de ayuda con las tareas.

¿Alguna vez le ha ayudado a su hijo con los deberes escolares
y recibido después una mirada de enojo o de resentimiento en
lugar de gratitud? Manténgase alerta ante señales de que su hijo
puede no necesitar la cantidad o el tipo de ayuda que usted le da.

Yo me sentaba en la mesa con mi hijo y hacía los deberes con
él. Nos tomaba horas, y casi siempre uno de los dos termina-
ba llorando. Yo no entendía por qué algo tan fácil podía to-
marle tanto tiempo. Se convirtió en una verdadera lucha de
poder. Él insistía que podía hacerlo solo, pero yo veía que
cometía errores y yo insistía en revisar su trabajo. Si llegaba a
casa con calificaciones muy bajas, me sentía muy culpable de
no haber hecho que me escuchara con más cuidado.

¡Aléjese, mamá! Se llaman tareas y se entiende que deben ser
hechas en casa por su hijo y no por la mamá. Sirven para enseñar-

les a los chicos responsabilidad y destrezas en el estudio, y para que practiquen, solos, lo que han aprendido en clase. Los deberes escolares no tienen nada que ver con la elaboración de una lista de respuestas correctas para obtener la mejor nota.

Ayuda con los deberes escolares

El objetivo de los deberes escolares es desarrollar en los niños destrezas independientes de estudio y darles la oportunidad de practicar lo aprendido durante el día. Estos consejos le servirán para ayudarle a su hijo con sus tareas:

* Acepte la idea de que los deberes escolares son de responsabilidad únicamente del niño, lo que implica recordar lo asignado, saber cuándo se vence el plazo para hacerlo y entregar el trabajo. No es responsabilidad suya llevar las tareas olvidadas a la escuela. Su hijo aprenderá rápido a no olvidarlo.
* Pregúnteles cada noche a los más pequeños, entre jardín infantil y tercero elemental, si han guardado sus tareas en el morral, pero no se los guarde usted misma. Ayudarles a pensar como una persona responsable es tarea suya, pero encargarse de sus cosas no lo es.
* Crear un entorno que promueva buenos hábitos de estudio es una manera de ayudar con los deberes escolares. En el caso de los alumnos más jóvenes, un lugar cercano a usted funciona bien, por ejemplo la mesa de la cocina. Los alumnos mayores deben trabajar independientemente en un espacio propio, como la mesa del comedor, el piso en la sala o un escritorio en su dormitorio. Anime al niño a mantener ordenado su lugar de trabajo.
* Cuando compre útiles escolares, compre algunos para la casa también. Póngalos donde su hijo pueda alcanzarlos y guardarlos sin su ayuda.
* Ayúdele a su hijo a desarrollar un estilo propio de estudio. Algunos chicos necesitan trabajar hasta terminar una

cosa, mientras que otros prefieren tomar un descanso y hacer otra cosa por un rato.

♦ En cuanto a las tareas a más largo plazo, ponga un tablero de anuncios en algún lugar para señalar los trabajos importantes y un calendario con las fechas de entrega.

♦ Hágales saber a sus hijos que usted es su persona de apoyo. Si necesitan que los lleve en el auto a la biblioteca, usted está dispuesta a ayudarles; sin embargo, es responsabilidad de ellos advertirle con anticipación, y no cinco minutos antes de que tengan que estar allá.

Su papel es hacerles saber a sus hijos que está disponible para ayudarles si necesitan ayuda. Puede hacerles saber que les puede responder preguntas específicas o interpretar con ellos las instrucciones del maestro si se sienten atascados. Hable con el maestro para asegurarse de entender el objetivo general de la tarea y cómo contribuir mejor a ese objetivo. ¿Es la meta de la tarea la responsabilidad, con énfasis en entregar el trabajo? ¿Está el maestro tratando de reforzar una habilidad, de tal manera que el trabajo será evaluado según su exactitud? Informándose y limitando su participación, usted estará menos propensa a reenseñarle a su hijo la lección sin los apuntes, o a socavar la capacidad de su hijo de resolver sus problemas. Aunque usted no quisiera que su hijo se frustre tanto que se dé por vencido, si usted hace los deberes "con" él cada noche, no le está permitiendo al niño asumir la responsabilidad total de su propio trabajo. Busque el equilibrio. Esto puede implicar estar en la habitación pero no sentarse con él en la mesa.

Para afrontar las crisis sociales

Inevitablemente, llegará el día en que su hijo en edad escolar entre a la casa airado y se deshaga en llanto por una pelea, un desaire u otro desencuentro con otro chico. O tal vez un día usted encontrará que le preocupa que los otros niños no llamen a su hijo para jugar. Tal vez usted se sienta perpleja de que su hijo no parezca tener interés en hacerse amigo de nadie. Fuertes ataques de Remordimiento Materno pueden generarse a raíz de los siguientes y otros tipos de problemas sociales:

- Los chicos que sí van a visitar a su hijo le parecen extraños, inadaptados.
- Su hijo todavía frecuenta los mismos dos chicos con quienes ha estado jugando desde el jardín infantil, sin tener nuevos amigos en la escuela ni en las otras actividades en que participa.
- Nota que su hijo parece estar frecuentando chicos mandones y hasta malos (y a veces está siguiendo su ejemplo).
- Recibe una llamada de otro padre disgustado por algo que su hijo hizo/no hizo durante una sesión de juegos.
- Otra madre le pregunta si usted puede invitar a la hija de ella a jugar con la suya pero a su hija en realidad no le gusta esa niña.
- Ustedes acaban de trasladarse a un nuevo vecindario. Su hijo es el chico nuevo en el barrio y no parece estar entablando nuevas amistades.

Nosotras, las madres, nos sentimos culpables de haberles generado traumas sociales a nuestros hijos al no haberlos socializado adecuadamente cuando eran más pequeños. Nos sentimos enormemente culpables cuando nuestros consejos tienen el efecto contrario y empeoran la situación para nuestros hijos. Nos frustra que nuestro hijo haga caso omiso de nuestros consejos y que el problema persista. Dormimos mal, tenemos largas charlas con nuestras amigas para discutir y rumiar el problema. Aunque cada fibra de nuestro ser nos dice que debemos intervenir, no estamos seguras de cuándo o cómo hacerlo y ni siquiera de si debemos hacerlo. La Filosofía Libre de Remordimiento Materno en materia de problemas entre pares es simple: adquirir nuevas amistades es responsabilidad de su hijo. La suya es ayudarle a desarrollar los mecanismos internos para hacer amistades positivas y fuertes.

Llegará el día en que usted deba abandonar el papel de coordinadora de juegos y permitir que sus hijos hagan su propia elección en materia de amigos. Usted quiere que sus hijos elijan siempre amigos que saquen lo mejor de ellos. Para lograrlo, sus hijos deben estar libres para elegir y para decir sí o no a las amistades. Parece obvio que su hija debe poder negarle su amistad a una chica que no le gusta, pero muchos padres involuntariamente intentan forzar a sus hijos a tener amistades poco sanas.

Yo quería que mi hija pudiera jugar con la hija de los vecinos. Son de la misma edad, por lo que pensé que sería un buen par. Tras muchas ocasiones en que mi hija llegó a casa llorando, me di cuenta de que las niñas nunca llegarían a ser amigas. Eran demasiado diferentes.

El manejo y la solución de problemas entre los niños

Antes de lanzarse a arreglar cualquier problema que tenga su hijo con otros niños, evalúe su propia historia. Si su hijo no se está quejando de un problema pero usted ve claramente que existe uno, pregúntese en qué medida sus propias experiencias en su niñez pueden estar influyendo en su percepción. ¿Está forzando a su hijo a caerle bien a la gente, preocupada de que él se esté perdiendo de las mejores experiencias de la niñez? Si usted luchó para entablar amistades, ¿busca ansiosamente señales de que su hijo es capaz de tener amigos? Si usted frecuentaba chicos que eran "una mala influencia", ¿está usted siempre vigilante buscando una situación similar con las amistades de sus hijos? Reconocer sus prejuicios le ayudará a hacer el papel de "consultora de amistades" objetiva cuando sienta que debe intervenir.

Reflexione creativamente con su hijo sobre posibles soluciones

Si una amistad se deteriora o si usted percibe que algo no está saliendo bien, intente hacer una sesión de resolución de problemas con su hijo para llegar a una solución viable. Esto puede ayudarle a su hijo a entender que a veces las amistades requieren atención, o que hay veces que otro niño puede no actuar como amigo.

Escuche cuidadosamente lo que le diga su hijo. Después, con delicadeza, ayúdele a reflexionar sobre el problema. Discuta paso a paso los posibles resultados de las soluciones propuestas hasta que su hijo encuentre una solución que él cree que podría funcionar. Evite dictarle a su hijo cómo debe proceder.

Mi hija Colleen, en tercero elemental, llegaba a casa todos los días disgustada. Todas sus amigas del año anterior estaban en otro curso y no le guardaban una silla a la hora de almorzar mientras ella esperaba en la fila para comprar un almuerzo caliente. Le tocaba comer con las de segundo elemental. Colleen y yo discutimos varias soluciones: llamar por teléfono a sus amigas a pedirles que le reservaran una silla, o abordarlas durante el recreo de la mañana y tocar el tema. A Colleen se le ocurrió que si comía un almuerzo frío durante algunos días, sin importar cuál fuera el menú caliente, llegaría a la mesa más rápidamente. Yo acordé que le prepararía el almuerzo. ¡Misión cumplida! Tras un par de días, las otras chicas comenzaron a acordarse de incluir a Colleen en su mesa.

Cómo realizar una misión materna de reconocimiento

A mi hijo, de quinto elemental, no parecía estarle yendo bien en el ámbito social. Nunca parecía entablar nuevas amistades. De vez en cuando jugaba con algunos chicos que conoce desde primero elemental, pero los otros niños no lo llamaban. Le pregunté muchas veces y le di cantidades de consejos, pero nada parecía hacer que cambiara la situación. Me sentía muy culpable de no poder ayudarle.

Es hora de ir al patio de recreo y hacer una inspección de primera mano. Si usted ve que su hijo está jugando alegremente con otro niño, respire de alivio y sepa que todo está bien. Si ve a su hijo deambulando solo por el patio, una llamada rápida o una breve nota al maestro de su hijo expresando su preocupación deberían ayudarle a obtener la información que necesita para saber qué está pasando con su hijo y sus amistades.

Hable con una variedad de adultos que interactúan con su hijo cuando usted no está, como los maestros, los responsables de la educación religiosa, los entrenadores, los jefes de exploradores y otros similares. Piense que el tiempo, el lugar o las circunstancias pueden cambiar el comportamiento de un niño. Un niño puede caerle bien a sus compañeros de clase pero no a los de práctica de fútbol. Con frecuencia, hasta los comportamientos intimidantes varían según la situación. Un niño a quien intimidan en la escuela puede convertirse en amenazador en el campamento de verano. Pregúnteles a esos adultos qué han observado, en general, en cuanto a las habilidades sociales de su hijo, y en particular, en cuanto a la crisis específica presente.

Utilice los canales de comunicación entre padres para obtener información de los otros chicos en la clase. Escoja cuidadosamente a un padre o dos, explíqueles sus preocupaciones y pregúnteles si podrían hablar discretamente con sus hijos. Pida ayuda para averiguar cómo perciben a su hijo los otros niños. ¿Lo perciben como un "bobo"? ¿Juega con otros chicos, o pasa su tiempo solo? Adapte la pregunta a la situación.

Consultar con un experto

Si cree que su hijo está sufriendo por una situación que está fuera de su alcance, muchas zonas escolares tienen ahora personal de apoyo, como consejeros psico-sociales o trabajadores sociales. Pida una cita, la primera para usted, para discutir el tema, después para su hijo si es necesario. Si su escuela no ofrece tales servicios, llame al consultorio de su pediatra y pida sugerencias o una remisión.

Entienda también que los niños tienen que encontrar su propio camino. Usted debe estar consciente de los límites, cuándo es prudente crear situaciones para que su hijo haga nuevas amistades y cuándo debe tomar distancia. Si no demuestra señales de ansiedad en cuanto a sus amistades es muy probable que se sienta cómodo con sus relaciones. Muchas de las crisis que surgen en las relaciones entre niños son pasajeras; los chicos pueden requerir un oído compasivo o necesitar desahogarse. Lo que no necesitan es que usted se lance prematuramente haga lo que pueda para salvarlos.

Soluciones a las crisis sociales

Utilizando la Filosofía Libre de Remordimiento Materno en cuanto a la intervención social y las sugerencias contenidas en el "El manejo y la solución de problemas entre los niños" de este capítulo, revisemos algunas soluciones para las siguientes crisis sociales.

Problema: Los chicos que frecuentan a su hijo le parecen extraños, inadaptados.

La investigación demuestra: Su hijo está contento y tiene buenas calificaciones.

¿Qué hacer? Mantenga la boca cerrada en cuanto a la opinión que tenga de sus amigos y conózcalos mejor. Ofrezca sus servicios como voluntaria en el salón de clase o en los exploradores o llévelos a todos a acampar. Tal vez son chicos un tanto peculiares, divertidos, intelectuales, que resultan muy agradables.

Problema: Su hijo todavía frecuenta los mismos dos chicos con quienes ha estado jugando desde el jardín infantil, sin hacer nuevos amigos en la escuela ni en las otras actividades en que participa.

La investigación demuestra: A su chico le gustaría tener más amigos pero dice que no sabe cómo hacer amistades.

¿Qué hacer? Discútalo con su chico. Trate de encontrar situaciones en que él pueda interactuar con otros chicos mientras se sienta cómodo socialmente. Talvez querrá hablar con

el maestro, por ejemplo, para ver qué oportunidades de trabajo en grupos existen. Talvez él le permitirá a usted que organice una oportunidad de interactuar menos directamente con los otros. Por ejemplo, a lo mejor le agrade más la idea de invitar a un compañero de clase a un partido de fútbol que jugar juntos en su casa.

Problema: Su hija llega a casa con otra historia sobre su mejor amiga, quien le dijo que ya no era su amiga.

La investigación demuestra: A su hija se le olvida que estaba molesta.

¿Qué hacer? Nada, pero manténgase atenta. Si las dos chicas no han resuelto sus diferencias ellas mismas, usted puede reflexionar con su hija sobre posibles maneras de hacerlo. Puede reflexionar con ella también sobre algunas cosas que usted puede hacer para ayudarle a hacer otras amistades, si esta amistad continua siendo inestable.

Problema: Nota que su hija parece estar frecuentando chicos mandones y hasta malos (y a veces hasta sigue su ejemplo).

La investigación demuestra: Su hija se siente incómoda con su agresividad, pero insiste en que le gustan esos amigos.

¿Qué hacer? Discuta con su hija soluciones posibles y haga con ella juegos de roles. Si su hija no indica que existe un problema, aborde los temas sobre los que usted puede ejercer algún control. Dígale que ser mala no es un comportamiento aceptable en su hogar y recalque lo que se espera de ella: que sea cortés, amable y considerada.

Cómo proteger a su ángel perfecto

Para usted, su hijo puede ser una perfección, pero en realidad nadie es perfecto. La tendencia a defender el comportamiento de nuestros hijos a capa y espada es preocupante. Otras personas necesitan sentirse cómodas con nuestros hijos. Si las personas en capacidad de saber, como los maestros, le indican que su hijo tiene un problema, que es excesivamente introvertido o agresivo, tome esa información en serio. Realice la tarea, señalada en la sección "El manejo y la solución de problemas entre los niños", arriba, con la mente abierta para averiguar qué pasa con su chico. Tenga en mente que sus actos deben mostrar que su intención es reunir la información para llegar al fondo del problema. En la medida de lo posible, evite tanto defender como culpar a alguien hasta que tenga toda la información y sienta que conoce la historia completa. El Remordimiento Materno parece adquirir vida propia cuando sentimos que nuestros hijos están en crisis. Si logramos actuar como consultores objetivos en caso de crisis, y no como rescatistas, dejamos de culparnos o de involucrarnos demasiado y, por ende, nos sentimos menos culpables.

Nota:

1   State Note: School Choice State Laws, compiled by Todd Ziebarth, updated May 2003, Education Commission of the States (ECS). www.ecs.org (Leyes sobre Selección de Escuelas, recopiladas por Todd Ziebart, actualizado en mayo de 2003, Comisión Educativa de los Estados).

CAPÍTULO 13

El trabajo del remordimiento

Casi todos los padres y madres trabajan. Ya sea en el hogar, fuera del hogar, en un empleo remunerado, o en función de voluntario, todo ello implica trabajo. Este capítulo trata de las estrategias para poner en práctica la Filosofía Libre de Remordimiento Materno en todos los aspectos cotidianos del trabajo.

¿Quiénes, cree usted, sufren mayores sentimientos de culpa: las mamás que trabajan en el hogar (MTH) o las mamás que trabajan fuera del hogar (MTFH)? La respuesta es: ninguna. Los resultados de la encuesta sobre el Remordimiento Materno no demuestran ninguna diferencia significativa entre los dos grupos en cuanto a la frecuencia o la severidad de los sentimientos de culpa. De hecho, muchos de los mismos temas relacionados con la crianza les causaron niveles de ansiedad iguales (y altos) a ambos grupos. Ya sea que los padres trabajen fuera de la casa o que hayan optado por el cuidado del hogar como ocupación principal, soportan mucha angustia.

La felicidad y el trabajo

La encuesta sobre el Remordimiento Materno revela que las situaciones relacionadas con el trabajo no tienen ningún impacto en los temas que les generan sentimientos de culpa a los padres (ver un informe completo de la encuesta sobre el Remordimiento Materno en el Apéndice A). No obstante, sí se presenta una correlación entre el tipo de entorno de trabajo y algunas diferencias interesantes en respuestas sobre la felicidad.

En la categoría de felicidad, 60 por ciento de los encuestados dijeron que estaban "casi siempre felices", 22 por ciento están "muy felices" y sólo el 1 por ciento se declaró "muy infeliz".

* 18 por ciento de aquellos con empleos de tiempo completo fuera del hogar se pronunciaron "muy felices" y el 1 por ciento "casi siempre infelices".
* 24 por ciento de padres que trabajan en el hogar se declararon "muy felices" y un 1 por ciento infelices.
* El más feliz de los grupos lo constituyen aquellos padres que tienen empleos pagos a tiempo completo pero los ejecutan a tiempo completo desde sus oficinas en casa. Un importante 38 por ciento de las personas en este grupo dijeron estar "muy felices". El uno por ciento se declaró infeliz.

El trabajo, la opción culpabilizante

Una de las ironías de criar hijos es que la situación laboral es, con tanta frecuencia, una situación sin salida de Remordimiento Materno. Las mamás que trabajan fuera del hogar (MTFH) y que pueden sentirse a gusto con su situación en general, con frecuencia sufren de remordimientos de conciencia por las horas que pasan lejos de sus hijos. De hecho, "pasar demasiado tiempo en el trabajo" es la causa No. 1 de remordimiento entre las MTFH que participaron en la encuesta (más del 50 por ciento la identificaron como tal). Los compromisos relacionados con el trabajo generan sentimientos de culpa residuales también. Las MTFH se preocupan de tener menos tiempo para colaborar como voluntarias en las escuelas de sus hijos, o de que su ritmo de trabajo impide que

asistan a todas las actividades especiales de sus hijos, como deportes, presentaciones teatrales o reuniones entre padres y maestros.
Las mamás que trabajan en el hogar (MTH), que pueden sentirse
a gusto con su situación en general, con frecuencia se culpabilizan
de no estar "utilizando" sus estudios universitarios o contribuyendo con sus ingresos.

Cuando nació nuestra hija, Doug y yo tomamos la decisión
de que yo pondría mi carrera en remojo y me quedaría en
casa con ella. Yo estaba dispuesta a hacerlo, no porque piense
que todos los niños necesitan a su mamá en casa (creo que es
una opción personal), sino porque pensábamos que sería lo
mejor para nuestra familia. Yo estaba sacrificando mi carrera
por un tiempo para hacer algo que creía que deseábamos
ambos, pero ahora me estoy sintiendo culpable. Mi esposo
trabaja largas horas y tiene toda la responsabilidad financiera
de nuestra familia. Hoy deseo que hubiéramos elaborado un
plan antes de tomar nuestra decisión. Creo que hubiera hecho las cosas de otra manera. Después de todo, ¡si hubiera
estado trabajando y hubiera deseado un nuevo cargo, lo habría solicitado! Sé que mi decisión de permanecer en casa se
habría mantenido, pero al hablar sobre cómo la decisión iba
a cambiar nuestra familia, la transición habría sido más fácil.
Me sorprende de veras lo culpable que me siento de no contribuir mensualmente en términos monetarios a nuestro hogar. Está causando problemas en nuestro matrimonio.

El trabajo, como todo en la vida, tiene que ver con equili-
brios y concesiones. Es otra ironía que, mientras que la fuerza
laboral nunca había estado más abierta que ahora a las mujeres,
en lugar de sentirse con más poder pudiendo escoger, muchas
mamás sufren del síndrome de culpabilidad al no estar haciendo
lo que desean. Si trabajan, sienten que deberían quedarse en casa,
y viceversa. A muchas mamás les preocupa que otras mamás las
juzguen por estar trabajando. Puede ser que lo hagan, pero la
Filosofía Libre de Remordimiento Materno responde: ¿qué importa lo que piensen? Cambiar o no cambiar el rumbo de su

carrera profesional es una decisión personal. Puede basarse en una opción o una necesidad, y ciertamente puede cambiar a lo largo del tiempo.

Después de dar a luz a mi segundo hijo, ansiosamente dejé mi trabajo para quedarme en casa. ¡Me encantaba ser una mamá de tiempo completo! Me encantaban los momentos tranquilos e inesperados de felicidad y la manera libre como podía enseñarles a mis hijos sobre la vida mientras la vivían. Pero el dinero era escaso. Sin embargo, cada vez que mi esposo y yo hablábamos de la posibilidad de que yo volviera a trabajar, acordábamos que debía permanecer en casa. Me sentía culpable de no contribuir financieramente, y me sentía culpable de gastar dinero también. Una vez le compré a mi hija sábanas de Winnie Pooh en lugar de zapatos nuevos y me sentí a la vez feliz de haberle comprado algo que a ella le encantaba y culpable de haber gastado nuestro dinero en algo tan frívolo. No me hacía feliz tener que preocuparme constantemente del dinero. Cuando el bebé tenía un año, comencé a ser maestra sustituta unos cuantos días por semana para contribuir económicamente y descubrí que extrañaba desesperadamente enseñar. Decidí volver a enseñar tiempo completo. He sacrificado algo de tiempo con mis hijos para volver a trabajar, y lo lamento, pero mi esposo puede trabajar menos ahora y puede disfrutar más de los niños también.

También es posible que una persona pueda ser mejor padre o madre de hijos de una edad que de otra. Nuestra sociedad nos llena de culpa diciéndonos que un camino u otro es "el mejor". Tenga presente que lo mejor es lo que funciona para usted y su familia, y que la definición de lo mejor cambia en la medida en que usted y su familia maduran. Para algunas mamás permanecer en casa cuando los chicos son mayores, y no más pequeños, es la situación ideal.

No soy lo que se podría llamar una "amante de los bebés". Estoy consciente de que eso puede parecer muy superficial, pero me siento mucho mejor con niños que pueden hablar. No soy muy paciente y me sentía muy culpable por dejar a mi hijo llorando en su cuna tanto tiempo, pero sabía que si lo alzaba más tiempo probablemente lo sacudiría. Era por su propia seguridad que yo lo volvía a acostar en su cuna. Cuando tuvimos nuestra segunda hija decidí no permanecer en casa. Marcó una enorme diferencia. Fui una mejor madre de mis hijos porque no me sentía agobiada e impaciente. Sé que hay personas que dicen que no hay que permitir que un extraño le críe los hijos a uno, pero si me hubiera quedado en casa con ella, hubiera sido como una extraña criando a mi hija. No hubiera podido ser yo misma sintiéndome tan deprimida y culpable. Mi plan es trabajar hasta que estén en una edad en que me sienta más cómoda con ellos.

Infeliz en el trabajo, infeliz en casa

Muchos de nosotros utilizamos nuestro trabajo para definirnos a nosotros mismos: somos médicos, ingenieros, padres de tiempo completo, abogados, administradores, maestros, etcétera. Si estamos frustrados en el trabajo, o frustrados por el rumbo general de nuestras carreras, sólo un santo puede impedir que tales sentimientos afecten nuestra felicidad en el hogar.

Si su trabajo representa una desdicha tan enorme para usted que le deja poca energía para disfrutar su vida familiar, el mejor consejo que podemos ofrecerle para mejorar su experiencia como madre y la felicidad de su familia es actuar para cambiar de empleo o cambiar de actitud frente al empleo que tiene actualmente (ver el recuadro "Cómo disfrutar más el trabajo que tiene"). No está condenada a sufrir la desdicha en su trabajo hasta la eternidad, poco importan el salario, la ubicación o las prestaciones sociales. Si en realidad se siente atrapada, considere esa sensación como una señal para investigar qué opciones tiene. Desde leer libros sobre el cambio de carrera hasta acercarse a asesores profesionales, hay muchas posibilidades para mejorar su situación profesional esperando que usted las descubra y se sirva de ellas ahora mismo. Es más, muchas de las orientaciones que le estamos brindando para disfrutar una vida hogareña más satisfactoria se aplican también al disfrute en su trabajo (ponga a prueba algunas de las técnicas de manejo del comportamiento presentadas en el Capítulo 6 con un colega, por ejemplo).

Acepté un buen empleo en el campo de los servicios de emergencia (SE). Siempre he sido una buena trabajadora, y el trabajo en SE se realiza por turnos de veinticuatro horas y es muy exigente. Pronto estaba trabajando semanas de setenta horas. Mi esposo, que al principio estaba muy complacido con mi salario, comenzó a enfadarse. Mis hijos estaban descontentos conmigo también. Cuando regresaba a casa, mi esposo y los chicos querían que saliera e hiciera algo con ellos. Yo trataba de hacer lo más que podía, pero también necesitaba tiempo de descanso para leer y dormir. Hay que reconocer que independientemente de cuántas horas trabajara, siempre llegaba a los partidos de fútbol de mis chicos; lo que estaba bien, pero yo sabía que no era suficiente. Sentí que estaba perdiéndome de los años de formación de mis hijos. Tenía que cambiar. Me ofrecieron otro empleo con un salario mucho menor, pero lo acepté. ¿Sabe qué? Está funcionando bien, hasta en el aspecto financiero. Pasamos más tiempo juntos en familia. Hemos tomado vacaciones juntos. Claro, me gustaría ganar más dinero, pero nunca más trabajaré tanto mientras mis hijos no lleguen a adultos.

El trabajo tan exigente de esta mamá le enseñó a apreciar el principio No. 7 de la filosofía libre de Remordimiento Materno (reserve tiempo para divertirse en familia).

Sentirse culpable por pasar tanto tiempo trabajando no es la exclusividad de los que trabajan por fuera del hogar. Las MTH de la encuesta sobre el Remordimiento Materno también se quejaron de que el tiempo que pasaban administrando el hogar (limpieza, mandados, etcétera) eran horas que les quitaban a sus hijos.

Me angustiaba no tener la casa limpia, pues todas mis amigas parecían ser capaces de "hacerlo todo"; pero entonces observé de cerca y vi que les faltaba algo: tiempo con sus hijos. Cuando me cambié de casa decidí que jugar con mis chicos era más importante. He insistido en ello y estoy feliz. Algunas amigas han llegado hasta a decirme que no parezco angustiada de ser mamá; eso es así gracias a las decisiones que tomé de no dejarme angustiar.

Dar prioridad a su propia felicidad, y asegurarse de tener tiempo para estar en familia, equivalen a absolverse de su Remordimiento Materno. Es perfectamente correcto pensar en lo que usted necesita. Concéntrese en lo que funciona bien para usted y su familia. Piénselo así: las mamás felices contribuyen a crear hogares felices.

Cómo disfrutar más el trabajo que tiene

Algunas veces los pequeños ajustes conducen a cambios mayores. Si está frustrada con su trabajo pero no está dispuesta o no puede cambiar de empleo, intente ajustar su actitud hacia su empleo actual. Los siguientes son algunos consejos para ayudarle en este esfuerzo:

- Concéntrese en el trabajo mismo. Sea cual sea su tarea, siempre habrá nuevos aspectos para aprender. Hable con alguien sobre cómo adquirir nuevas destrezas. A los jefes les suele encantar que los empleados muestren este tipo de iniciativa.
- Sea su propia promotora. Si se siente subestimada en el trabajo, discretamente difunda sus logros para darles a su supervisor y colegas muchas razones de creer en usted.
- Estudie el manejo de las relaciones humanas. Si tiene conflictos de personalidad o de estilo de trabajo, tome la

iniciativa y lea algunos libros sobre cómo lidiar con colegas difíciles. Trate de mantener la mente abierta. A veces,
la persona difícil podría ser usted.

* Mejore su capacidad de administrar el tiempo. Utilizar su
tiempo eficazmente contribuirá mucho a ayudarle a sentirse menos agobiada. Los libros, programas por internet
y cursos en universidades locales son excelentes recursos
para aprender sobre la administración del tiempo, y su
empresa podría sufragar los costos de inscripción. (Si está
pensando, "¡no tengo tiempo de tomar un curso!", ¡es
seguro que necesita aprender a manejar mejor su tiempo!)

* Desarrolle un mejor equilibrio entre el tiempo en el trabajo y el tiempo en familia. Si nunca ha desarrollado conscientemente estrategias para el equilibrio entre trabajo y
familia, puede estar en camino de un desastre. Cuando
la vida laboral y la vida familiar se enfrentan continuamente, el resultado es la sensación de culpa. Existe una
variedad de tácticas, entrenamientos y herramientas para
ayudarle a equilibrar el trabajo y la familia, algunas tan
simples como hablar con su empleador.

Estamos conscientes de que puede haber razones de
índole económica que le impidan dejar un trabajo que la
hace infeliz, pero, a la larga, ¿a qué precio está conservando
ese empleo? ¿Existe algún empleo que amerite arriesgar su
salud mental? ¿Qué decir de las tensiones que les causa a las
personas que viven con usted? Puede buscar otro empleo,
hasta uno temporal, mientras encuentra algo más adecuado. Puede ser un descenso, puede no ser en su campo profesional, pero a veces cualquier cosa puede resultar mejor que
trabajar en un lugar donde se siente abrumada e infeliz. So-
pese sus opciones, escriba una lista de puntos a favor y en
contra de irse/quedarse en su puesto actual, explore si puede salir adelante con menos dinero y si puede soportar un
trayecto más largo. Después de analizar todas sus opciones,
tal vez encontrará que puede aliviar su Remordimiento Materno haciendo algunos ajustes, grandes o pequeños.

Período de transición

Aunque usted sea una MTFH o una MTH, uno de los secretos de disfrutar su vida familiar mientras hace malabares con las exigencias de su trabajo está en cómo maneja el tiempo justo antes e inmediatamente después de su día laboral. Estos períodos de transición son resbaladeros universales para los padres. El ejemplo clásico de cómo un período de transición genera Remordimiento Materno es el niño que tiene una pataleta justo en el momento en que la mamá está intentando hacer que los chicos se monten en el auto en la mañana para llegar al trabajo o a una cita. La mamá ha pasado la mañana alistándose para salir y ayudándoles a los chicos a prepararse también. La tensión en la casa ya está elevada. El niño percibe el agobio de la mamá y revienta. La mamá pierde el control, a veces en la entrada de la casa, en frente de los vecinos (siempre una ventaja, ¿cierto?). Ahí la tiene: ¡una transición fallida!

Aunque no podemos prometerle que nunca jamás tendrá una transición fallida, sí tenemos algunos métodos seguros para manejarlas de una manera más tranquila y Libre de Remordimiento Materno. Los siguientes consejos son aplicables ya sea que usted pase su día lejos de casa o no.

El primer paso es tomarse un tiempo para observar cómo sus hijos manejan las transiciones. Algunas personas (en especial, los chicos) se confunden durante los períodos de transición. Los adultos pueden armar un alboroto por encontrar las llaves del auto (que hace un momento tenían en la palma de la mano). Los chicos pueden distraerse con alguna tarea que no tiene nada que ver con agarrar su lonchera y subirse en el auto, o puede parecer como si no estuvieran escuchando. Aunque es posible que estén desconectados, en realidad puede ser una señal de que están tratando de organizar el caos del momento en sus cabezas. Pueden estar intentando hacer la transición entre lo que se esperaba de ellos durante el desayuno y lo que se esperará de ellos en el colegio. Pocos chicos, en realidad, pocas personas, pasan simplemente como robots de una actividad a la siguiente.

Considere lo siguiente mientras observa los períodos de transición: ¿Maneja su hijo las transiciones con facilidad, simplemente haciendo lo que tiene que hacer y pasando a lo siguiente? ¿Cambia el humor de su hijo durante las transiciones? ¿Puede contar siempre con un berrinche, una pelea o algún problema en el momento mismo en que intenta que el chico se suba al auto o que trata de dirigirse a la próxima parada? Algunas MTFH perciben estos trastornos como justificación de su sensación de culpa. Interpretan el berrinche como un indicio de que el niño está enojado con ellas porque se van a trabajar. Antes de apresurarse con tal conclusión, observe más los momentos de transición. Tal vez descubrirá que su hijo no está enojado con usted sino que simplemente no maneja las transiciones con facilidad.

Talvez, su hijo es desorganizado durante las transiciones, siempre buscando el abrigo, los zapatos u otros objetos. ¿Su hija es locuaz durante los momentos de transición, llena de noticias que compartir y ansiosa por desembuchar toda la información antes de poder pasar a la idea siguiente? Talvez descubrirá que sus hijos manejan las transiciones exactamente como usted o como su padre. Cuando comprenda cómo maneja su hijo los períodos de transición, usted estará en capacidad de identificar el tipo de rutina que necesita para calmar su día.

Mi hijo estaba corriendo por toda la casa buscando la carpeta con sus deberes escolares y yo estaba fuera de quicio porque él iba a llegar tarde al colegio. Subimos al auto y comencé a sermonearlo sobre su responsabilidad con su carpeta, cuando de repente, en medio del sermón, me di cuenta de que no tenía las llaves del auto. Tuve que bajarme del auto e ir a buscar las llaves. Cuando las encontré y volví al auto, mi hijo me dijo: "Sabes, mamá, nunca sabes dónde están tus llaves y ahora voy a llegar aún más tarde al colegio. Esto ocurre siempre". Tenía razón. Le dije que a la salida del colegio iba a poner un clavo en la pared cerca de la puerta del garaje y que desde ese momento colgaría las llaves siempre en ese clavo. Entonces me dijo mi hijo: "¿Y qué tal si ponemos una repisa en la pared para poner tanto tus llaves como mis deberes?".

Ahora pasaremos a algunas sugerencias sobre los períodos de transición específicamente diseñadas para las MTFH o las MTH. No importa cuál sea su situación laboral, le animamos a leer ambas secciones. Cualquiera de las ideas que siguen puede resultarle viable.

Ocho consejos para mañanas más tranquilas

1. Deje suficiente tiempo para completar las tareas a un ritmo sosegado. Si no basta con una hora antes de que pase el bus, intente una hora y quince minutos.
2. Restrinja las tareas a sólo aquellas que realmente tienen que realizarse (vestirse, bañarse, cepillarse los dientes, desayunar y empacar el almuerzo).
3. Déles a sus hijos instrucciones precisas sobre qué deben hacer y cuándo, es decir, vestirse antes de bajar las escaleras, ponerse los zapatos antes de desayunar.
4. Su hijo debe anotar esta lista de instrucciones y colgarla donde todos puedan verla. Los niños que aún no saben leer pueden hacer dibujos que representen vestirse y cepillarse los dientes. Si el niño elabora la lista, siente que está participando.
5. Nada de televisión mientras no se haya ejecutado la lista de cosas por hacer; mejor aún, nada de televisión en las mañanas. Hablen juntos si tienen algo de tiempo libre (revise el pronóstico del tiempo en el periódico y oiga el informe del tráfico en la radio).
6. Permitir que los deberes escolares se terminen rutinariamente en las mañanas es buscarse problemas. Si los deberes no se terminan en la noche, entonces la consecuencia natural es ir al colegio sin ellos.
7. Prepárese cada noche para el día siguiente con una rutina de "cosas por alistar". Haga que los niños escojan su ropa, saquen sus zapatos y empaquen sus carpetas con los deberes en sus mochilas. Esto contribuye a poner la responsabilidad de alistarse sobre los hombros de sus

hijos cuando el tiempo no es tan apremiante. También, les ayuda a todos a salir de la casa puntualmente, con menos angustia y sin que usted tenga que sumirse en sentimientos de culpa por los deberes escolares perdidos, por llegar tarde al trabajo, por los gritos que dio, etcétera.

8. Para evitar tener que gritar, piense en las consecuencias naturales (que se abordaron en el Capítulo 6), como lo ilustra este relato de una mamá.

Darla era lenta. Nunca le gustaron las mañanas y duraba una eternidad vistiéndose. Yo llegaba tarde al trabajo y ella al colegio. Finalmente llamé al pediatra porque me sentía muy culpable por nuestras mañanas tan infelices. Gritar a su hija cada mañana para que se aliste no es una buena manera de comenzar el día. El pediatra preguntó: "¿Sería terrible que Darla fuera al colegio en pijama?". Esa noche le advertí a Darla que si perdía el tiempo la siguiente mañana, iría al colegio en pijama. Me miró como diciendo, "seguro, seguro, mamá…" Al día siguiente fui a mi dormitorio y silenciosamente llamé al colegio de Darla. Expliqué mi problema con mi querida despaciosa, y el director me dijo que estaba bien que la llevara al colegio en pijama pero que me asegurara de llevarle ropa para cambiarse. Le di a Darla el aviso de los cinco minutos. Todavía estaba en pijama. Acto seguido la alcé en mis brazos y la llevé al auto. ¡Quedó atónita! La dejé en el colegio con su mochila. Nunca más volvió a perder el tiempo en las mañanas.

Las transiciones vespertinas y las mamás que trabajan fuera del hogar

Tras un día del mejor comportamiento con sus maestros o cuidadores, los chicos a menudo han agotado su capacidad de buen comportamiento. Apenas llega mamá o papá, pueden bajar la guardia y hacer un buen berrinche. ¡Fantástica manera de liberar tensiones! ¿No sería maravilloso que usted pudiera unirse a sus chicos y tirarse al suelo, gritar y negarse a conducir el auto hasta la casa?

Aunque tal vez no pueda evitar el berrinche vespertino cada día (ni participar en él), puede aprender a aceptarlo, o por lo menos a no dejar que se descarrile su agradable tiempo en familia más de lo necesario. Las transiciones vespertinas factibles para usted y sus chicos son la solución. Si usted corre de su trabajo a recoger a los chicos en el jardín infantil o en los programas extraescolares, después corre a casa a preparar la comida mientras los chicos se cuelgan de sus rodillas pidiéndole ayuda con sus deberes, va a tener una crisis de estrés.

El viaje diario de la casa al trabajo y viceversa puede ser una manera estresante de matar el tiempo; o, si se mira desde la perspectiva Libre de Remordimiento Materno, puede convertirse en su propio momento de transición. Prométase no enojarse o angustiarse por el tráfico, y haga que sea más fácil cumplir con esa promesa poniendo un casete humorístico o un CD de música clásica, algo que escuche sólo durante su viaje a casa. Si es un viaje muy corto, cómase un par de mordiscos de su chocolate o refrigerio favorito, y para que sea algo especial guárdelo para cuando salga del trabajo y esté sola en el auto, durante su momento de transición. En otras palabras, haga algo especial por usted misma en esos minutos al salir del trabajo, algo que guarda para ese momento, que sólo hace en ese momento. Va a encontrar que anticipa el momento con placer, que lo disfruta, y podrá afrontar las próximas exigencias con una actitud fresca.

Para orientarse y aprovechar su tiempo de transición, aplique la misma metodología consigo misma que con su hijo: repase mentalmente sus expectativas para la transición y cómo las logrará, y después asuma la actitud apropiada.

Una vez que llegue a casa con su familia, ya sea que el papá llegue a casa más o menos a la misma hora o no, tome conciencia de que se encuentra una vez más en un momento de transición: la transición entre el viaje a casa y estar en casa. Otro ritual de transición puede obrar milagros. Esta mamá descubrió la música como la rutina ideal para la transición vespertina de su familia:

Era un viaje terrible. Hora y media en cada dirección entre el trabajo y mi hogar, y cuando llegaba a casa estaba cansada y de mal humor. Un día estaba entrando a una tienda y vi un reproductor de CD. Me sentí obligada a comprarlo. Lo llevé a casa y lo puse en nuestra cocina. Noté que tenía un dispositivo con el que se podía programar el reproductor de CD para sonar a determinada hora. Comencé a programarlo para la hora en que entraba a la casa. Cuando los niños estaban pequeños, yo escogía la música, pero a medida que iban creciendo, era divertido que ellos mismos escogieran las canciones. Cuando entraba a casa tras ese viaje tan desagradable, era muy divertido bailar por toda la cocina con los chicos con cualquier música que sonara.

Las transiciones vespertinas de las mamás que permanecen en casa

Al acabarse el día en casa, las MTH viven algo llamado "la hora del huracán", pues todo parece estar fuera de control. Trate de organizar un momento personal de transición antes de que llegue su esposo. Piense en tomarse un tiempo corto para pasar mentalmente del fin del día de trabajo al comienzo de la noche y del tiempo en familia. ¿Qué tal si pasa por su dormitorio por un poco de perfume rejuvenecedor y un rápido enjuague de boca? Puede poner su CD favorito. Tal vez puede tomar un agua de hierbas especial para esta transición del fin del día.

Recuerde, cuando entre papá, él también estará pasando por su propio tiempo de transición. Algunos papás pueden intervenir inmediatamente para que las esposas puedan "hacer una pausa", otros necesitan algo más de tiempo para relajarse solos antes de unirse a las travesuras familiares. Trate de escoger una actividad de transición para toda la familia que les permita a sus hijos expresarse mientras que usted y su esposo participan de manera relajada. Ellos pueden leerles a ustedes algún cuento que hayan escrito en el colegio mientras usted descansa sus pies adoloridos en el sofá.

Sobre todo, asegúrese de que la primera cosa que haga cuando su familia esté reunida al terminar el día sea saludarse alegremente. Antes de que salgan palabras de su boca, úsela para sonreírle a su esposo cuando regrese y, si es posible, también para besarlo. Pídales a sus hijos que hagan lo mismo. No importa lo que ocurra después de eso, sabrá que le ha dado prioridad al placer de su familia, por lo menos por algunos momentos.

CAPÍTULO 14

El deporte y el remordimiento materno
o ¿el pánico escénico?

La filosofía libre de Remordimiento Materno tiene una visión amplia de las actividades extracurriculares. Vemos diversas opciones y maneras de experimentar un entorno competitivo positivo dentro y fuera del ámbito de los deportes. Sentimientos de camaradería y éxito entre los miembros del reparto de una obra teatral son similares a los que comparten los compañeros de un equipo deportivo ganador de torneos. De la misma manera, la mamá en el banquillo, la mamá tras bastidores, y la que está al borde de su silla en el concurso de ajedrez, todas ellas experimentan gozos y ansiedades similares. Esas ansiedades pueden conducir a enormes ataques de Remordimiento Materno, muchos de ellos debidos a preocupantes tendencias en el mundo de las actividades competitivas infantiles.

En el mundo de los adultos, si se quiere avanzar, se trabaja más duro. Uno acumula más horas y trabaja cuando los demás descansan. Erróneamente, los adultos aplican esta lógica a las actividades infantiles. Creen que los niños deben comenzar más jóvenes, practicar más horas que nunca, con mayor frecuencia y bajo mucha mayor presión para rendir.

En el caso del fútbol, el *hockey*, la gimnasia y una cantidad de otros deportes, si sus hijos no son expertos cuando llegan a la edad de diez años, probablemente perderán la oportunidad de competir. O si no, intente encontrarle un equipo de fútbol de principiantes a un jugador de once años. Este descubrimiento genera remordimiento en los corazones de muchos padres. Los padres desean que sus hijos conozcan la alegría de formar parte del equipo ganador y que sientan un amor por los deportes y el buen estado físico que les dure toda la vida.

El deporte no es la única área en que esta lógica distorsionada de los adultos se ha excedido. Todos conocemos anécdotas sobre las ambiciosas madres de jóvenes actores que pasan las noches preocupándose de si las evaluaciones de la actuación de sus hijos serán lo suficientemente buenas para permitirles acceder a jugosas audiciones, o de jefes de exploradores que presionan a sus propios hijos para que se conviertan en los de mayor rendimiento en la tropa.

Cuando lleguen los formularios de afiliación, le sugerimos a los adeptos a la Filosofía Libre de Remordimiento Materno que recuerden el Principio No. 2 (la crianza de los hijos no es un deporte de competencia). Les sugerimos que recuerden el tipo de experiencias que desean que tengan sus hijos (diversión, amistad, autodescubrimiento) en lugar de objetivos relacionados con el rendimiento (ganar el campeonato, ser la estrella en el espectáculo musical del colegio). Con este simple cambio de óptica, se pueden reducir drásticamente años de agobio y sentimientos de culpa. Examinemos esta nueva óptica en detalle.

La carrera hacia la culpabilidad en los deportes

Cuando se trata de deportes infantiles, no se puede negar que la presión puede ser intensa. Las prácticas son largas y frecuentes, y los participantes se vuelven muy competitivos a una edad alarmantemente temprana (como los equipos itinerantes de niños de tercero elemental). Mientras que un adulto crecido y maduro emocionalmente puede manejar un programa de actividades agotador, exigírselo a un niño cuyo cuerpo y mente aún están creciendo resulta peligroso.

La triste realidad es que esta lógica adulta de "esforzarse más" les dificulta a nuestros niños experimentar y descubrir los beneficios que ofrecen muchas actividades. Muy temprano en sus vidas, los niños son objeto de presiones para que se dediquen a un solo deporte, cuando sus jóvenes cuerpos apenas pueden coordinar lo suficiente para sostener un palo de hockey, para no hablar de hacer jugadas como un profesional. Una vez que pasan los primeros años de escuela primaria, los horarios exigentes pueden imposibilitarles a los niños aun ensayar otros deportes. Fuera de temporada, a menudo los niños frecuentan campamentos deportivos para mantenerse en forma. La concentración en la competencia y en las habilidades altamente desarrolladas elimina a los chicos a edades demasiado tempranas. El torpe arquero de nueve años hubiera podido ser una estrella a los quince, pero, o no tendrá la oportunidad de serlo, o no la querrá aprovechar si se siente desmotivado por su mala experiencia anterior.

Todo esto conduce a muchas mamás al Remordimiento Materno. De hecho, 41 por ciento de las encuestadas en nuestra encuesta de Remordimiento Materno con hijos en edad de participar en deportes identificaron los temas relacionados con los deportes como un área que les produjo remordimiento (aunque sólo 5 por ciento de ellas dijo que les generó la mayor culpa).

¿Debería empujar a su hijo a practicar un deporte? Las mamás de muchachos se preocupan de que sus hijos tendrán menos éxito social si no son capaces de demostrar un rendimiento respetable en el campo de juego y por una buena razón. En muchas partes del país, la presión es enorme para que los niños sobresalgan en los deportes.

A mi hijo lo hacen sentir muy mal porque ha escogido participar en el departamento de drama y no en el equipo de baloncesto. Mide más de dos metros y no sabe nada de baloncesto, pero no le gana nadie cuando se trata de aprenderse de memoria sus parlamentos de Macbeth.

Las mamás de niñas saben que las niñas también se enfrentan a una creciente presión social para sobresalir en los deportes, o por lo menos para participar activamente. Además, a las mamás les preocupa que si no presionan a sus hijas para que hagan deporte, éstas no desarrollarán hábitos saludables de buena condición física el resto de sus vidas. Las niñas, además, están bajo una enorme presión de mantener la buena apariencia de sus cuerpos.

Mi hija de once años está comenzando a ponerse regordeta. Antes jugaba fútbol y nadaba, pero ahora se niega a participar en cualquier tipo de deporte organizado y pasa más tiempo del que yo desearía frente al computador. Me siento enormemente culpable. ¿Debo presionarla más? Tiene que aprender el valor de una buena condición física, y si no hace ejercicio por su propia iniciativa, tal vez yo, como madre, debería obligarla a hacerlo.

Para eliminar la culpa por los deportes

Aun si sus hijos tienen un deseo irreprimible de participar en un deporte, ¿en qué medida debe influir esa participación en la vida familiar? ¿Hasta qué punto debe permitírseles que sacrifiquen otras actividades, tiempo en familia, o tiempo para hacer sus deberes escolares para concentrarse en ese deporte? ¿Y cuál es su papel en todo ello? ¡Declare un tiempo muerto! Después, prepárese un libro de reglas de juego Libre de Remordimiento Materno para los deportes infantiles.

Para las mamás que tienen un hijo que ya participa en deportes: cómanse un perro caliente, siéntense en el banquillo y permítanos un momento para referirnos a los principiantes.

Puede llegar el momento en que su hijo exprese interés en comenzar a hacer deportes. Puede llegar el momento en que usted exprese su interés en que su hijo comience a hacer deporte. Puede llegar el momento en que usted se dé cuenta de que usted y su hijo se ubican en extremos opuestos en cuanto a esa decisión. Pocas veces hay un terreno medio en materia de deporte. No sólo es la participación en deportes algo que requiere mucho tiempo, tanto para el padre (el que conduce) como para el niño (el que es conducido) sino que puede resultar caro. Algunos deportes, como el *hockey*, la equitación y la gimnasia de competencia, pueden hacer mella en sus ahorros. Hágase un favor e investigue los costos antes de llenar los formularios de inscripción (vea el recuadro "Preguntas que debe hacer sobre los programas de deportes" en la página 192. Averigüe las cuotas, los costos de los equipos, la disponibilidad de equipos alquilados o de segunda mano y el mercado para la venta de los equipos descartados por su hijo, la posibilidad de viajes y otros costos anexos. Sin sentirse culpable, usted puede decidir que el deporte en cuestión consume demasiados recursos de la familia y que puede encontrar una alternativa igualmente satisfactoria y menos onerosa. Al principio su hijo se sentirá decepcionado. Pero al final, el nivel más bajo de angustia en el hogar sin este compromiso deportivo debería dejar satisfechos tanto a los padres como a los hijos.

Mi esposo y yo decidimos que no habría *hockey*. En nuestra región, el *hockey* goza de mucha popularidad. También es costoso, exige mucho tiempo, y requiere muchas prácticas a deshoras. Me sentía culpable de decir no cuando todos los hijos de mis amigos se entusiasmaban con el *hockey*, e intenté convencer a mis hijos de que probaran la equitación, ya que algunos de los hijos de mis amigos eran aficionados a ese deporte. También era caro y requería tiempo, trabajo voluntario y viajes, pero por lo menos me hubiera permitido cabalgar a mí también mientras el equipo practicaba. Los chicos se negaron. No querían hacer un esfuerzo tan grande en una actividad que ellos pensaban que debería ser divertida. Entonces di marcha atrás considerando que no tenía sentido pagar inscripciones caras y hacer trabajo voluntario para después constatar que a los chicos les desagradaba la experiencia. En lugar de ello, los inscribí en "clubes" de equitación, que no son competitivos pero incluyen algo de entrenamiento. ¡Los clubes resultaron un gran éxito! Los chicos recibieron entrenamiento por el dinero que yo pagué. Yo logré cabalgar cuando ellos estaban cabalgando y lo mejor de todo, duró sólo unos cuantos sábados.

Los deportes en boga tienen una variedad de ligas (a veces llamadas clubes) entre las cuales escoger. Es probable que cada una de ellas tenga una actitud diferente en materia de competitividad y de derrotas y victorias. Algunas ligas se vuelven competitivas a una velocidad vertiginosa. Tienen equipos itinerantes de niños en escuela primaria que incluyen prácticas diarias. Otras ofrecen a la vez equipos de aprendizaje y equipos de competencia. En teoría, los equipos de aprendizaje no requieren pruebas y se concentran en el refuerzo de capacidades y en el juego; el puntaje es menos importante. Los equipos de competencia generalmente requieren pruebas, y los rendimientos en términos de victorias y derrotas pueden ser lo principal. Pero sin importar el nombre, la competitividad depende en gran parte de la actitud del entrenador, como lo demuestran las siguientes dos anécdotas:

Inscribí a mi hija de siete años para baloncesto, ¡y se quedó sentada en el banquillo toda la temporada! Me conmocionó enterarme de que, dependiendo del entrenador, los chicos pueden no llegar a jugar nunca si no son superestrellas desde el comienzo.

* * * * *

Acabo de inscribir a mi hijo en su primer equipo deportivo. Le encanta. El entrenador les está enseñando a los niños el verdadero baloncesto y a todos les brinda las mismas oportunidades de jugar. Sin embargo, hace que los jugadores más hábiles se sientan desafiados. Ciertamente, a veces pierden, pero siempre se divierten. No quiero que nuestro hijo de siete años se angustie porque tiene que calentar el banquillo. Además, ¿quién quiere pagar para que su hijo se quede sentado en un banco?

Durante su investigación, descubrirá también que las diversas ligas tienen diferentes grados de prestigio social. Si vive en una comunidad en que participar en deportes es casi una obsesión, no se sorprenda si los padres señalan la liga más competitiva como "la mejor". Tenga presente que encontrar una liga que corresponda al entusiasmo y a la capacidad de su hijo es lo que hace que una liga sea la mejor para su familia. Los niños cuya capacidad ha superado la de sus compañeros de equipo pueden sentirse frustrados en el juego. Los niños que están más abajo en la curva de aprendizaje del deporte pueden quedar mal y sentirse inferiores frente a jugadores más competitivos y experimentados. Hacer coincidir el nivel de su hijo con la liga, el club o el equipo le ayudará a eliminar el Remordimiento Materno.

Además, recuerde que existen cantidades de posibilidades para que sus hijos practiquen deportes individualmente, progresando a su propio ritmo mientras se mantienen en buena condición física, hacen amistades y aprenden la ética deportiva. Algunos ejemplos son la escalada en interiores, la natación, el tenis, las carreras, el ciclismo, el golf y el patinaje. (¿Sabía que las ligas de *hockey* en ruedas se conocen por ser menos exigentes que las de *hockey* en el hielo?) Considere, entonces, lo que le convenga mejor a su chico. Cuando la crianza no es un deporte de competencia, abundan las opciones para ayudarle a su hijo a tener una experiencia deportiva positiva.

Preguntas que debe hacer sobre los programas de deportes

1. ¿Cuál es la filosofía del entrenador en cuanto a darles tiempo de juego a los chicos?

2. ¿Qué busca usted en un entrenador, y qué comportamientos considera inaceptables?

3. ¿Cuál es el nivel de experiencia y de entrenamiento del entrenador?

4. ¿Qué tipo de comportamientos considera inaceptables el entrenador para este deporte y este grupo de edad?

5. ¿Cómo se constituyen los equipos: de acuerdo con la escuela a la que asisten los niños, según el grado, la edad, o mediante pruebas?

6. ¿Cómo se toma en consideración el nivel de experiencia al constituir los equipos?

7. ¿Qué debe hacer su hijo para solicitar estar en el mismo equipo con un amigo especial?

8. ¿Cuánto dura la temporada?

9. ¿Cuántos partidos / encuentros / carreras hay por semana?

10. ¿Qué días y a qué horas tienen lugar las prácticas?

11. ¿El equipo juega / practica en los días de fiestas religiosas?

12. ¿Cuál es el costo de la inscripción?

13. ¿Qué otros pagos deben hacerse (compra de regalos para el equipo, fiesta de fin de temporada, regalo para el entrenador)?

14. ¿Cuál es el costo de los equipos y qué posibilidades tiene de comprar, alquilar o comprar equipos usados, o de vender equipos inservibles?

15. ¿Cómo maneja el programa a los padres difíciles o a los jugadores cuyos comportamientos son antideportivos?

16. ¿Qué recursos existen si su hijo tiene dificultades y necesita ayuda adicional?

Saber que la función debe continuar

Involucrarse en actividades extracurriculares enseña deportividad, paciencia, capacidad de administrar el tiempo y de seguir instrucciones, además del hecho que en la vida no siempre se juega según las reglas. Es el caso de cualquier actividad, ya sean los deportes, las artes escénicas, los exploradores, lo que sea. Por tanto, si tiene un hijo que a veces necesita un empujón, empújelo: inscriba a su hija en alguna actividad que usted piense que ella disfrutará. Pero después pregúntese: ¿le gusta? ¿O querrá abandonar la actividad? (¡Oigan, ustedes las de los perros calientes! Es hora de prestar atención.) Si su hija quiere dejar de practicar la actividad, ¿debe usted permitírselo? Si lo hace, ¿estará enseñándole a ser de los que abandonan?

Le sugerimos lo siguiente: Con los niños más jóvenes (de segundo elemental o menores), no explique demasiado lo que va a ocurrir. Inscríbalos, responda a sus preguntas sobre la actividad, compre, pida prestado o alquile el equipo mínimo y ¡adelante! Si ve que su hijo tiene dificultades, consiga la ayuda del entrenador o de un guía adulto, y conviértase en el animador de su hijo. Si el adulto responsable parece inexperto o descuidado, asuma el control de la situación y ayúdele a su hijo a sortear las dificultades. Si surgen problemas, hágale preguntas abiertas y deje que él mismo encuentre posibles soluciones. Si abandonar la actividad es una de las soluciones que sugiere su hijo, muéstrese receptiva pero, antes de renunciar, piensen juntos en un posible arreglo intermedio o en una solución. Puede discutir con su hijo una o más de las siguientes ideas:

- Terminar la temporada o la sesión y no inscribirse para la siguiente.
- Pedirle a un chico más experto que él que le ayude o practique con su hijo durante la temporada o la sesión para ver si puede mejorar sus habilidades o si logra una mejor comprensión de la actividad.
- Póngase en contacto con el entrenador/guía/director para obtener opiniones o ideas.
- Pregúnteles a los padres de otros niños cómo les parece el adulto encargado o la actividad en cuestión. Podría ser que su hijo no es el único que tiene problemas de alguna especie.
- Haga que su hijo le de una lista de los puntos positivos y negativos, y después haga usted misma una lista de sus puntos positivos y negativos. Revisen juntos cuáles puntos están bajo su control y cuáles no.

Aunque nunca debe descartar completamente la opción de abandonar la actividad en cuestión, pueden surgir circunstancias en que deba declararse en contra de renunciar. Si se le dijo a su niña de antemano que inscribirse para la obra de teatro significaba participar en la representación, o si usted investigó el equipo deportivo en cuestión y encontró que las exigencias eran razonables, entonces tal vez su hija debería participar hasta el final (a no ser que esté enferma o se sienta absolutamente infeliz).

Trate de descubrir la razón por la cual la niña ha perdido el interés en asistir a la práctica, el ensayo o la reunión. Si está molesta porque no ha logrado su objetivo (marcar puntos, ganarse una insignia) recuérdele que nunca lo logrará si se retira. Aprender nuevas destrezas requiere mucho trabajo y persistir puede ser una poderosa lección para toda la vida. Es algo que puede hacer que un niño tímido se sienta como una estrella.

Mi hija Alicia jugó fútbol durante toda la escuela primaria. Trabajaba duro y siempre se esforzaba mucho, pero no era una atleta natural. Sin embargo, tenía un excelente entrenador. Durante su cuarto año como jugadora, ella le dijo a su entrenador que su objetivo esa temporada era marcar un gol, algo que no había hecho hasta entonces (y que la mayoría de los otros chicos sí). El entrenador puso a Alicia como atacante. Aunque Alicia con frecuencia perdía el balón en beneficio del equipo opuesto, su entrenador siguió dándole la posibilidad de jugar en la línea de ataque en cada partido. Hacia el final de la temporada, el entrenador puso a Alicia en la delantera y les gritaba a las otras niñas instrucciones para que le pasaran el balón. Las mejores jugadoras consintieron y apoyaron a Alicia, pasándole el balón con tiros repetidos al arco, y manteniendo al otro equipo alejado de ella. Tras muchos intentos, ¡Alicia metió un gol! Todas sus compañeras de equipo gritaron de alegría, como yo también. Aunque Alicia no fue la niña que marcó el mayor número de puntos en el partido, al final todas las niñas festejaron mucho su gol. En el camino a casa, Alicia describió ese día como el mejor de su vida.

No obstante, si la actividad del niño simplemente no resulta bien a pesar de los esfuerzos y las mejores intenciones de todos, suspender es una opción razonable. Puede ser también un aprendizaje tan valioso como insistir.

Mi hijo se presentó a una prueba para el espectáculo musical de la escuela y le dieron un papel en el coro. A medio camino en el programa de ensayos decidió que ya no quería participar en el espectáculo. Hablé con el director musical porque pensé que debía informarle que mi hijo ya no asistiría a los ensayos. El director me dijo: "Señora, es muy amable de su parte informarme sobre esto, ¿pero por qué no me lo dice su hijo?". Me agarró desprevenida. Pensé, "Caramba, ¿por qué estoy yo aquí y no mi hijo?". Entonces el director me sugirió que le dijera a mi hijo que estaba bien que abandonara el espectáculo, pero que era responsabilidad suya informar al director. Hice lo que él me sugirió y mi hijo, en lugar de reaccionar con la ira y el temor que yo anticipaba, me preguntó: "¿Puedo llamarlo ahora?".

Seguramente habrá ocasiones en que sus hijos querrán o deberán retirarse de alguna actividad, entonces enséñeles cómo hacerlo con dignidad y responsabilidad. Libérese del sentimiento de culpa por permitir que su hijo se retire. Hay veces en que sólo la experiencia nos muestra qué es conveniente en la vida y qué no.

El manejo de la participación del público

Las actividades juveniles pueden ser agobiantes tanto para los hijos como para los padres. Numerosos programas deportivos infantiles requieren que los padres asistan a talleres sobre el comportamiento adecuado del público y que firmen convenios sobre el comportamiento en que prometen abstenerse de insultos, gritos a los responsables, burlas y/o pullas, etcétera. Este pésimo comportamiento de los adultos no se limita a los deportes, como lo saben muy bien todas las madres de hijas e hijos que participan en ballet, música, drama y ajedrez.

Controlar su comportamiento no significa que tenga que guardar silencio en las gradas o en el auditorio. Anime a sus chicos, en voz alta desde la barrera o con un aplauso entusiasta en el teatro. Déles su apoyo solidario cuando no hagan un buen tiro o se equivoquen en su diálogo. Manténgase dentro de esos límites y será una espectadora libre de culpa. Pero, a no ser que tenga puesto el uniforme del entrenador, esté sentado en la silla del director o tenga en la mano la batuta del director de orquesta, absténgase de dar instrucciones o hacer comentarios críticos. Digámoslo así: ningún padre o madre ha sido censurado por un comentario de apoyo. ¿Qué tan culpable se sentiría si se avergonzara usted misma o a su hijo haciendo un comentario ofensivo en el calor del momento, a su chico o a otro chico, o a otros adultos? ¿Cómo se sentiría si ese comentario tuviera como resultado que le impidieran estar presente para ver la actuación de su hijo? Evidentemente, este es un caso evitable de Remordimiento Materno.

Si quiere ser entrenador o director, inscríbase para hacerlo oficialmente como líder adulto. La mayoría de actividades infantiles tienen una necesidad crónica de entrenadores experimentados y muchas organizaciones están dispuestas a entrenar gratis a los menos experimentados. Esta experiencia podría ser uno de los mejores momentos de su vida como madre. Si lo está considerando, asegúrese de que su pequeño jugador esté de acuerdo. Mientras que a muchos niños les encanta la idea, especialmente en la escuela primaria, otros son reacios a jugar con el equipo de su padre o madre. Si su idea de ser líder no es acogida con un clamoroso entusiasmo, ofrezca ser el compañero de práctica de su hijo. Si la respuesta a esa oferta también es negativa, tómelo con calma.

Si asume el papel de líder y sus sesiones de práctica terminan con su chico frustrado o llorando, téngalo en cuenta y tome distancia. Los padres tenemos buena voluntad, pero a veces nuestros esfuerzos por enseñar pueden resultar demasiado severos sin que lo queramos. El entrenamiento se trata precisamente de eso: de centrarse en una tarea específica y repetirla. Lo mismo se aplica a los diálogos en una obra de teatro, en los exploradores, o haciendo piruetas. Manteniéndose tranquilo y observando las señales que le den sus hijos cuando necesitan una pizca de sus conocimientos durante la práctica, se asegurará de estar ayudándoles y no dominándolos.

Para evitar problemas con la asistencia

Perderse de un juego o una representación de uno de sus hijos puede parecerle como perder todo en el mundo. A veces, mover el mundo es lo que tenemos que hacer para lograr estar presentes en un partido.

Mi marido está jubilado ahora, pero cuando nuestros hijos estaban pequeños él era un ejecutivo que viajaba constantemente. Casi nunca estaba para presenciar los partidos de los niños. No obstante, siempre será recordado por llegar en un vuelo una tarde, alquilar una limusina, trasladarse hasta el estadio donde iba a tener lugar el partido de desempate del equipo de nuestro hijo, verlo jugar y después volver a la limusina y regresar al aeropuerto para tomar otro vuelo.

Sin embargo, no existe regla alguna que diga que un padre que no asiste a cada uno de los partidos o de las presentaciones deba ser vendido a otra familia. Asistir a tales actividades es divertido, y si usted es parte de un grupo de padres que ya conoce, es mayor la diversión. Con todo, si las circunstancias impiden que se haga presente a apoyar a su hijo cada vez, intente preguntarle sobre los momentos culminantes posteriormente. Si su agenda no le permite ser espectadora en muchos de los eventos de sus hijos en un lapso de tiempo determinado, o si sus hijos tienen programas encontrados y usted tiene que dividir su apoyo entre ellos, trate de encontrar soluciones originales. ¿Puede ir a las prácticas o a los ensayos para observar y respaldar a su hijo de esa manera? ¿Puede pedirle a un pariente o amigo que vaya al evento y se lo grabe en video? Seguramente a su hijo le gustaría ver la repetición del partido o de la presentación con usted cuando pueda.

A veces, con un poco de ingenio usted podría lograr llegar al evento también. Quizás pueda convenir un arreglo con una de sus colegas que también quisiera asistir a más eventos de sus propios hijos. Usted la reemplaza por un par de horas mientras ella se escabulle a asistir a una de las actividades de sus hijos; y ella a su vez hará lo mismo con usted. Apenas comience la temporada o la sesión, anote el programa en su calendario y vea qué maniobras puede hacer con su agenda. Talvez pueda posponer un viaje por algunas horas o un día para poder estar presente entre los espectadores. Quizás pueda utilizar parte de su tiempo libre o pedir la retribución de algún favor cuidando niños para poder liberarse y asistir a los momentos culminantes de la actividad. O, talvez, al examinar su plan de trabajo descubra que puede terminar otro compromiso con anticipación y dejar algún tiempo libre. Si su asistencia depende de arreglos relacionados con el cuidado de sus niños menores, intente organizar un cuidador principal y un sustituto; así, si uno falla, usted podrá contar con el otro.

Si todo lo anterior falla y el evento se desarrolla sin su presencia, sepa que sus sentimientos de decepción y remordimiento son reacciones naturales al no participar en cualquier fecha importante para sus hijo. Hágale saber que se siente triste y que comprende la decepción que él está sintiendo. Puede contribuir a aliviar su sensación de culpa el compartir sus sentimientos con su hijo y contarle todos los pasos que dio para intentar que saliera bien. Algunos conflictos de agenda pueden resultar imposibles de resolver y es importante que su hijo esté consciente de que, a veces, los adultos tienen otros compromisos que pueden ser prioritarios.

CAPÍTULO 15

Un remordimiento extraordinario

Todo padre o madre sueña con un niño saludable. "Niño o niña, no importa mientras esté sano", resuena en nuestros oídos. Así que cuando a un niño se le diagnostican problemas de salud, la madre puede sentirse abrumada de Remordimiento Materno, sintiéndose como si le hubiera fallado a su hijo. Es una reacción natural, pero ¡ella no es una fracasada!

Cuando uno recibe la noticia de que su hijo es diferente de lo que la sociedad denomina "normal", "sano", o que "luce bien", ya sea que tenga una alergia severa, una enfermedad incurable o una anomalía genética, la noticia causa conmoción a los padres. Para muchas madres de niños con necesidades especiales, esta conmoción y el sentimiento de culpa que la acompaña pueden ser enormes y totalmente insuperables. En otros capítulos hemos animado a las madres a deshacerse de su culpa, y en este capítulo lo haremos también, pero también prestaremos atención al extraordinario Remordimiento Materno que sienten las madres cuyo hijo requiere cuidados especiales.

El manejo de las emociones tras el diagnóstico

Una variedad de emociones, tanto negativas como positivas, sube a la superficie cuando usted recibe la noticia de las necesidades especiales de su hijo. Ya sea que la condición del niño sea identificada antes del nacimiento o diagnosticada más tarde en su vida, usted requerirá tiempo para asimilar plenamente la noticia. Haga una pausa en su vida, si puede, por unos días: pida tiempo libre en el trabajo, consiga un cuidador para sus otros hijos o explore otras posibilidades de cuidado, o pídales a amigos o miembros de la familia que asuman las tareas de la rutina diaria mientras usted se permite sentir la amplia gama de emociones que han de acompañar el diagnóstico. Busque y pida ayuda en este momento, aunque piense que no la necesita. Las personas que gustosamente la apoyarían pueden no estar conscientes del estado de turbación en que se encuentra su familia, y pueden no saber cómo abordarla para ofrecerle su ayuda.

Tenga presente que el Remordimiento Materno que se asocia a la crianza de un hijo con necesidades especiales es parte del proceso de aflicción. Aunque puede no desaparecer completamente, es probable que amaine con el tiempo. En lugar de concentrarse en lo que cree que salió mal, o por qué ocurrió, o lo que hubiera podido hacer para evitarlo, intente dirigir la mirada al principio No. 4 de la filosofía libre de Remordimiento Materno (concentrarse en el aquí y el ahora). Aprender a manejar la situación con su hijo y con su familia es una de las maneras de hacerle frente a lo que está ocurriendo en este momento. Es esencial darse tiempo para recuperarse. Cuando una mamá está agotada emocionalmente, puede parecerle difícil ver la luz al otro lado del túnel. Pero, con toda seguridad, hay luz. Puede no ser un flujo constante, puede comenzar como un foco, pero una vez que una mamá cree que va a disfrutar trayendo ese niño al mundo, su Remordimiento Materno cede y el mundo parece más luminoso.

Cuando nació nuestra primera hija, nos conmocionó enterarnos de que tenía una disfunción cromosómica. No estábamos ni remotamente preparados para ser proyectados al mundo de las terapias, los médicos, los hospitales y un futuro de muchas interrogantes. ¿Llegaría a caminar alguna vez? (Sí camina). ¿Llegaría a hablar alguna vez? (No habla). ¿Lograríamos nosotros ver más allá de su discapacidad y disfrutar de nuestra hija? (Lo hacemos). En los primeros días, sentía que nuestra hija era

quizás menos bonita o menos adorable que otros niños. Pensé
que sus incapacidades podrían hacer que las personas no se
relacionaran bien con ella, y admito que me sentí culpable.
Aunque a nivel cognitivo sabía que había hecho todo bien, y
que los cromosomas de mi hija eran "diferentes" sólo por casualidad, me sentía culpable a nivel emocional.

Durante los primeros días de su vida nos pasamos intentando que la gente la aceptara. Ahora me doy cuenta que
en realidad estaba intentando aceptar a mi propia hija. Nunca salíamos de la casa sin ponerle una vestimenta que incluía
lazos de cinta, calcetines y zapatos que hacían juego. Tenía
más ropa de la que cualquier otra niña hubiera podido soñar.
Mi esposo pensaba que yo estaba chiflada pero lo aceptó porque sabía que yo estaba sufriendo y haciendo lo mejor que
podía.

Mi niña llamaba la atención de la gente. Me detenían
para decirme lo adorable que era. Comentaban lo pequeña
que era (menos de cinco libras al nacer, y alrededor de 14
libras en su primer cumpleaños. Me doy cuenta ahora de que
la ropa no es lo que hace que sea adorable o especial. Es adorable y especial con cualquier ropa.

Cómo encontrar apoyo y grupos de apoyo

Una de las maneras más eficaces de iniciar su proceso de sanar es
aprender todo lo que pueda sobre las necesidades extraordinarias
que tiene su hijo y encontrar apoyo experto para su familia. Puede
hacerlo por medio de libros, del internet, o de los médicos a quienes confía el cuidado de su hijo. Reúna toda la información que
necesite para sentirse más segura. Puede significar ingresar en un
grupo de autoayuda de padres con una situación similar en su
familia. Escuchar las experiencias de otras personas le hará sentir
que no está sola y ellas pueden convertirse en un gran apoyo mientras se orienta en su situación. Edúquese, pero no permita que la
información la consuma. Al incursionar en el tema, es probable
que encuentre personas muy ansiosas por contarle cualquier expe-

riencia relacionada con la enfermedad de su hijo. Puede que se encuentre con relatos de pesadillas que harán que se preocupe innecesariamente o anécdotas sobre los logros de otros niños que están más allá de las posibilidades de su hijo en el momento actual. En lugar de comparar su hijo con otros niños con el mismo diagnóstico, ponga en práctica el principio No. 2 de la filosofía libre de Remordimiento Materno (la crianza de los hijos no es un deporte de competencia) y asegúrese de mantener presentes las necesidades específicas de su hijo y de su familia.

Por último, tenga en mente que su hijo está aprendiendo junto con usted. El apoyo y el aliento los benefician a los dos mientras se abren paso por estas primeras etapas de aprendizaje.

A mi hija le diagnosticaron enfermedad celiaca cuando tenía cuatro años. Por fortuna, descubrimos la enfermedad antes de que le causara demasiado sufrimiento. La enfermedad celiaca afecta el intestino delgado. Aunque no tiene cura, puede controlarse con un régimen estricto sin gluten durante toda la vida; pero puesto que los síntomas son tan diversos y se parecen a tantos otros problemas digestivos o dermatológicos, a muchos pacientes de enfermedad celiaca los diagnostican erróneamente durante años. Tener que cuidar a una niña de cuatro años que padecía una enfermedad que desconocía y tener que evitar una sustancia que desconocía (y que parecía ser un ingrediente en todos los alimentos), me generaban mucha angustia. Tenía tremendos ataques de remordimiento cuando me equivocaba con su comida y ella comía gluten y sufría. Compré libros, ingresé en un grupo de apoyo por internet y leí todo lo que pude. Pronto me volví experta en la cocina sin gluten, y aunque, aún hoy, mi hija puede consumir gluten de vez en cuando, ya no me dejo abrumar por el sentimiento de culpa. Ahora que está más grande he tratado de enseñarle sobre su régimen y de involucrarla en las decisiones sobre si desea probar algún alimento que yo creo que es aceptable para ella pero no lo sé con certeza. De esta manera, ella siente que tiene mayor control de su enfermedad y yo me siento como su socia.

Cómo educar a los demás sobre las necesidades de su hijo

Soy mamá de gemelos de dos años, nacidos ambos con parálisis cerebral. ¿Por qué no pueden las personas aceptar a mis chicos tal como son? ¿Por qué no verlos como los niños que son? Ellos quieren que otros niños jueguen con ellos y quieren divertirse. Sé que pueden ser difíciles a veces y eso asusta a la gente, pero son chicos, no más. Me parte el alma ver que los rechacen.

Toda mamá quiere ofrecerles a sus hijos lo mejor que tiene la vida. Si tiene un hijo con necesidades especiales, puede descubrir que siente que ha defraudado a todo el mundo, especialmente a su propio hijo. Aunque tendrá que informar de la enfermedad de su hijo a la escuela, al campamento y a otros cuidadores importantes, intente que la enfermedad no sea el factor que defina la vida del niño. Anímelo a que participe en todas las actividades.

Mi hija padecía de alergias severas causadas por ciertos alimentos, pero yo nunca he restringido su participación en ninguna actividad a la que pueda adaptarse. Actúo conjuntamente con los maestros cuando la cocina o los alimentos forman parte de la lección del día. Hasta le he permitido pernoctar en un campamento, empacándole toda su comida junto con su ropa y su bolsa de dormir.

Los cuidadores pueden preocuparse en exceso del cuidado de un niño con necesidades especiales. Cualquier cosa que usted pueda hacer para llevarlos a considerar al niño como niño y no una etiqueta resultará de utilidad para todos. Escriba una carta general que pueda entregarles a los maestros, a los responsables de campamentos y a otros explicando la enfermedad de su hijo, sus necesidades especiales, cualquier información sobre los peligros que haya que evitar y cualquier información clínica recomendada por su médico. Limítese a los hechos y recuerde que esta persona no es experta y no necesita demasiada información técnica. Tenga a mano folletos informativos provistos por los grupos de apoyo y los consultorios médicos; así tendrá a su disposición los datos técnicos si alguien se los pide.

Anime a los demás a pensar de manera no convencional. Si su hijo padece de una alergia causada por ciertos alimentos, sugiérales a los maestros o jefes de los exploradores alternativas sin esos alimentos. En lugar de una fiesta con pizza para celebrar un triunfo, ¿por qué no organizar una fiesta de construcción de aviones de papel? Los chicos estarán igual de contentos con la una o la otra, después de todo, ¡es una recompensa! La mayoría de las personas cooperan con gusto. Si parecen reacias a desviarse de las recompensas de siempre, podría ser que creen que significaría más trabajo para ellas o que compromete excesivamente su apretada agenda. Si se encuentra en tal situación, enróllese las mangas y ofrezca dirigir el proyecto o coordinar la fiesta. Ofrecer sus servicios como planificador voluntario le garantizará una fiesta o un proyecto que incluya mejor a su hijo, y puede ser muy entretenido. Usted se divertirá y pasará tiempo con su hijo (principios No. 6 y 7 de la filosofía libre de Remordimiento Materno) y al mismo tiempo se liberará de sus sentimientos de culpa por su hijo marginado.

Para relacionarse con su hijo como socio pleno

Hasta los niños en edad preescolar pueden enterarse de sus necesidades especiales y ayudarle a usted a ayudarles. A un niño alérgico al maní, por ejemplo, se le puede enseñar a no comer nada que no sea la comida que su mamá le haya preparado. A un niño más grande se le pueden mostrar videos de un ataque de asma para enseñarle que el asma puede ser algo serio. Haga juegos de roles con su hijo sobre diversas situaciones para que piense en la manera de manejar preguntas o miradas de otras personas que se den cuenta de sus necesidades especiales. Igualmente, piense en algunas respuestas o situaciones divertidas, pues el humor ayuda. En este punto puede ponerse en práctica el principio No. 6 de la filosofía libre de Remordimiento Materno (ríase con su hijo); así que hágalo. Sea receptiva a las preguntas de su hija y anímela a participar en su propio cuidado dirigiéndole preguntas a sus médicos durante las consultas. Busque maneras de que su hijo tenga éxitos, haga que otras personas se involucren en sus éxitos y permanezca detrás de los bastidores animando a su hijo. Después de todo, es así que se cría a un niño.

Más allá de las diferencias

Usted es un ejemplo para su hijo. Un elemento positivo de su relación con él es que usted maneja las necesidades extraordinarias de su hijo con habilidad. De hecho, usted y el padre del niño son probablemente los únicos que están haciendo lo fundamental en cuanto al cuidado de su hijo. Eso significa que ustedes van a contribuir a definir la manera como las otras personas van a aprender sobre los niños con necesidades especiales. En muchos casos, su actitud hacia su hijo va a ser la misma que otras personas en su vida asumirán hacia él.

Mi hija tiene una alergia severa al maní. Tuve que superar una etapa en que me sentía exageradamente ansiosa y no la dejaba participar en ninguna actividad donde pensaba que podría estar expuesta al maní. Un día respiré profundo y me dije que ella iba a tener que manejarse en el mundo. La maestra siempre organizaba un proyecto anual que incluía nueces. Con la aprobación mía, la maestra examinó la situación con mi hija y ésta dijo que no le molestaría que la maestra llevara a cabo el proyecto y que ella pasaría ese tiempo en la biblioteca. Me sentí muy orgullosa de ella por su decisión. Pero eso no es todo. Cuando se terminó la lección, una de las amigas de mi hija le preguntó a la maestra si era necesario fregar todas las mesas y las sillas antes de que regresara mi hija al salón.

Todo el curso fregó el salón para que quedara sano para mi hija. Sus amigos son enormemente considerados cuando organizan los refrigerios en sus sesiones de juego también. No la perciben como alguien diferente. Sólo quieren protegerla.

Reconozca que el Remordimiento Materno que está sintiendo es una reacción natural que fluye con el tiempo. Estudiando, buscando apoyo y educando a otras personas sobre las necesidades especiales de su hijo, se sentirá más fuerte. Aunque no tiene que convertirse en la embajadora de las necesidades especiales, resulta útil que quiera guiar a otras personas por ese pequeño país suyo tan excepcional. El objetivo es disfrutar a su hijo y sentirse bien como madre de esa extraordinaria personita. Recuérdelo con frecuencia y sentirá cómo cede su Remordimiento Materno.

Somos una familia militar y nos desplazamos mucho. Nuestra hija es autista y hace poco me encontré con su antiguo pediatra en nuestra nueva instalación militar. El doctor me preguntó cómo estaba mi hija y le respondí que estaba mucho mejor de lo que cualquiera de nosotros hubiera esperado. El pediatra sonrió ampliamente y observó: "Me alegra mucho saberlo. ¿Está disfrutando de su hija?". Lo pensé por un momento y le respondí: "Sí, la estoy disfrutando. Me tomó un tiempo, pero ahora sí, definitivamente, la estoy disfrutando". El médico sonrió de nuevo y dijo: "Bien, pues cuando llegó a su vida yo vi que usted estaba pasándola mal. Su sentimiento de culpa era muy fuerte. Mi plegaria por su familia era que alguna vez lograran disfrutar de su hija".

Tome conciencia de que con orientación, apoyo y un poco de tiempo, hasta este tipo extraordinario de Remordimiento Materno puede descartarse y remplazarse con la alegría de tener un niño especial.

CAPÍTULO 16

Otros temas que generan
sentimientos de culpa

Antes de nombrarla practicante oficial de la filosofía libre de Remordimiento Materno, tenemos algunos otros temas generadores de sentimientos de culpa que cubrir: la crianza en solitario, las familias mixtas, el aprendizaje del uso del baño, compartir y otras situaciones difíciles que surgen en los juegos, el uso de la televisión, otras niñeras tecnológicas y las enfermedades y heridas comunes.

La crianza en solitario

La mayoría de nosotras va a ser responsable de criar hijos sola en algún momento en nuestras vidas de madre. Y eso vale tanto para las mamás casadas como para las mamás solteras con dedicación exclusiva. Cualquiera que sea la causa, usted es la única responsable de todo y necesita apoyo.

Si está actuando sola porque hace poco le tocó ser madre soltera de tiempo completo (por divorcio, viudez, decisión de tener o adoptar un bebé sola), con seguridad va a enfrentarse a muchos trastornos emocionales. ¡Criar un hijo sola es muy difícil! Pero aun si la crianza en solitario es temporal para usted, todos los sentimientos negativos, como el resentimiento, la ira, la frustración y la culpa, surgen de la misma fuente: de insistir demasiado en preguntas tales como "¿Cómo me metí en esto?" y "¿Estoy haciendo todo lo suficientemente bien como para satisfacer a todo el mundo?". Debe anotarse que la crianza en solitario puede transmitir también el mensaje de que la independencia se aprende, y toda su familia puede enorgullecerse de funcionar como una unidad estructurada de manera diferente.

Las mamás que logran superar rápidamente la fase de "¿Por qué estoy aquí?" descubren que pueden alcanzar aceptación con mayor rapidez. Una vez que una mamá ha aceptado su situación, verá que la aptitud está muy cerca. Con uno u otro salto, logrará el éxito. Entonces, cuando se encuentre criando un hijo, recuerde que si supera cualquier sentimiento negativo inicial lo más rápido posible, podrá volver a captar la energía necesaria para concentrarse en sí misma y en sus hijos.

¿Dijimos que se concentre en sí misma? ¡Sí que lo dijimos!

La primera regla para una crianza en solitario exitosa es cuidarse. Considérese a sí misma como el equipo de avanzada. El equipo de avanzada anticipa las necesidades del presidente cuando viaja. Llega primero y organiza todo de tal manera que todo esté listo cuando llegue el presidente. Lo lindo del equipo de avanzada es que planifica la situación y sin embargo deja espacios para desviaciones del plan cuando surgen circunstancias inesperadas.

Escoja cuidadosamente

Cuando se entere de que va a estar criando un hijo sola, asuma el papel de equipo de avanzada y haga una lista de todo lo que ocurra en su vida y en la de la familia durante el tiempo que esté volando sola. Si se encamina hacia la crianza en solitario permanente, pregúntese cuánto tiempo de adaptación le resultaría cómodo. Simplemente adivine; podrá modificarlo más tarde. ¿En qué momento del futuro espera llegar a sentir que la vida cotidiana adquiere su rutina normal? ¿En tres meses? ¿En un año escolar? ¿En un año calendario? Si logra calcular cuánto tiempo estará criando un hijo sola y cuánto tiempo podría durar su período de adaptación, estará en capacidad de organizar su vida y reducir la ansiedad. Recuperará la sensación de estar en control de la situación.

Tome su lista y dele una mirada. Si le ayuda, tome un lápiz (o un lápiz de color, hasta un lápiz de labios le sirve) y tome algunas notas para su propio uso. Hágase las siguientes preguntas:

1. ¿Por qué puse este tema en la lista? ¿A quién le afecta este tema? ¿Qué importancia tiene este tema? ¿Qué sentimientos me inspira este tema?
2. ¿Qué ocurrirá si no se realiza esto? (Revise mentalmente todas las consecuencias previsibles).
3. ¿Puedo hacer esto en otro momento? (Considere su tiempo, los recursos a su disposición, la logística. Si su respuesta es positiva, saque este regalito de su lista y libérese de él).
4. ¿Qué necesito de otras personas para lograr hacer esto? (Incluya a sus hijos). ¿Cómo y cuándo debo ponerme en contacto con ellas?
5. ¿Cómo me afecta esto a mí? ¡No debo olvidarme de mí!

Déle mucha reflexión al No. 5. En últimas, todo conduce a usted, la persona a cargo. Esta es su lista, usted la controla. Haga que dé resultado para usted y su familia. Piense en términos de cómo lograr lo que necesita lograr y al mismo tiempo invertir la menor cantidad de energía. Dirija su energía hacia lo que puede controlar, y sólo hacia lo que puede controlar.

Si decide eliminar algún punto de la lista porque cree que no será fácil lograrlo, ponga en marcha el principio No. 1 de la filosofía libre de Remordimiento Materno (déjelo sin remordimiento). No caiga en picada pensando que darse prioridad a sí misma, a sus necesidades, a su nivel de estrés y a su tiempo es ser egoísta. ¡Piense en sí misma como el paracaídas de su familia! Tiene que usar un paracaídas si está volando en solitario. Si lo fórmula de esa manera, tendrá éxito en su "plan de supervivencia". En el plan de supervivencia satisface las necesidades básicas propias y de su familia y renuncia a lo demás.

Si se imagina la crianza en solitario como si fuera un vuelo en solitario, la lista de preguntas que vimos previamente puede ayudarle a fijar su plan de vuelo. ¡Todo piloto exitoso requiere de un plan de vuelo! Su plan le ayudará a mantener la perspectiva en cuanto a sus sentimientos, a programar su tiempo eficazmente y a fijarse objetivos y metas realistas. Somos conscientes de que entre los lectores habrá algunos que digan: "No tengo tiempo para estas tonterías. Tengo demasiadas cosas qué hacer". Le estamos diciendo que si invierte tiempo preparando un plan de vuelo, no sólo tendrá éxito en su fase de crianza en solitario sino que remontará por las nubes. Deje su equipaje de Remordimiento Materno en la puerta de embarque. Recuerde que usted es el equipo de avanzada. Su papel es identificar los obstáculos y eliminar todos los que le sea posible. Esto no significa que no aparecerán nuevos obstáculos, pues aparecerán, pero usted estará en mejores condiciones para enfrentarlos.

Las familias mixtas: una mezcla especial de remordimientos

Aunque a la mayoría de las mujeres no les molestarían que su vida se pareciera a un cuento de hadas, con final feliz incluido y un hada madrina productora de lujos con su magia, algunos cuentos describen familias que dan miedo: hijastros infelices y padrastros malvados. No sorprende que a las mamás les preocupe cómo cambiará su vida cuando nuevos personajes (un padrastro e hijastros) se añadan al cuento.

Mi hija y yo habíamos estado solas durante cinco años cuando me volví a casar. Además de que mi hija tuvo que acostumbrarse a un nuevo hombre en la familia, mi nuevo marido y yo decidimos tener un hijo juntos. Siempre me aseguré de decir "tener un hijo juntos" en lugar de decir "tener un hijo propio". Temía que mi primera hija se llegara a sentir ajena en su propia familia. Me preocupaba también cómo el bebé percibiría a mi hija cuando creciera. Me di cuenta de que estaba duplicando mis sentimientos de culpa.

"Fueron felices y comieron perdices" implica trabajo, mucho trabajo. Es por eso que el 27 por ciento de las encuestadas de Remordimiento Materno con familias mixtas informan que tienen sentimientos de culpa con respecto a su vida familiar. Cuando el trabajo se pone difícil, la culpa puede asecharla y dominarla en cuanto a temas como la disciplina, los conflictos entre padres que tienen custodia de los hijos, padres que no la tienen y padrastros, y hasta la distribución de los dormitorios para todos los miembros de la familia. Teniendo presente que cada uno de los miembros de una familia mixta tiene su propia historia, puede evitar caer en un pozo profundo de culpa. No es fácil constituir una nueva familia. Es normal sentirse agobiada, y debe esperarlo, especialmente si los adultos ya son padres. Pero la filosofía libre de Remordimiento Materno puede ayudarle con este tema candente (todos los siete principios, pero en particular el principio No. 3: mire hacia el futuro y divise el panorama general). Las siguientes ideas pueden ayudarle a devolver los pensamientos sobre los "hijastros malévolos" y el "padrastro malvado" a los libros de cuentos, donde deben estar:

- Hable de la manera como las decisiones sobre la crianza se tomarán y quién las tomará.
- Discuta las técnicas de la disciplina, quién las usará y en qué circunstancias.
- Considere la distribución de los dormitorios en su hogar y en cualquier otro hogar en que sus hijos vayan a vivir, y si existe algún problema de privacidad por corregir.
- Incluya a los padres que tienen custodia, y también a los que no, en todas las decisiones posibles para generar coherencia en las decisiones sobre la crianza y para contribuir a que sus hijos se sientan amados y apoyados.
- Desarrolle una actitud flexible y buenas prácticas comunicativas. A veces le resultará fácil y otras veces será difícil. Ser flexible cuando sea posible contribuirá a agilizar las cosas.

Los miembros de una familia mixta no comparten una historia pero sí compartirán un futuro. Respeten el pasado de cada uno mientras anticipan lo que está por venir. Esto les permite a todos los miembros aprender a disfrutar sus nuevas experiencias como familia.

Una vez, usted pudo haberse sentido culpable de volverse a casar y de lo que ello podía significar para sus hijos. Utilice estas sugerencias y edúquese a través de libros, conferencias, clases para ser buenos padres o grupos de apoyo para que le ayuden a despedir para siempre esa sensación de culpa.

El aprendizaje del uso del baño

Cuando otra mamá le diga que todos sus hijos ya habían aprendido a usar el baño a los dieciocho meses de edad, o le está mintiendo o simplemente está recordando los días en que ella aprendió a llevar a sus chicos al baño a intervalos regulares. En cualquier caso, tenga por seguro que es poco probable que los pequeños hayan estado plenamente entrenados antes de los veinticuatro meses de edad. En la mayoría de los niños, el cerebro y el cuerpo aún no tienen todas las conexiones necesarias para poder controlar esas funciones.

Algunas mamás se sienten muy mal cuando su chico es el último que aún usa pañales en su grupo de juegos, o cuando su hijo de seis años se moja en la cama por la noche. Pero la filosofía libre de Remordimiento Materno dice que no es tan grave, por lo que trate de no alarmarse. Realmente, ¡es normal! Recuerde el principio No. 2 libre de Remordimiento Materno (la crianza de hijos no es un deporte de competencia). Como dijo acertadamente una de nuestras encuestadas: "Ninguno entra al jardín infantil con pañales. La enseñanza del uso de la bacinilla ocurre cuando ocurre y, pese a lo que le digan los demás, presionar a los niños no sirve".

De la misma manera como es tarea suya proveerles alimentos nutritivos y tarea de ellos comérselos, es tarea suya darles las instrucciones básicas para el uso del baño y tarea de ellos usarlo. Puede facilitar el proceso llevándolos al baño cuando usted u otros niños vayan y animándolos a todos a ir al mismo tiempo. Puede asegurarse de que tengan una sillita propia que se pueda ajustar a la taza del baño para que no tengan que preocuparse de caerse adentro. Puede animarlos, sin regaños ni presiones, a comenzar a pensar en sus necesidades sugiriéndoles pasar al baño a intervalos regulares (en la mañana, una hora después de comer, etcétera). Puede recordarles que el baño está a su disposición cuando comiencen a decirle que sienten "una sensación rara" en el estómago (especialmente cuando observe que comienza el baile de la bacinilla). Concéntrese en alabar y recompensar el éxito en el baño cada vez que ocurra.

Aun si está intentando entrenar a su hijo a usar el baño para inscribirlo en un jardín infantil que lo exige antes de admitirlo, el niño puede no necesitar cumplir ese requisito tan exigente. Honestamente, los jardines infantiles saben que sus alumnos van a tener accidentes y no buscan la perfección en cuanto al uso del baño. Pueden exigirlo por que la ley o el reglamento de la escuela lo estipulan, pero su definición de entrenamiento puede ser flexible. No asuma nada, pregunte. Si siente que su hijo no puede satisfacer los requerimientos, escoja otra escuela o guardería. Esta puede esperar un año más. Pero si llega a inscribir a su niño, explíquele lo que se espera de él en forma directa y sin presionarlo. A menudo cuando la mamá se siente bajo presión para que el niño actúe, el niño también siente la presión. Los niños que se sienten forzados a aprender a usar el baño antes de que estén lo suficientemente maduros pueden retener la deposición o negarse a orinar. Esto puede causar infecciones urinarias o problemas digestivos. Si usted sospecha que su hijo puede estar practicando la retención, por favor informe a su pediatra.

Sin embargo, no se les puede forzar a orinar o a defecar cuando se les pide. Como muchos otros temas en torno a la crianza de niños, muchos padres tienden a exagerar cosas que van a ocurrir a su debido tiempo.

A continuación, le presentamos algunos consejos que le ayudarán a deshacerse del Remordimiento Materno:

• Tenga todos los elementos a disposición de su hijo antes de que esté listo para usarlos. Así usted no perderá la oportunidad cuando surja. Si su hijo demuestra interés, deje que escoja el tipo de bacinilla o sillita, el papel higiénico, su ropa interior, etcétera.

- Cuando su hijo exprese interés en utilizar el baño, aproveche la oportunidad sin importar la edad. Tenga presente, sin embargo, que cualquier niño puede usar el baño alrededor de los dos años de edad y después olvidarse completamente de hacerlo por un tiempo. Siempre se puede intentar otra vez, ¿no es así?
- Si a su hijo no le molesta estar húmedo o tener el pañal sucio, no insista con el uso del baño hasta que a él le moleste.
- En lugar de pañales, compre calzones de entrenamiento de algodón forrados con plástico o los que se sienten mojados cuando el niño orina.
- Si está enfrentándose a "accidentes" diarios con los calzones de entrenamiento, vuelva a los pañales. Seguir con los calzones de entrenamiento sería frustrante para usted. No convierta el tema en una crisis. Deje a un lado las emociones. Es importante que su hijo vea que volver a los pañales es una consecuencia natural y no un castigo. Abandone la culpa. Los reveses ocurren. Póngale pañales al chico y siga viviendo sus vida.
- Si su hija está en transición entre los pañales y los calzones de entrenamiento, deje que ella escoja lo que quiere ponerse ese día. Si escoge pañales, le está comunicando que no está madura para esa responsabilidad. Respete su decisión y alégrese de no tener que limpiar calzones sucios. Si escoge los calzones de entrenamiento, alábela y dígale que ustedes dos pueden volver a evaluar la determinación en el curso del día si es necesario.

Todos los niños desarrollan esta habilidad en momentos diferentes y de manera diferente. Cada anécdota que la gente le cuenta sobre el aprendizaje del uso del baño probablemente tiene algo de cierto; entonces arranque las hojas que necesita y deje el resto en el rollo de papel.

Situaciones difíciles en los momentos de juego: compartir e ignorar

Pedirles a los pequeños que compartan sus juguetes es como pedirles a los adultos que compartan su ropa interior. Simplemente no parece correcto. Compartir es una de esas palabras que deberíamos intentar eliminar de nuestras conversaciones con nuestros hijos pequeños. Es un concepto complicado para comprender. Cuando "compartimos" comida, no nos la devuelven, pero queremos que compartan sus animales de peluche. ¡No sorprende que nuestros chicos se confundan!

Con frecuencia nos sentimos avergonzadas y culpables cuando invitamos otros niños a casa a jugar y nuestro hijo pasa todo el tiempo rapándole de las manos los juguetes a otro chico. Sentimos la necesidad de intervenir, de reprender, de exigir que nuestro hijo comparta. Pero, pensándolo bien, nosotros los adultos tampoco somos muy dados a compartir nuestros juguetes. Si usted comprara un flamante automóvil, ¿les permitiría a sus vecinos sacarlo y jugar con él? ¿Cuándo fue la última vez que usted les entregó su auto a sus amigos porque se pararon en la entrada de su casa y le exigieron que compartiera con ellos? ¿Tiene una maravilla de marido? Lo más probable es que no lo vaya a compartir con su amiga, por más que se lo pida. Ciertamente, todos tenemos algunas cosas que no compartimos por nada en el mundo, pase lo que pase. Nuestros niños sienten lo mismo en cuanto a sus posesiones y necesitan que se les permita sentirlo.

Cuando intervenimos y les gritamos: "¡Compartan!", nos miran como si estuviéramos locas y hacen todo lo posible por aferrarse a sus posesiones. Lo más probable es que si no interviniéramos, examinarían los juguetes del otro por un rato y después los dejarían a un lado y pasarían a otra cosa, y hasta los devolverían. Si no lo hacen por su propia iniciativa, podemos animarlos a intercambiar. No tiene nada de tramposo o de fraudulento; es la forma más antigua del trueque. Los niños están en capacidad de comprender que intercambiar significa renunciar a algo para obtener otra cosa, así sea temporalmente.

Prepararse para los juegos es una manera de fomentar el compartir exitosamente. Evite conflictos durante esos encuentros diciéndoles a sus hijos que guarden sus objetos especiales antes de que lleguen sus amigos. Es también una oportunidad de recordarle a su hijo que los juguetes que queden por fuera son para que todos los disfruten. Otra buena táctica es sacar una caja de juguetes diferentes de los que su hijo suele utilizar. Puede guardar un conjunto de juguetes para uso exclusivo durante las reuniones para jugar o sacar algunos juguetes que se usan poco y ponerlos en una caja especial que normalmente esté fuera de su alcance para jugar con otros niños. Si sus niños tienen edad de jardín infantil o mayores, ellos mismos pueden ayudarle a seleccionar los juguetes para la caja. Asegúrese, sin embargo, de no poner nunca un juguete favorito en esa caja, aun si no ha sido un juguete favorito de su hijo durante mucho tiempo. Vale el viejo adagio de que "mejor prevenir que lamentar". Al ir a otra casa a jugar, es mejor dejar esos grandes amores en el auto.

Recuerde también que para un niño los juguetes son objetos para usar y no sólo para mirar. Si quiere proteger la muñeca de porcelana que le regaló su abuela, no se la deje ver a su hija de cinco años, y sobre todo no se la dé para jugar. Piense que aún si su hijita es cuidadosa con los juguetes especiales, sus amigas pueden no ser tan cuidadosas como ella ni estar conscientes del valor de ese juguete.

Talvez su pequeña no esté acaparando todos los juguetes; tal vez esté sentada en un rincón jugando sola como si estuviera sola en casa. Ese tipo de comportamiento les genera a muchas madres culpa y preocupación innecesarias. Se inquietan por las destrezas sociales de sus hijos. Les preocupa no haber creado suficientes oportunidades para que sus hijos jueguen con otros niños. O se preguntan si, talvez, han criado un niño egoísta y presuntuoso. Pueden sentirse culpables de invitar a otro niño a casa a jugar y tener que observar que su hijo desdeña los intentos del otro por relacionarse con él. La mamá se pregunta por qué su hijo no es como los demás.

No hay necesidad de atribuir culpas. Hasta los cuatro años, aproximadamente, los niños practican lo que se llama comúnmente juegos paralelos. Se sientan en el mismo sitio y se divierten, cada uno haciendo lo que le gusta. Tienen un interés limitado en compartir con otros niños; les interesa más explorar lo que pueden hacer solos. Durante una tarde de juegos, a un niño puede interesarle momentáneamente lo que está haciendo uno de sus compañeros y, más específicamente, qué juguetes está utilizando.

Con frecuencia a ese interés lo acompañan intentos por quitarle al otro esos juguetes. A medida que los niños van creciendo sus destrezas sociales maduran y, con muy poca ayuda suya, aprenden a relacionarse, jugar y compartir. Si surgen problemas entre los niños mayores revise los Capítulos 10 y 12, donde encontrará pautas para hacerle frente al Remordimiento Materno.

Las niñeras tecnológicas

Las asambleas de vecinos cedieron su lugar a los televisores. Los telégrafos dieron paso a los teléfonos y después al correo electrónico y a los mensajes instantáneos. A medida que la tecnología ha asumido la carga creciente de la comunicación, hemos ido perdiendo rápidamente nuestro protocolo social, las reglas de conducta para una comunicación amable y las habilidades interpersonales que nos indican cómo comportarnos frente a todo tipo de situaciones.

Definimos este proceso como "deshumanización", queriendo decir que a medida que progresa la tecnología, nuestro interés y nuestra habilidad para interactuar con otros seres humanos se reducen. Considere lo siguiente: nuestros avances tecnológicos ahora hacen posible que llevemos a un bebé recién nacido de la casa a la tienda y de regreso a la casa sin que sea tocado por manos humanas. Los pediatras están descubriendo que tienen que pedirles a los papás que saquen a los bebés de sus sillitas y los tengan alzados durante los controles médicos.

Como si el video y el DVD no fueran suficiente tecnología, ahora podemos suspender la televisión en vivo mientras comemos algo rápidamente y regresamos a nuestro programa favorito. Las personas comen en frente de su televisor y no frente a frente. Estamos convencidas (y sabemos que no nos vamos a ganar un concurso de popularidad diciéndolo) de que los niños permanecen conectados demasiado y durante demasiado tiempo. Nosotras decimos: ¡cortemos el cable!

El toque cariñoso

Una de las cosas más tristes que están ocurriendo actualmente es la disminución del contacto físico. En parte es porque tenemos aparatos que nos remplazan cargando a nuestros niños y, en parte, se debe a efectos deshumanizantes de la tecnología en nuestra cultura. Pero, cualquiera que sea la causa, la línea entre el contacto aceptable y el inaceptable se está borrando. Por eso, las personas con frecuencia están optando por evitar tocar a los niños que los rodean. A los maestros les da miedo abrazar a sus alumnos por temor de que el gesto se perciba de manera equivocada; viejos amigos de la familia se abstienen de darles a los pequeños hijos de sus amigos un beso en la mejilla. La falta de interacción está generando una sociedad inmune a la gloriosa sensación de afecto físico. A algunos niños se les abraza con tan poca frecuencia que en aquella rara ocasión en que algún adulto les da un gran abrazo bien intencionado, no saben cómo reaccionar.

Una de las maneras más gratas de disfrutar su experiencia como madre es alzar a sus hijos, abrazarlos y besarlos, todos los días, año tras año, mientras están creciendo. No estamos diciendo que los sofoquen a besos mientras juegan con sus amigos, abochornán-dolos a morir (¡aunque eso también es divertido!). Hablamos de un contacto diario, frecuente, incorporado en sus vidas de manera natural. Una caricia en la espalda cuando pase junto a ellos. Un abrazo sólo por el placer de abrazarlos. La seguridad que les da marcará una enorme diferencia en la manera como se comportarán con los demás.

Mi hijo de once años, que antes disfrutaba que lo abrazara como parte de nuestro ritual al acostarlo, comenzó a rechazar mi abrazo nocturno. Yo no estaba segura de qué hacer. No sabía si ya era demasiado grande para mi abrazo o qué. Después de que lo llevamos a ver El Rey León, esa noche lo agarré y comencé a cantarle la canción de amor entre Simba y Nala con mi voz de tarro. Mi hijo comenzó a reír y a declarar dramáticamente: "¡Siento el amor! ¡Siento el amor!" Ese se convirtió en nuestro nuevo abrazo. Todas las noches voy a su cuarto, leemos un libro juntos y después lo abrazo muy fuerte y le pregunto: "¿Sientes el amor? ¿Lo estás sintiendo?". Él se ríe y me responde: "Sí, lo siento. Ahora, ¡vete!" No sé cuánto tiempo me permitirá hacerlo, pero por el momento está resultando bien para ambos.

Mientras tanto, siga siendo delicadamente cariñosa con los otros niños importantes en su vida, si a ellos no les molesta. ¿El hijo de su mejor amiga en edad preescolar? Usted lo cuidó, le cambió los pañales, lo meció y lo consoló cuando estaba recién nacido. Ahora vaya y pídale que le dé un abrazo. ¿Su sobrina preadolescente? Abrácela y pregúntele si quiere aprender a bailar el cancán. Por lo menos le sacará una sonrisa.

La pantalla y sus alternativas

Las expresiones de nuestras encuestadas resumen lo que la mayoría de nosotros ha sentido en un momento u otro sobre la televisión:

La cantidad de televisión que ven mis hijos me hace sentir culpable. Como mamá casera, me sorprendo encendiéndoles el televisor para poder terminar mis tareas domésticas y, mientras trabajo, pienso constantemente que debería estar leyéndoles o jugando con ellos. Los estudios recientes publicados en los medios sobre el trastorno por déficit de atención (TDA), los problemas de aprendizaje y la cantidad de televisión que los niños están viendo me hacen sentir extremadamente culpable. ¿Qué valor tienen mis esfuerzos por tener pisos limpios, ropa limpia y baños limpios frente a la capacidad de mi hijo de aprender en la escuela? Cuando era niña veía Plaza Sésamo y Electric Company. ¿Me impidió ir a Harvard? ¿O ver Scooby Doo me impidió terminar mi postgrado? ¿Están mis hijos condenados a una vida de problemas de aprendizaje porque yo quería almorzar y leer el periódico sin interrupciones? ¿Es políticamente incorrecto que yo admita que uso la televisión para "tranquilizar y aplacar" a mis hijos? La culpa es algo asombroso.

Utilizar la diversión de la televisión como una forma de tranquilizante es completamente adecuado. Esa es una de las funciones que la televisión debe desempeñar en nuestras vidas. La televisión puede ser una distracción fascinante para sus hijos mientras usted ejecuta una tarea. El Remordimiento Materno disminuye si usted está controlando lo que los niños están viendo y cuánto tiempo pasan frente al televisor.

Las imágenes visuales pueden afectar profundamente a los niños pequeños. Los dibujos animados que muestran bebés y niños pequeños violando las reglas constantemente y portándose mal unos con otros no son precisamente el modelo de comportamiento que usted quiere que sus hijos imiten. Pero como somos muy partidarias de legalizar y reglamentar, una sugerencia nuestra es hacer concesiones. Intente permitir a sus niños ver de vez en cuando un programa que esté en el límite de lo aceptable aunque exhiba algún comportamiento que usted encuentra inadecuado. No obstante, en el momento en que ese comportamiento inadecuado se desborde del televisor a la vida real, se acabó el programa.

Como regla general, sus hijos deben limitarse a no más de dos horas diarias de "pantalla" entre semana, y tal vez menos en el caso de niños en edad preescolar. Esto incluye televisión, computador, juegos de video, aparatos electrónicos de mano, etcétera. Si piden más, es hora de involucrarlos en actividades más retadoras física o mentalmente. Busque alternativas que requieran el uso de más células cerebrales que células fotoeléctricas: ofrézcales libros, rompecabezas de palabras, proyectos de manualidades, o un naipe. En lugar de matar el tiempo frente al televisor o al computador, ponga música y dígales que preparen un baile para presentarle después de la cena. Y, desde luego, siempre pueden salir afuera a jugar. Salga con ellos durante algunos minutos. Si usted se mueve, ellos también lo harán.

Limitar el tiempo frente a la pantalla a períodos razonables puede ser acertado para el desarrollo social de sus hijos también. Las pantallas no poseen comunicación humana ni verbal, los computadores no se encogen de hombros si no saben la respuesta, y por eso los niños que pasan demasiado tiempo frente a las pantallas pueden perder su capacidad de comunicación no verbal.

Siéntase libre de manejar creativamente el uso del televisor. Algunas familias disponen que un mes de cada vacación de verano transcurra sin televisión, como lo describe esta mamá:

Al principio sentí que me estaba castigando a mí misma porque pensaba que mis chicos lloriquearían y se quejarían de aburrimiento. Un par de días más tarde mi decisión se vio validada cuando mis hijos comenzaron a descubrir juguetes que habían descartado mucho tiempo antes, libros que no habían leído y juegos que no sabían que existían. Todos nos divertimos aprendiendo a jugar.

Limitar el uso del televisor ofreciéndoles a sus hijos actividades alternativas para las horas de ocio le hará sentir segura de estar exigiéndoles que usen la mente en vez de la electricidad. Cuando ocurra un corte de energía, sus chicos estarán preparados. Toda esta tecnología no es una "necesidad". Entre más pueda ayudarles a sus hijos a aprender otras maneras de entretenerse y disfrutar, menos tendrá que violar la directriz de las dos horas para mantenerlos distraídos mientras usted hace otra cosa. Declarando la televisión, los computadores y otras pantallas un privilegio, ustedes todos se sentirán mejor cuando no puedan, o no deban, disfrutar de ese privilegio. No la abrumará la culpa cuando tenga que negarles ese privilegio.

Debe considerarse también la hora del día en que su hijo ve televisión. Si a sus hijos se les dificulta alistarse para ir al colegio puntualmente cada mañana, no permita que prendan el televisor;

puede causar mayor distracción en la casa. Si usted acostumbra prenderla, cambie esa costumbre intentando echar mano al pronóstico del tiempo en el diario o al informe del tráfico en la radio en lugar de prender el televisor.

La costumbre de prender el televisor en el momento mismo en que alguien entra a la casa es otro tema que merece cautela. El período de transición entre la vida escolar y la vida familiar, y volver a conectarse con la familia, no podrá ocurrir si el televisor es lo primero que capta la atención de todos al volver a casa. Reflexione sobre lo que pueda serle útil a su familia. En casa de una de las autoras, los niños deben hacer sus deberes escolares antes de encender el televisor. Cuando tienen demasiados deberes, no se les permite ver televisión ese día, en absoluto. Si sólo les queda poco tiempo libre antes de acostarse después de haber terminado los deberes, lo pasan hablando con la familia y se sienten perfectamente contentos de hacerlo. En la casa de otra de las autoras, su hijo necesita algún tiempo para relajarse cuando llega de la escuela y se le permite ver media hora de televisión antes de comenzar a hacer sus deberes escolares, entendiendo que es un privilegio y no una necesidad en su vida. Si su hijo abusa del privilegio, ¡se acabó!

Ciertamente, el televisor puede ser una valiosa herramienta para la crianza. Su contenido puede tener valor pedagógico. Su calidad hipnótica puede contribuir a tranquilizar a un niño excitado. No es el diablo. Los programas de televisión son también algo que los chicos pueden debatir juntos en la escuela, entonces tome conciencia de que si sus hijos no ven televisión, habrá veces en que se sentirán excluidos de las charlas con sus amigos. No obstante, usted puede evitar ese remordimiento si trata a las pantallas como lujos de uso limitado y no como necesidades del hogar.

Enfermedades y heridas

Los accidentes ocurren. Las enfermedades ocurren. Criar hijos siempre parece requerir una fuerte dosis de primeros auxilios y un enorme tacto cuando están enfermos, cuando no sabemos cómo curar la heridita o nos preguntamos cómo hubiéramos podido proteger a nuestro niño, ¡caramba, cómo nos flagelamos de culpa! Aunque es miedoso tener un niño enfermo o herido, la filosofía libre de Remordimiento Materno le sugiere que lo vea por el lado positivo. Es maravilloso saber que un beso de mami puede hacer que se aleje el dolor.

A pesar de nuestros mejores esfuerzos por mantener a nuestros niños saludables y seguros, se van a enfermar y se van a caer. Está bien que sus chicos resulten heridos de vez en cuando. Es parte obligada de la experiencia de crecer. Si sus chicos nunca tienen raspaduras en las rodillas, probablemente no están haciendo suficiente ejercicio. Si su hija de diez años se cae de las barras en el parque y resulta con un yeso en el brazo, no se flagele por no haber estado allí para agarrarla al caer. Es un derroche de su energía emocional y no hará más que evitar que se concentre en vivir en el momento del aquí y el ahora consolando a su hija (principio No. 4 libre de Remordimiento Materno). Concéntrese en darle a su hija lo que necesita ahora, que puede ser una mamá capaz de bromear sobre el color del yeso. Los niños se curan. Con la curación vienen experiencia, aprendizaje y, también, sabiduría.

Usted y el médico

Los padres a veces se preocupan de estar llamando al médico con demasiada frecuencia. Si usted tuviera una serie de problemas de plomería, ¿lo pensaría dos veces antes de llamar al plomero repetidamente para que arregle ese lavaplatos tapado, una ducha que chorrea o un tubo con escape? ¡Por supuesto que no! Simplemente tomaría el teléfono y llamaría. Es lo mismo con el médico. Si lo necesita, lo llama.

Cuando lleve a su hijo enfermo o herido al médico, recuerde que su papel es el de defensor del niño. Cada vez más, los médicos esperan ese papel de los padres y los animan a asumirlo. Cuando informe al médico de las razones de su visita, no le reste importancia a los síntomas de su hijo en un intento equivocado, motivado por el sentimiento de culpa, de parecer inocente. Tampoco los exagere. Simplemente explique la situación de manera tan calmada y objetiva como pueda.

No dude en pedirle al médico que le explique todas las pruebas, los procedimientos diagnósticos, etcétera. Si el médico usa un lenguaje demasiado técnico, pídale que se exprese de manera que usted entienda de qué se trata. Si no entiende la explicación del médico, siga haciendo preguntas hasta que entienda. Aunque, es bueno esperar hasta que el médico termine el examen antes de lanzarle sus preguntas; después sí hágalo. Prepare una lista de preguntas antes de la visita, si eso le ayuda a recordar mencionar todas sus preocupaciones.

Los médicos son personas altamente educadas, pero siguen siendo seres humanos, ni más ni menos perfectos que otras personas. Muchos de ellos también son padres. Poniéndose en el papel de usuario de los servicios médicos que brindan, usted podrá encontrar un doctor que se ajuste a las necesidades de su familia. Si descubre que el médico no está dispuesto a tratarla en pie de igualdad y a explicarle la información médica en términos que usted entienda, busque otro doctor.

Estaba caminando con mi hijo y, ¡pum!, se cayó. Cuando me di cuenta que tenía sueltos los cordones de los zapatos, me dije que era una pésima madre por no haber amarrado su zapato adecuadamente. Corrimos a la sala de urgencias. Me culpé a mí misma por los puntos que le colocaron y por la cicatriz que tendría por el resto de su vida. Sentí que había destruido su cara, una cara que yo misma había contribuido a crear. En la sala de urgencias le conté al médico cómo había ocurrido el accidente y que todo era culpa mía. El doctor me miró a los ojos y me dijo: "Señora, se llaman 'accidentes' y no 'adredes'. No fue culpa suya".

Aun si a su hijo se le contagia el resfriado del vecino porque usted aprovechó la oportunidad de darse un baño sin interrupciones mientras él jugaba en la casa vecina, ¡usted no tiene la culpa! Los sistemas inmunes humanos necesitan práctica para fortalecerse. El resfriado común es buena práctica. La responsabilidad de madre no se define según si usted es capaz de mantener alejado a su hijo de cualquier experiencia potencialmente nociva. Una madre responsable es aquella que le ayuda a su hijo a aprender a lidiar con las dificultades inesperadas, de la misma manera como le enseña a deleitarse con todo lo bueno. Ser una madre libre de Remordimiento Materno significa aprender a sacarle alegría a cada experiencia, hasta a las peores. En el caso de las enfermedades y las heridas, hay una un gozo escondido en criar y proteger, en ser el héroe del beso mágico que lo sana todo, en enseñar que los sufrimientos del resfriado tienen su fin y que tener buena salud es algo que hay que apreciar.

TERCERA PARTE

Para construir
las bases de la libertad de
Remordimiento Materno

CAPÍTULO 17

El tiempo: cómo hacerlo, cómo tomarlo y cómo gastarlo sin remordimiento

La filosofía libre de Remordimiento Materno le ayuda a recorrer la parte de su vida relacionada con la crianza de sus hijos fluyendo tranquilamente como un arroyo, no como el río Nilo. Permitir que las tareas diarias se desborden puede tener como consecuencia que se ahogue lo mejor que podemos ofrecernos a nosotros mismos y a nuestros hijos. Nadar en el Remordimiento Materno tampoco es especialmente sano, ni para nosotras ni para nuestros hijos.

Tras un par de años de crianza, usted puede comenzar a pensar: "Estoy segura que solía ir a hacer ejercicio con regularidad, que iba al teatro, que iba a bailar, que leía libros o me permitía el capricho de una noche por semana en la librería, tomándome un café y leyendo algunas revistas. ¿No era así?" Y después piensa: "Pero ¿quién tiene tiempo? Ahora tengo que hacer compras para la cena, ir a la lavandería, llenar esos largos formularios para la escuela, redactar un memorando, doblar un montón de ropa, devolver algunas llamadas… " La crianza ha inundado su "tiempo personal".

¿Cómo puedo detener el flujo de responsabilidades sin fin que me toman todo el día? No puedo hacer que el día tenga veinticinco horas en lugar de veinticuatro. ¡Estoy exhausta! ¿Quién tiene el tiempo o la energía para una afición?

Si siente que la vida es un torrente interminable de tareas, entonces está destinando demasiadas horas de su vida diaria a actividades que le disgustan. Para cambiar esa situación, precise cómo está invirtiendo su tiempo y cuáles de esas tareas que le toman tanto tiempo detesta más. Después, busque alternativas para hacer esas horrorosas tareas, si es que realmente tiene que hacerlas.

¡No es misión imposible! Vamos a indicarle paso a paso unos cuantos ejercicios para ayudarle a entenderlo. Después le ayudaremos a evaluar el costo en términos de tiempo que le significan los planes de actividades de sus hijos, y posteriormente pasaremos a ver cómo evitar que las interrupciones la descarrilen. Una advertencia, sin embargo: su vida de madre se está desbordando porque usted no ha construido diques. Deja que la sobrepase por una compleja perspectiva social que presiona a los padres (especialmente a las madres) a que crean que si todo lo relacionado con la familia no es prioridad número uno, son egoístas e ingratos. Ego no es una mala palabra, pero se le ha dado una mala connotación. Si actúa con su ego en mente, es egoísta. Si considera sus propios sentimientos al tomar una decisión, es egocéntrica. Ensayemos otras palabras nuevas: consciente de sí mismo. ¿Es algo tan malo?

Cómo hacer para que su "ego" tome conciencia

Si su objetivo es convertirse en un manojo de resentimientos, por supuesto, siga dedicando la mayor parte de su tiempo a las tareas domésticas. Pero si sueña con tener más tiempo para usted y su familia, debe tener como prioridad dedicar más tiempo a sí misma. ¿Recuerda quién era antes de ser mamá? ¿Cómo ha cambiado esa persona, usted, durante la crianza? Recuerde que un día sus hijos se alejarán del nido y cuando eso ocurra, usted se quedará sola con usted misma. Si se ha perdido en el camino, ¿dónde quedará?

A medida que sus hijos crecen, el ser padres pasa de ser una tarea física a ser una tarea intelectual y emocional. Cuando sus hijos puedan alimentarse solos, bañarse solos e irse solos a la escuela, entonces usted tendrá algunas opciones. Puede aprovechar esas horas haciendo cosas para usted como salir con sus amistades, o puede seguir haciendo cosas para sus hijos.

Una vieja amiga me llamó el otro día y me dijo que quería que la acompañara a Nuevo México a un taller de escritura creativa de dos días. Un escritor famoso iba a enseñar. Mi amiga me lo describió como una experiencia única en la vida. Me siento tan frustrada de haber tenido que decir que no. Mi hija se va a trasladar de apartamento este fin de semana, y sé que si no voy a ayudarle a limpiar su apartamento, lo que en realidad quiere decir limpiárselo, no le van a devolver el depósito que pagó al tomarlo en arriendo. Las mamás de sus compañeras de apartamento estarán presentes también. Además, ella no tiene automóvil y le prometí llevarla a hacer compras para su nuevo apartamento. Con un horario de clases tan pesado en la universidad, ella no tiene tiempo de hacerlo. Dicen que cuando los hijos se van de la casa, uno recupera su vida. ¡Qué chiste! Mi hija se fue a la universidad hace dos años y yo sigo limpiando, haciendo compras y rechazando oportunidades únicas en la vida. Pero ¿qué puedo hacer? Ella necesita el dinero y tiene que comer. Me sentiría tan culpable si la dejara varada así.

Si usted comienza a recuperar el tiempo libre que se le va presentando a medida que sus hijos crecen y se lo dedica a usted misma, descubrirá cosas asombrosas y emancipadoras sobre sí misma, sobre su mundo y hasta sobre sus hijos.

Cómo alimentar su "yo"

Tal vez esté pensando: "Ajá, ¡este sí es un tema que no me genera culpa! Yo sí me estoy dedicando tiempo a mí misma. El mes pasado fui de compras. Dos meses antes, me mandé hacer un masaje. Por lo menos una vez por semana, tomo un baño a la luz de las velas". Sí, consentirse es un paso en la dirección correcta, pero es sólo un paso. ¿Cuántas horas ha gastado esta semana en una actividad que le encante, que no se relacione con la maternidad? ¿Y ayer? ¿Y hoy? Dedicarse tiempo a sí misma significa más que escaparse y permitirse algunos placeres simples. Usted tiene el derecho de vestirse, lo cual requiere hacer compras. Tiene el derecho de hacerse sacar los nudos de la espalda. Ciertamente tiene el derecho a bañarse, especialmente de una manera que la relaje. ¿Pero qué ha hecho para sí misma últimamente que la haya enriquecido, una actividad que la haya dejado apasionada y viva? Sí, nos referimos a las aficiones y los intereses. ¡Priorizarlos es vital! Las horas que invierte en esas actividades enriquecedoras evitan que el río de su maternidad erosione accidentalmente las orillas de su vida.

Probemos otra palabra: dar. ¡Caramba, cuánto damos nosotras las madres! Damos tiempo, bienestar, apoyo, dinero, y hasta parte de nuestro ser físico a la familia. Damos sin dudar. ¿Por qué, entonces, nos detenemos con un chirrido cuando se trata de darnos algo a nosotras mismas? ¿Podría ser que el Remordimiento Materno nos hace creer que el tiempo que nos dedicamos a nosotras mismas es tiempo que le quitamos a otro miembro de la familia? Pero, ¡oiga! ¿Acaso nosotras no somos también miembros de nuestras familias?

El Remordimiento Materno se acabará si recuerda que la crianza acertada implica que usted se cuide en todas las formas que lo requiera su "yo". Al hacerlo les estará demostrando a sus hijos que cuando llegue la hora de criar a sus propias familias, no tendrán que sacrificar las mejores partes de sí mismos para ser buenos padres. Cuando mire hacia el futuro y divise el panorama general, y no esté demasiado preocupada por el aquí y el ahora (principio No. 3 libre de Remordimiento Materno), ¿ve a sus hijos adultos viviendo vidas felices y realizadas? ¿O los ve como padres agobiados, abrumados por sus responsabilidades, soñando con un alivio y que apenas si se recuerdan a sí mismos como aquellos niños despreocupados a quienes usted les dio tanto, y por quienes renunció a tanto? Si usted no les muestra la vía hacia la felicidad adulta a través de su propia vida y no les enseña a convertirse en esas personas encantadas y encantadoras que usted imagina, ¿quién lo hará? Adelante, entonces. Priorice disfrutar la vida sin remordimiento. Es una de las mejores decisiones relacionadas con la crianza que pueda tomar. Y, quién sabe, tal vez estará induciendo a sus hijos a actividades que podrían convertirse en grandes pasiones en sus vidas, como lo descubrió Aviva Pflock, una de las autoras:

Cuando mis hijos tenían dos y cuatro años de edad, mi familia y yo nos trasladamos a una nueva comunidad, donde descubrí una agrupación musical que se presentaba en público. Ingresé a ella y me encantó subir al escenario otra vez, algo que no había hecho desde que comencé a criar a mis hijos. No me había dado cuenta de que me hacía tanta falta. Me resultaba difícil dejar a mi familia todos los martes por la noche para ir a los ensayos y la semana antes de los estrenos era peor; estaba por fuera todas las noches hasta la media noche o aún más tarde. Durante la primera temporada, a menudo salía de casa con un niño o dos llorando y mi esposo preguntándose por qué había acordado apoyarme en esto. Pero cuando llegaba al teatro, sin embargo, me sentía llena de una nueva energía que me hacía sentir tan llena, que sabía que había tomado la decisión acertada. Los niños se acostumbraron al horario y mi esposo pudo ser padre en solitario con regularidad, un logro que lo hacía sentirse orgulloso. Yo tuve el cuidado de no perder la perspectiva; reduje el impacto para mi familia limitando mi participación a dos espectáculos por año.

Tras algunos años, mi esposo ingresó en una liga de fútbol los martes por la noche, algo que había hecho cuando estaba creciendo pero a lo que también había renunciado en años recientes. Contratamos a una niñera para los martes por la noche. Cuando nació nuestro tercer hijo, seguimos con nuestras aficiones. Llevaba a mi recién nacido a los ensayos, pero cuando cumplió los tres meses comencé a dejarlo en casa para que su papá pudiera disfrutar de él algunas noches. Durante la semana de ensayos generales, mi esposo llevaba al bebé al teatro para que lo amamantara. El bebé es ahora un alumno preescolar que canta y baila y que hasta ha ganado su primer concurso de baile. Mis dos hijas también se han contagiado de la fiebre de la actuación y participan regularmente en un grupo regional de teatro infantil.

La realización personal nutre a una mamá cansada. Si usted se siente plena y satisfecha personalmente, descubrirá que ya no tiene espacio para sentirse culpable. No permita que el Remordimiento Materno le haga temer que disfrutar de su afición va a generar conflictos de agenda irresolubles con las necesidades y actividades de sus hijos. ¿Van a crecer odiándola por haberse perdido de uno que otro partido de fútbol o por haberlos dejado una vez por semana con una niñera? ¡No! Usted no se perderá de los acontecimientos realmente importantes, como obras teatrales, torneos y concursos, pues asistir a tales eventos siempre será prioritario en su vida y querrá compartirlos y disfrutarlos con ellos. Ellos lo saben y continuarán sabiéndolo al ver cómo usted sigue dándoles la prioridad aunque la vean pasar algunas horas concentrada en sus propias necesidades. Lo más importante es que a sus hijos les conviene percibirla como una persona completa y no sólo como su mamá, chofer, doméstica y cocinera. Déles la oportunidad de animarla esta vez, es una experiencia que disfrutarán. La verán radiante de orgullo cuando logre algo para lo cual ha trabajado duro y aprenderán que los adultos deben alcanzar un equilibrio entre el trabajo, la propia persona y la familia para vivir más felices.

Así que, ahora mismo, queremos que vaya a buscar papel y bolígrafo. La próxima sección la guiará paso a paso por unos formularios diseñados para ayudarla a volverse más consciente de sí misma.

EJERCICIO: Actividades que me encantan

Redacte una lista de por lo menos cincuenta actividades que le encantan en su vida. Cuide que las actividades relacionadas con la crianza no sobrepasen la mitad de su lista; pero aparte de eso, pueden ser actividades que realiza diariamente o que ha realizado sólo una vez en su vida. Sea precisa. Describa en detalle por qué le encanta esa actividad. Si le encantan las manualidades, escriba: "escoger un diseño básico y usar mi propia creatividad para transformarlo en algo bello y completamente mío". ¿Comprende? No pare antes de llegar a las cincuenta. Si encuentra que se le ocurren cincuenta fácilmente, añada otras. Si comienzan a faltarle antes de llegar a las cincuenta, haga una pausa, piénselo, y después vuelva a la lista. Es importante que continúe hasta que vea que la única manera de añadir otra actividad sería repetirse.

Ahora, examine la lista y busque patrones. Junte las actividades según los patrones que identifique y después priorícelas según lo que le gustaría hacer, lo que puede hacer y lo que sueña con hacer. Comprométase a tratar de intentar participar en por lo menos una actividad de la lista este mes, aunque sea dar un pequeño paso para lograrlo. Por ejemplo, si le encantan leer, escribir, la poesía y todas las cosas que tienen que ver con las palabras, puede incorporarse a (o fundar) un club de lectores o de escritores que se reúna una vez al mes. Hasta los padres más ocupados normalmente pueden disponer de algunas horas al mes. Aun ese paso de fijarse como prioridad una actividad mensual le ayudará a aprender a incluirse a sí misma en todas las cosas que esté tratando de equilibrar. Pronto estará abordando el siguiente punto en su lista.

EJERCICIO: Imagínese más libre

Ponga un cronómetro por quince minutos. En la parte superior de una hoja de papel en blanco escriba las siguientes palabras: "Siempre me ha parecido que sería divertido...".

Ahora complete la frase de todas las formas que pueda. No piense. No cuestione. No reflexione. Sólo escriba.

También puede usar las palabras "Siempre he querido..." o "Siempre he soñado con...".

Ahora visualícese a sí misma realizando cada una de esas actividades. Puede hacerlo mientras lava los trastos o cualquier otra actividad mecánica. Piense en cómo se siente al realizar cualquiera de esas cosas. Permítase sonreír mientras lo hace.

EJERCICIO: Recuerde sus propios objetivos

Escriba las respuestas a las siguientes preguntas:

1. Antes de ser madre, ¿qué clase de logros soñaba con alcanzar?
2. Si el tiempo y el dinero no importaran, ¿qué haría para poder disfrutar algunos de los puntos de la lista anterior?

   Por ejemplo, si aspiraba a ser actriz podría presentarse a una prueba para una obra teatral local, y una amiga podría cuidar a sus hijos durante la audición. Si le dieran el papel, ya vería entonces cómo organizar el cuidado de los niños. Muchas de las personas que participan en grupos teatrales regionales son padres. Ellos podrían aportarle muchas sugerencias sobre cómo equilibrar los ensayos con las cenas en casa.

Buscar el tiempo

Ahora que se ha redescubierto como adulto feliz y despreocupado y que ha identificado por lo menos una afición a la que le gustaría dedicarse, es hora de encontrar el tiempo. Más adelante le ofrecemos unas hojas de trabajo para ayudarle a identificar aquellas cosas en su vida que realmente no le gustan y cómo puede reducirlas o hasta deshacerse de ellas completamente.

EJERCICIO: Actividades sin las cuales me encantaría vivir

Este es el mismo ejercicio que "Cincuenta actividades que me encantan", pero esta vez concéntrese en aquellas actividades que no disfruta. Una vez más, precise la parte de la actividad que le disgusta. Por ejemplo, en lugar de escribir "la ropa", escriba "los quince minutos que me toma recoger la ropa sucia de todos por toda la casa porque no se toman el trabajo de usar la cesta".

Esta lista puede relacionarse con cualquier área de su vida: las tareas domésticas, las llamadas telefónicas de amigos exigentes, tareas en la oficina, actividades de voluntariado, para mencionar algunas. La gama de sentimientos que le producen esas actividades puede abarcar desde el pavor absoluto (hacer llamadas relacionadas con el trabajo voluntario) hasta el disgusto moderado (arrancar la maleza).

Una vez más, examine la lista para descubrir patrones. Es probable que encuentre que ciertos tipos de tareas, o hasta categorías enteras, se repiten. ¿Qué áreas de su vida la desagradan más? ¿Parece aceptar siempre trabajos que odia? ¿Pasa horas apoyando a una amiga necesitada que parece ir de una crisis a otra arrastrándola a usted? ¿Es el mantenimiento diario (los trastos, el conducir diariamente, la ropa y el empacar almuerzos) lo que más le fastidia? Los patrones le indican las áreas principales de su vida a las que debe poner límites. Una vez que haya identificado esas áreas, comience a pensar cómo deshacerse de esas tareas desagradables. ¿Puede simplemente dejar de hacerlas, renunciar a un comité, negarse a participar en el próximo? ¿Puede contratar ayuda, un servicio de limpieza, o a un niño vecino como ayudante?

Pídales a sus amigas que le ayuden a pensar en alternativas. Si se le dificulta encontrar los patrones, pídales a sus amigas que lean la lista con usted y le ayuden a encontrarlos, pues están ahí. ¡Haga una lluvia de ideas! No rechace automáticamente cada posible solución. ¡Prometa que va a probarlas! A veces las soluciones más simples son las que más nos cuesta trabajo encontrar a nosotros mismos. Esté dispuesta a hacer lo que sea necesario para cambiar la situación cada vez que sea posible. Si asume tal actitud, ¿cómo no van a cambiar las cosas?

EJERCICIO: ¿A dónde se fue el tiempo?

Haga una lista de las actividades normales de un día y la hora en que las realiza. Después, califique sus sentimientos frente a cada una de ellas. Una calificación de 1 significa que disfruta poco de esa actividad y 5 significa que esa actividad le brinda un alto nivel de satisfacción personal. Use más de una hoja de trabajo si su rutina diaria varía de manera significativa de un día al otro.

Hora	Actividad	Cuánto disfruta
	Despertarse	1 2 3 4 5
		1 2 3 4 5
		1 2 3 4 5
		1 2 3 4 5
		1 2 3 4 5
		1 2 3 4 5
		1 2 3 4 5
		1 2 3 4 5
		1 2 3 4 5
		1 2 3 4 5
		1 2 3 4 5
		1 2 3 4 5
		1 2 3 4 5
		1 2 3 4 5
	Dormir	1 2 3 4 5

Revise su hoja de trabajo. Entre las actividades con la calificación más baja, ¿cuáles las pueden ejecutar otras personas (incluidos sus hijos) o se pueden eliminar completamente? ¿Cuáles tiene que realizarlas usted y solamente usted? Al revisar esas "imprescindibles", ¿qué se puede hacer para ayudarle a subir la calificación? ¿Puede reducir su frecuencia, su duración, o volverla más agradable de alguna manera? ¿Puede ejecutar la tarea con sus chicos mientras escuchan música divertida o intercambian chistes? ¿Puede ponerse audífonos y ejecutar la tarea mientras escucha una cinta de comedia o un libro en audio? Eliminar las tareas que detesta y pensar en formas de volver más agradables las que no puede eliminar es una destreza crítica de la filosofía libre de Remordimiento Materno. Entre más aprenda a concentrarse en realizar aquellas actividades que disfruta, mayor el gozo que experimentará en su vida diaria y mayor el enriquecimiento para su vida familiar. Las personas felices atraen la felicidad. Hay que hacer las cosas fastidiosas de la vida, pero no deben convertirse en el eje de su vida, ni en un sacrificio. Una vez que usted tome conciencia de sí misma, tomará conciencia de los cambios positivos que ocurren como resultado de su actitud positiva.

El manejo de la agenda de sus chicos

Cualquier discusión sobre el equilibrio entre las necesidades de la crianza y el tiempo personal debe incluir una revisión de la agenda de sus hijos. El niño en edad escolar sobrecargado de actividades es un fenómeno bien documentado. Si todo momento libre lo utiliza llevando y trayendo a sus hijos de una actividad a otra, ¿cómo puede lograr un equilibrio, ya sea para usted o para ellos?

Vamos a fijar algunos parámetros simples en cuanto a lo que nos parece razonable como agenda infantil. Lo ideal es que un niño no participe en más de dos actividades extracurriculares. Esto incluye actividades religiosas (tales como escuela dominical, grupos juveniles, catecismo, etcétera). Decimos que es "lo ideal" porque sabemos que algunos deportes requieren de varias noches por semana para las prácticas y un par de noches por semana para los partidos. Lo que recomendamos es ponerle un límite al niño de un deporte por temporada (revise el Capítulo 14 para tener mayor información). Por ahora, le ofrecemos el siguiente punto de referencia: si entre los deberes escolares, la escuela, los deportes y otras actividades extracurriculares, su hijo no duerme por lo menos diez horas por noche, seis días por semana, está demasiado ocupado. Muchos niños en edad escolar siguen necesitando doce horas de sueño cada noche. Sus hijos pueden estar acostumbrados a menos tiempo de sueño, pero eso no significa que deban hacerlo. Sus cuerpos aún están creciendo, sus vidas a menudo son estresantes y sus mentes necesitan descansar (ver "Ideas para los períodos de juego no programados" más adelante).

Entonces, si usted tiene hijos que se levantan antes de las 7 de la mañana para ir al colegio, corren de aquí para allá participando en actividades cuando salen del colegio, cenan y después hacen por lo menos una hora de tareas cada noche, sus hijos tienen jornadas de trabajo de doce horas. Piense en lo cansado que se siente un adulto que tiene jornadas de trabajo de doce horas en la oficina con regularidad. Piense en lo gruñona que se pone cualquier persona cansada, adulto o niño. Ahora imagínese a todos ustedes juntos en el auto. Se vuelve evidente que hay que decidir en cuántas actividades extracurriculares deben participar sus hijos.

¿Indecisa sobre si debe ponerle un límite a las actividades de su hijo? ¿Siente algo de Remordimiento Materno porque puede estar impidiendo que los chicos hagan lo que quieren hacer? Cuando ponemos un límite a las actividades de nuestros hijos, les estamos enseñando a priorizar las cosas que disfrutan y realmente quieren tener en sus vidas por encima de cosas que creen que quieren hacer sólo porque sus amigos las hacen. Es un maravilloso paso hacia la autorrealización y la independencia. El dividendo adicional es que usted no pasará todo su tiempo siendo una mamá móvil que descuida sus propias aficiones y además que se siente culpable.

CONSEJO ÚTIL

Ideas para los períodos de juego no programados

Los niños de todas las edades necesitan tiempo no programado en sus vidas. Esto es extremadamente importante desde el punto de vista del desarrollo. El tiempo de juego no programado les permite a los niños asimilar todas las nuevas cosas que enfrentan constantemente. Con un enfoque de aprendizaje para la vida, les enseña a los niños a entretenerse solos y a fijar prioridades para su tiempo personal. Si están entre amigos, el tiempo de juego no programado le permite al grupo aprender y practicar sus destrezas sociales. Hasta un bebé recién nacido necesita tiempo solo para admirar con asombro sus deditos de las manos y de los pies. Es así que aprendemos a movernos en nuestro propio espacio en este mundo. La filosofía libre de Remordimiento Materno reconoce que cuando sus niños se entretienen ellos mismos, usted está libre para disfrutar de sus propias distracciones o para avanzar con su lista de tareas. Ensaye algunos de estos métodos para promover el tiempo de juego no programado en diferentes etapas y al mismo tiempo evitar el síndrome del aburrimiento.

EDAD	ACTIVIDAD
Recién nacido	Tiempo boca arriba o boca abajo para observar un gimnasio de bebé o un libro de cartón lleno de colores.
1-3 años	Un cajón especial en la cocina accesible a su pequeño, con muchos recipientes plásticos y utensilios de madera.
4-6 años	Una alfombrilla para actividades (mantel plástico forrado por detrás con franela) tirada en el suelo para que los niños puedan colorear, pintar, jugar con plastilina y hasta practicar el uso de las tijeras (especiales para niños, desde luego) sin su ayuda.
7-11 años	¡Manualidades! Desde los juegos con cuentas hasta pinturas y pegantes en un entorno fácil de limpiar. Si se les pide que limpien antes de terminar, practican también su habilidad para limpiar.
12 años o mayor	Libros, revistas, rompecabezas. Mantenga una buena selección en la casa. Tam-

	bién, simplemente estar con amigos o escuchar música, o ambas cosas.
Todas las edades	Los juegos de computador pueden ser una excelente fuente de actividades para los niños, siempre y cuando usted fije límites al tiempo que pasan jugando y se asegure que no tengan acceso a archivos importantes o inadecuados.

Cómo detener la locura de las interrupciones

Bien, usted ha coordinado la agenda de sus hijos y la suya propia, y está lista para, espere un momento… Oigo un niño llorando abajo… Está bien, entonces está lista para, espere otro momento, tengo que cambiar ese pañal sucio, comenzar a hacer cosas más divertidas. Pero no acabo de comenzar, espere, otra vez… ¿qué? "¿Necesitas que te traiga un vaso de jugo? Ya voy", y entonces tiene que parar. ¿Dónde está usted? ¿Qué estaba a punto de hacer? ¿Terminar una tarea? Caramba, ¡ya ni siquiera termina un pensamiento! Los niños han desarrollado un radar para detectar a la mamá ocupada. Apenas está usted hablando por teléfono o absorta en alguna actividad, salen de todos los rincones de la casa queriendo una charla con usted.

Desgraciadamente, no existe una varita mágica que usted pueda agitar sobre su casa y eliminar las interrupciones completamente. Son parte del mismo ritual de la crianza como el viaje a las dos de la mañana a la fiesta de pijamas a recoger al chico que quiere volver a casa. Simplemente no se puede hacer caso omiso de un bebé con el pañal sucio o de un pequeño parado sobre el refrigerador. Pero sí es posible reducir el número y la frecuencia de las interrupciones y le explicaremos cómo.

Reducir las interrupciones requiere de acción por parte suya. Adviértale a su familia que las interrupciones son apropiadas en caso de necesidad urgente y después, defina lo que es urgente. Lo

que es urgente para sus hijos puede no serlo para usted. Explíqueles a sus hijos que usted les pide que esperen a su lado pacientemente mientras usted esté hablando por teléfono, absorta en alguna tarea o hablando con otra persona. Hágales saber que usted les
dará su entera atención al final. Haga su parte reconociendo la
presencia de su hija inmediatamente pero brevemente (la señal
con el dedo índice que dice "espera un momento" basta) y no la
haga esperar demasiado tiempo antes de atenderla. Dos minutos
pueden parecerle una eternidad a una niña pequeña. En el caso de
los niños mayores, el registrar su presencia puede hacerse con una
breve explicación de cuánto tiempo espera estar ocupada y que
usted es consciente de que la necesitan. Dígales que estará con
ellos apenas se desocupe. El problema es que va a tener que acordarse de lo que querían y asegurarse de llevarlo a cabo.

Pero ¿qué pasa si sus hijos no esperan? Entonces usted no
tiene que responderles. Puede salir de la habitación, sacarlos de la
habitación o no tenerlos en cuenta hasta que respeten el programa
prescrito. Si usted sigue el plan, entonces sus hijos pueden inte-
rrumpirle pero lo harán con cortesía, una vez que usted termine
su tarea, su idea o su frase.

Una vez que les haya enseñado a llamar su atención
educadamente, puede comenzar a enseñarles alternativas a la inte-
rrupción. Como vimos en el Capítulo 8 y en otros acápites, su
objetivo final es que aprendan a cuidar de sí mismos. Para lograrlo, debe enseñarles a asumir una parte creciente de las responsabilidades.

Yo tenía una lista kilométrica de cosas qué hacer y como había planeado una serie de actividades divertidas para el domingo, había pensado dedicar el sábado para terminar mi
lista y disfrutar el resto del fin de semana. Cada uno de mis
chicos tenía sus propias tareas de limpieza. La mayor terminó sus tareas como una bala y entró a toda prisa en la cocina
a preguntarme si podíamos hacer algo divertido el resto del
día, como ir a cine. Le dije que no. Le expliqué lo que pensaba hacer ese día y percibí que se estaba preparando una pelea.
¡Ella había terminado sus tareas! ¿Por qué no podía divertirse

ahora? Entonces decidí darle la vuelta a la situación. En lugar
de pelear o dejar que me interrumpiera todo el día con sus
quejas, o tener que interrumpir llevándola y trayéndola de
las casas de sus amigos, le describí mi larga lista de cosas qué
hacer. Le dije que si ella y su hermana podían preparar un
plan que nos permitiera terminar la lista a tiempo para el
cine, seguiríamos ese plan e iríamos a cine. Aceptaron el reto
y elaboraron un plan en que asumían más tareas de las que yo
les había asignado originalmente, por lo que pudieron terminar la lista más rápidamente. Se sintieron reconocidas y al
mismo tiempo aprendieron, de primera mano, mis razones
para oponerme a sus interrupciones.

Para asumir otros papeles, otras prioridades

Cerramos este capítulo con un consejo más para evitar un río des-
bordado de tareas domésticas. Usted es más que madre. Es también amiga, hija de sus propios padres, tal vez también hermana o
prima. Esas relaciones deben nutrirla y sostenerla. Si la relación
con otro adulto se ha convertido en otra tarea que tiene que afrontar, es hora de repensar cómo está pasando su tiempo.

La filosofía libre de Remordimiento Materno le permite fijar
prioridades y límites frente a las actividades o a las personas que la
agobian. Si no tiene sino una cantidad limitada de tiempo para
dedicarles a los demás y a usted misma, no es un crimen asegurarse de que ese tiempo esté bien invertido. Sólo porque alguien dice
que tiene derecho a que usted le dedique tiempo no quiere decir
que lo merezca, si eso implica un sacrificio para usted o su familia.
Los seguidores de la filosofía libre de Remordimiento Materno
ponen límites al tiempo que dedican a las relaciones que los des-
gastan.

CAPÍTULO 18

El placer libre de remordimiento y el tiempo con su cónyuge

En el primer capítulo le prometimos ayudarle a ponerle prioridades a su lista de cosas qué hacer y hemos sido fieles a lo prometido. Lo hacemos una vez más. Si usted es casada, es hora de pensar en cómo encaja su esposo en su nueva filosofía libre de Remordimiento Materno. Una relación fuerte con su esposo debe ser su segunda prioridad, tras el cuidado que se debe a sí misma. Cuando su matrimonio pasa por dificultades, toda su familia está en riesgo.

Una importante fuente de sentimientos de culpa

Es difícil resolver cómo, cuándo y dónde encontrar suficiente tiempo para su matrimonio. Más de la mitad de nuestros encuestados identificó como tema que les genera culpa encontrar el tiempo para dedicarlo a sus cónyuges. Una tercera parte llegó hasta identificarlo como el tema que les genera el nivel más alto de culpa.

Esta situación es comprensible. Las parejas se convierten en familias en cuestión de horas. Los primeros meses son agotadores, y ellas tienen que aprender a usar la poca energía que les queda disfrutando a su nuevo hijo o atendiendo a responsabilidades relacionadas con el hogar o el trabajo. Eso está bien, y ciertamente se requiere un período de ajustes. El peligro se presenta cuando ese período de ajustes se convierte en una costumbre permanente.

Los principios fundamentales que se aplican a la filosofía libre de Remordimiento Materno se aplican también a ser Libre de Remordimiento Conyugal.

Los siete principios de la filosofía libre de Remordimiento Conyugal

1. Aprenda cuándo renunciar y cuándo insistir.

2. El matrimonio puede no ser un deporte de competencia, pero el período de noviazgo ciertamente lo fue.

3. Mire hacia el futuro, hasta que la muerte nos separe es mucho tiempo.

4. Viva el momento, sea espontánea.

5. Diga sí, sí, ¡oh, sí!

6. Ríase mucho; así habrá menos tiempo para pelear.

7. Asegúrese de reservar tiempo para estar juntos, solos, como pareja.

Principio No. 1 libre de Remordimiento Conyugal: Aprenda cuándo renunciar y cuando insistir

Hemos hablado mucho en este libro de renunciar a ciertas cosas. Sin embargo, le advertimos que "renunciar" no quiere decir que no le importe. Que nuestras familias nos amen incondicionalmente no quiere decir que no debamos darles lo mejor de nosotros. Esto es aún más cierto cuando se trata de nuestros esposos. Desde nuestra actitud diaria hasta nuestra apariencia diaria, si le damos lo mejor que tenemos a nuestro cónyuge, toda la familia se enriquece. Vaya a su armario. ¡De verdad, vaya! ¿Está lleno de camisetas y sudaderas? ¿Todo tiene manchas? ¿Faltan botones? ¿Hay hebras colgando? Vernos bien nos ayuda a sentirnos a gusto con nosotros mismos y también nos ayuda enormemente a fortalecer nuestra relación con nuestro cónyuge. No hay necesidad de salir a comprar todo un nuevo vestuario, simplemente desempólvele los hombros a esos vestidos que guarda para ocasiones especiales (que parecen haber desaparecido desde que nacieron los chicos). No, no estamos insistiendo en que salude a su esposo a su llegada cada noche con un vaso de vino, con un precioso vestido y un collar de perlas; pero una vez al mes no sería una mala idea. Vístase bien, haga que él quede deslumbrado por usted otra vez y disfrute de su reacción. ¡Puede hacer que una vieja mamá se sienta como una nueva mujer!

Principio No. 2 libre de Remordimiento Conyugal: El matrimonio puede no ser un deporte de competencia, pero el período de noviazgo ciertamente lo fue.

¿Recuerda su otra vida? Ya sabe a cuál nos referimos: a la era conocida comúnmente como A.N. Antes de los Niños, una fase de su vida en que hacía hasta lo imposible para verse bien, bailaba hasta la madrugada, coqueteaba y atraía la mirada de muchos hombres. Bueno, tal vez eso fue durante la era A.C Antes del Compromiso. Bien, sea cuando fuere, ¡fue divertido! Se sentía bien consigo misma y le encantaba la atención que le prestaban. ¿A quién no? Puede volver a sentirse así con su esposo y con su matrimonio. De verdad, ¡puede lograr esa satisfacción otra vez!

A las mujeres casadas, especialmente a las mamás, les hacen falta la pasión y el deseo que llenaban esos días de la era A.N. Las esposas tienen innumerables oportunidades de tratar a hombres que no son su marido. Reuniones profesionales, conexiones por Internet, viajes de negocios, hasta un viaje al supermercado representa una oportunidad, por lo que las mujeres que valoran su matrimonio pueden tener que trabajar un poco más duro hoy en día en caso de que surja el deseo de descarriarse. ¿Por qué no recordar todos esos viejos trucos de la época de las citas y aplicarlos con su marido? Ciertamente, hacer lo posible por parecer deseable es parte del proceso, pero desear a su hombre también lo es.

Demuéstrele un interés sincero en su vida. Escúchele hablar de su día de trabajo, sea su animadora en los partidos de fútbol o golf. Haláguelo otra vez como lo hacía antes de que fuera todo suyo y descubrirá que él va a comenzar a halagarla con mayor frecuencia. El interés mutuo en las vidas del uno y el otro es lo que mantiene encendida la llama. Una vez que las parejas se instalan en una relación cómoda, pueden olvidar fácilmente que sus cónyuges tienen atributos especiales que hacían que fueran atractivos. Haga un esfuerzo por sentirse asombrada por él otra vez.

Principio No. 3 libre de Remordimiento Conyugal: Mire hacia el futuro, hasta que la muerte nos separe es mucho tiempo

Algunas mamás equiparan pasar tiempo con su cónyuge con una inversión de energía en el cuidado de otro ser humano más. ¿Juró amar, alimentar y limpiar? Es probable que no. Sabemos que siempre tiene en mente las exigencias de manejar el hogar, por lo que le advertimos no confundir el compromiso conyugal con el que hizo cuando se convirtió en mamá. Alimentar y vestir a sus hijos son maneras seguras de amarlos y protegerlos. Pero cuando se trata de amar y proteger a su marido, marca más puntos si ofrece darle un masaje que si ofrece cortarle la comida. También vale recordar que sus hijos van a crecer y a irse de la casa. Su marido no.

Todas las relaciones evolucionan con el tiempo. Algunas requieren grandes esfuerzos al principio y después se vuelven más fáciles (con sus hijos), otras terminan rápidamente (con su antiguo jefe) y una tiene que ser constantemente realimentada para que dure (con su esposo). Sin embargo, la realimentación no es responsabilidad suya únicamente. Una relación requiere que ambos trabajen juntos, así que no tema pedirle a su esposo que contribuya.

Yo había pasado días organizando el cuidado de los niños, transporte, reservaciones de hotel y entradas para el teatro para una escapada de dos días con mi esposo. Y entonces vino el golpe: mi hijo de tres años llegó del jardín infantil cubierto de manchas. Tres niños, todos ellos con varicela, uno tras otro. La familia permaneció secuestrada durante seis semanas. La epidemia hizo que tuviéramos que cancelar ese fin de semana que tanto deseábamos. Cuando por fin los chicos volvieron al colegio, le dije a mi esposo que estaba demasiado agotada para pensar en ir a cualquier lugar que no fuera a la cama, sola. Que si él quería hacer los arreglos para nuestra escapada, yo iría. ¡Y él lo hizo! Llevó a los chicos a casa de amigos a pasar el fin de semana y nosotros salimos de la ciudad. El primer día dormí, leí un libro y descansé mientras él salió a navegar. Al día siguiente fuimos juntos a comprar antigüedades. Había olvidado lo maravilloso que es ser pareja, y esas valiosas horas solos fueron gloriosas.

Principio No. 4 libre de Remordimiento Conyugal: Viva el momento, sea espontánea

Aproveche cualquier oportunidad para reconectarse con él. Póngale una nota de amor en el maletín. Esconda un camisón de dormir sexy en su auto antes de que él se vaya a trabajar para poner una sonrisa en sus labios durante todo el día. Si la hora pico de la tarde es demasiado ajetreada, intente hacerle una llamada diaria. Puede ser una llamada rápida, sólo para decirle que lo ama. ¿Tiene más tiempo? Convierta la llamada en sexo telefónico. No sólo lo sorprenderá sino que le alegrará el día, y un esposo feliz es un padre feliz. Llegará a casa con ganas de ayudar a darles la cena y acostar a los chicos para que ustedes dos puedan estar solos.

Tras quince años de matrimonio, todavía hablamos por teléfono cada día. A lo largo de los años hemos aprendido que las mañanas nunca son un buen momento, que las tardes no son confiables, ambos podemos estar sintiéndonos cansados y de mal humor, pero al medio día es el momento perfecto para un breve y refrescante "te amo". Gracias a los teléfonos y a los celulares, podemos actuar para hacer realidad nuestro impulso cada vez que surja, y surge todos los días.

Principio No. 5 libre de Remordimiento Conyugal: Diga sí, sí, ¡oh, sí!

A no ser que un médico se lo haya desaconsejado, ¡hágalo! ¿No tiene ganas? ¿Y qué? El sexo es vital para un matrimonio saludable. Busque el momento para tener relaciones sexuales: por las tardes, una ducha juntos mientras el bebé está sentado en su sillita en el dormitorio, una cita a media noche gracias a su despertador. ¡Vea lo silenciosos y creativos que pueden ser!

Si ve que con frecuencia pasa más de una semana sin que tenga relaciones sexuales con su esposo, es mejor que intente descubrir una manera de cambiar la situación. Puede pensar que la frase "Caballeros, ¡aceleren sus motores!" no es pertinente en su dormitorio, pero sí que lo es. Entre más frecuentemente aceleran los motores, más potente y duradera su fuerza.

Fuera de la procreación, el sexo tiene un propósito: ¡el placer! Es un placer al que usted y su esposo tienen derecho y la sensación de intimidad que resulta de él es un tesoro para los dos. Ambos trabajan duro en sus actividades, en su familia y en toda su existencia. Dése el regalo de relaciones sexuales frecuentes. ¿Con cuánta frecuencia? Digamos que debe acostumbrarse a decir sí y poder defender su no con argumentos mejores que "estoy demasiado cansada". Hacer el amor puede ser una maravillosa manera de relajarse tras un día agotador y después dormir tranquilamente toda la noche.

Principio No. 6 libre de Remordimiento Conyugal: Ríase mucho; así habrá menos tiempo para pelear

Como padres, tenemos muchos temas serios que enfrentar cada día. Puede requerir un pequeño esfuerzo adicional reírse juntos.

Sonríale a su esposo. A veces, la risa comienza así de sencillo. Si necesita hacer arrancar la risa con un poco más de fuerza, haga reservaciones en un espectáculo de comedia o vean juntos una película divertida. Compre un libro de chistes y tomen turnos para leérselo mutuamente. Esté atenta cada día a un acontecimiento divertido que ocurra, algo que hagan los chicos, o algo que vea en la tienda, y cuéntele estas anécdotas a su marido por la noche mientras beben café o los domingos por la mañana.

Al mismo tiempo, no interrumpa la diversión con asuntos del hogar. Aparte un determinado momento cada día o semana para una discusión de "negocios" en que se puede hablar sobre las cuentas, la visita al dentista, la reparación de electrodomésticos, etcétera. Así, no verá su valiosa sonrisa sumergida en una cantidad de temas hogareños fastidiosos aunque rutinarios.

Si ve que las peleas con frecuencia reducen el tiempo para sonreír juntos, elimínelas. ¿No lo cree posible? Intente lo siguiente:

Sharon, madre de gemelos pequeños y de una bebé recién nacida, ha designado el miércoles como el día de peleas. Cada vez que Sharon escucha que se avecina una pelea trivial, simplemente le recuerda a su esposo que ambos tienen las manos llenas con los chicos y el trabajo, entonces la pelea tendrá que esperar hasta el miércoles. La mejor parte es que para entonces el incidente a menudo habrá pasado al olvido.

Principio No. 7 libre de Remordimiento Conyugal: Asegúrese de reservar tiempo para estar juntos, solos, como pareja

En el Capítulo 11 le ofrecimos numerosas sugerencias sobre cómo permitirle a papá ser papá. Aquí queremos recordarle no confundir un papá con un marido. La manera más fácil de diferenciarlos es recordar cómo era cuando ustedes eran marido y mujer, antes de convertirse en mamá y papá, y fijar un tiempo específico para estar juntos como esas dos personas. El sexo es una manera, seguro, pero sólo porque ustedes son adultos no tienen que hacer siempre cosas adultas o ir a sitios adultos. Pase un día en el parque con su marido y sin los chicos. Trepen, mézanse, hagan un picnic, tomen la siesta bajo un gran árbol y tomen el sol juntos.

Intente dedicarse a una nueva afición, un nuevo deporte o actividad juntos. Una magnífica manera de añadirle risas a su matrimonio y a su tiempo juntos es ser principiantes en algo emocionante y nuevo. Vuelvan a vivir los días de su noviazgo también. Hagan caminatas o vayan a acampar juntos. Alquilen una película y quédense viéndola hasta tarde. Cocinen y disfruten una comida especial juntos (ver el ejercicio "Ponerle prioridades a su matrimonio").

EJERCICIO: Ponerle prioridades a su matrimonio

Saque su lápiz otra vez. Le recomendamos que revise sus respuestas a los ejercicios del último capítulo antes de proceder con éste. El propósito de este ejercicio es ayudarle a reconocer las prioridades que le fija a su matrimonio. Le animamos a hacer este ejercicio sola, hacer que su esposo lo haga y después compartir sus respuestas. Intente ser lo más precisa posible en sus respuestas. En lugar de escribir "ir a la playa", responda "hacer surf, picnics y recostarse en el sol en la playa". En lugar de "cocinaríamos juntos", escriba "revisaríamos libros de cocina, seleccionaríamos una comida, haríamos las compras juntos y después cocinaríamos".

Paso 1: Recordar

En una hoja en blanco, complete las siguientes frases:
1. Mi cónyuge y yo nunca nos hemos reído tanto como aquella vez que...
2. Antes de casarnos, nuestra cita típica era...
3. Mis actividades favoritas con mi cónyuge antes de tener hijos eran...

Paso 2: Imaginar

1. Si el tiempo y el momento no fueran obstáculos y supié-
   ramos que nuestros hijos están bien cuidados, es así que
   pasaría un fin de semana romántico ideal con mi cónyuge...
2. Mi cónyuge y yo siempre hemos hablado de hacer las siguientes cosas juntos...
3. Me gustaría que mi cónyuge y yo pasáramos más tiempo
   haciendo las siguientes cosas divertidas juntos...

Paso 3: Vuelta a la realidad

1. Desde que tuvimos el bebé (o los niños), la actividad más
   divertida que emprendemos juntos solos es...
2. La última vez que pasamos tres horas o más juntos solos
   y despiertos fue... La vez anterior a esa fue... La vez anterior a esa fue...
3. Con base en la pregunta anterior, tendemos a pasar tiempo juntos con la siguiente frecuencia:
4. Si nos dedicáramos juntos a una actividad descrita en
   el punto 1 ¿cuánto tiempo necesitaríamos para llegar
   a desarrollar esta actividad como una afición permanente?
5. ¿Cuáles son los factores que actualmente nos impiden
   dedicarnos a nuestras antiguas aficiones o a iniciar nuevas (finanzas, cuidado de los niños, horarios de trabajo,
   etcétera)?
6. ¿Qué podríamos hacer para mejorar o cambiar los factores de la lista anterior, por lo menos una vez?

Sea creativa en cuanto al No. 6. No se preocupe sobre
la factibilidad, simplemente lance algunas ideas. Por ejemplo, si el dinero es un impedimento, ¿hay alguna manera de
realizar una actividad similar en menor escala? En lugar de
comprar un yate, tal vez una cena en un crucero en un lago
cercano sería suficiente. En lugar de una velada en un restaurante de cinco estrellas, revise un libro de la biblioteca
con recetas de alta cocina y cocinen juntos en casa.

Sus hijos deben significar todo para usted, pero si su universo se centra en ellos y se aleja de su cónyuge, su matrimonio puede terminar en un hueco oscuro. Si le preocupa que su matrimonio se esté desviando hacia esa oscuridad, hágase algunas preguntas. Las respuestas pueden estar esperándole en el consultorio de un consejero matrimonial. Si tiene que ir, ¡vaya! El matrimonio requiere trabajo duro y a veces se nos agotan las herramientas para arreglar los huecos cuando los encontramos.

La filosofía libre de Remordimiento Materno anima a las mamás a tomar un pequeño paso hacia su hombre y un salto gigantesco por su relación. Ya sea que escoja una raqueta de tenis o un liguero, hacer que su matrimonio sea feliz es lo más importante.

CUARTA PARTE

Apéndices

Responda a la encuesta de Remordimiento Materno

Más de 1.300 padres y madres participaron en la encuesta de Remordimiento Materno antes de su publicación. Usted también puede participar. Responda a las preguntas ahora y después compare sus respuestas con los cuadros publicados al final de la encuesta.

Por favor cuéntenos algo sobre usted mismo llenando o señalando con un círculo la respuesta adecuada:

Pregunta 1: ¿Es usted madre o padre?

- Madre
- Padre

Pregunta 2: ¿Qué edad tiene?

- 18-24
- 25-29
- 30-34
- 35-39
- 40-44
- 45-49
- 50-55
- Más de 55

Pregunta 3: ¿Cuál es su estado civil?

* Casado/a
* En unión libre
* Divorciado/a
* Separado/a
* Soltero/a (nunca casado/a)
* Viudo/a

Pregunta 4: ¿Cuál es su situación laboral?

* Soy padre/madre en casa de tiempo completo
* Tengo un empleo de tiempo completo fuera del hogar
* Trabajo tiempo completo en mi oficina en casa
    (telemercadeo, independiente, etcétera)
* Trabajo tiempo parcial fuera del hogar (o en una ofici-
    na en casa)

Pregunta 5: ¿Cuántos hijos tiene (incluyendo hijastros)? _____

Pregunta 6: ¿En qué etapa están sus hijos (incluyendo hijastros)?

* Bebé
* Apenas camina
* Pre-escolar
* En edad escolar
* En edad de escuela intermedia
* En edad de bachillerato
* En edad de universidad o mayor

Pregunta 7: ¿Cuántos hijastros tiene? _____

Pregunta 8: ¿De qué sexo son sus hijos?

* Todos niños
* Todas niñas
* Niño(s) y niña(s)

Pregunta 9: En general, ¿qué tan feliz está usted con su vida?

* Muy feliz

* Casi siempre feliz
* Ni feliz ni infeliz
* Casi siempre infeliz (o decepcionado o frustrado, etcétera)
* Muy infeliz (o decepcionado o frustrado, etcétera)

Pregunta 10: Si padece de sentimientos de remordimiento, por favor díganos algo sobre ellos (si no los tiene, haga un círculo en la última respuesta). ¿Cuál de los siguientes temas relacionados con la crianza le ha generado remordimiento? (Haga un círculo en las respuestas pertinentes).

* Trabajar/enviar a mi(s) hijo(s) al jardín infantil en lugar de quedarme en casa
* Dejar de lado mi grado universitario o carrera para quedarme en casa con los niños
* Pasar demasiado tiempo en el trabajo
* Descuidar mi trabajo/salir del trabajo temprano para ocuparme de los asuntos relacionados con la crianza de los niños
* Gritar a mi(s) hijo(s)
* Los hábitos de sueño de mi(s) hijo(s) (dormir en su cama, permitir que lloren antes de dormirse)
* Los hábitos alimenticios de mi(s) hijo(s) (permitir comida chatarra durante la cena; falta de vegetales en la dieta; comer demasiado o no lo suficiente, etcétera).
* Mantenerme al día con las tareas domésticas/vivir en una casa desordenada
* Encontrar suficiente tiempo, después del cuidado de mi(s) hijo(s), para dedicar a mi cónyuge
* Dividir equitativamente mi tiempo, las tareas, los recursos financieros, etcétera, entre mis hijos
* Equilibrar una familia mixta que incluye a mis hijos e hijastros
* Temas relacionados con la escuela (seleccionar una escuela, seleccionar programas académicos, encontrar tiempo para trabajo voluntario en la escuela, etcétera).
* Temas relacionados con el deporte (encontrar tiempo para asistir a los partidos o al trabajo voluntario, "empujar"/"no empujar" al niño, etcétera).

* Temas relacionados con la crianza diferentes a los ya mencionados aquí.
* No es pertinente. Nunca he tenido sentimientos de remordimiento relacionados con la crianza

Pregunta 11: En una escala de 1 a 5 (en la que 1 representa ausencia de remordimiento y 5 representa un remordimiento severo), ¿cuál es el nivel máximo de remordimiento que usted siente normalmente? _____

Pregunta 12: ¿Con cuánta frecuencia se siente tan culpable?

* Constantemente
* Cada hora
* Diariamente
* Semanalmente
* Mensualmente
* Menos de una vez al mes
* No es pertinente. Nunca me siento culpable

Pregunta 13: ¿Qué situaciones le generan el mayor nivel de remordimiento? (Marque con un círculo las respuestas pertinentes. Si nunca siente remordimiento, marque con un círculo la última respuesta).

* Encontrar tiempo para pasar con su cónyuge
* Repartir equitativamente los recursos y el tiempo entre sus hijos
* Su decisión de trabajar fuera del hogar o de permanecer en casa
* Exigencias del trabajo fuera del hogar interfieren con la vida familiar
* Exigencias de la vida familiar interfieren con su trabajo
* Gritar a su(s) hijo(s)
* Los hábitos de sueño de su(s) hijo(s)
* Los hábitos alimenticios de su(s) hijo(s)
* Vivir en una casa desordenada
* Encontrar tiempo para asistir a los eventos deportivos o para hacer trabajo voluntario deportivo

* Encontrar tiempo para las actividades escolares de su(s) hijo(s) (trabajo voluntario o apoyo con los deberes escolares)
* Decisiones relacionadas con la ubicación de la escuela de su(s) hijo(s) o con los programas en que participan
* Presionar o no presionar a su hijo para que sobresalga en los deportes
* Otros temas relacionados con la crianza
* No es pertinente. Nunca me siento culpable

Pregunta 14: A medida que sus hijos crecen, ¿siente que aumenta la intensidad/la frecuencia de su remordimiento relacionado con la crianza? (Si nunca siente remordimiento, marque con un círculo la última respuesta)

* Sí, siento que aumenta
* No, siento que disminuye
* No, siento que se mantiene igual

Pregunta 15: Al pensar en su experiencia de padre o madre hasta la fecha, ¿en qué momento ha sido más frecuente o severo su remordimiento? (Si nunca siente remordimiento, marque con un círculo la última respuesta)

* Durante el embarazo
* Durante el primer año de vida
* Durante los años en que el niño aprendió a caminar
* Durante los años preescolares
* Durante los años de escuela primaria
* Durante los años del bachillerato
* Durante los años de universidad
* No es pertinente. Nunca me siento culpable

Pregunta 16: ¿De qué manera ser padre o madre de más de un hijo ha afectado sus sentimientos de remordimiento?

* Los ha aumentado
* Los ha disminuido
* No los ha afectado. (Si nunca se ha sentido culpable por

razones de su paternidad, seleccione esta respuesta).

* Yo tengo sólo un hijo

Pregunta 17: Por favor cuéntenos de usted como padre/madre ¿Cuánta ayuda recibe diariamente del otro padre de sus hijos con las tareas relacionadas con la crianza?

* Prácticamente ninguna
* Un poquito
* No la mitad, pero sí una buena contribución
* Él/ella hace la mitad
* Él/ella hace la mayoría
* Ninguna, el otro padre no participa activamente (no puede participar activamente) en la vida diaria de mi(s) hijo(s)

Pregunta 18: ¿Cuántas horas semanales pasa usted normalmente realizando tareas relacionadas con el cuidado de los hijos, incluido el trabajo doméstico rutinario (transportar a los chicos en automóvil, apoyo con los deberes escolares, preparar las comidas, lavar la ropa, hacer las compras, etcétera)?

* 0-6 horas (menos de una hora al día)
* 7-13 (por lo menos una hora, pero menos de dos horas, por día)
* 14-20 horas (por lo menos dos horas, pero menos de tres horas, al día)
* 21-27 (por lo menos tres horas, pero menos de cuatro horas, al día)
* 28 horas o más (dedico la mitad o más de mi día al cuidado de los niños)

Pregunta 19: Tomando en consideración tanto las tareas relacionadas con el cuidado de los niños (comidas, baños, ayuda con las tareas escolares) como las horas de diversión (conversar, jugar, supervisar los encuentros deportivos del

niño), ¿cuántas horas semanales en promedio pasa normalmente interactuando con su(s) hijo(s)?

- 0-6 horas (menos de una hora al día)
- 7-13 (por lo menos una hora, pero menos de dos horas,
  por día)
- 14-20 horas (por lo menos dos horas, pero menos de
  tres horas, al día)
- 21-27 (por lo menos tres horas, pero menos de cuatro
  horas, al día)
- 28 horas o más (paso la mitad o más de mi día
  interactuando)

Pregunta 20: ¿Viaja usted sola con sus hijos (sin su esposo u
otro adulto)?

- No, nunca
- Sí, pero rara vez
- Sí, con frecuencia
- Sí, siempre

Pregunta 21: ¿Con cuánta frecuencia ríen juntos sus hijos y
usted?

- A diario
- Unas cuantas veces por semana
- Casi nunca

Pregunta 22: ¿Con cuánta frecuencia pelean sus hijos y usted?

- A diario
- Unas cuantas veces por semana
- Casi nunca

Pregunta 23: ¿Cuál es el nivel más alto de educación que
usted ha alcanzado?

Ahora compare sus respuestas con los resultados generales
de la encuesta

Resultados de la encuesta de Remordimiento Materno

La encuesta de Remordimiento Materno les pidió a 1.306 encuestados nombrar los factores que les causan remordimiento relacionado con su papel de padres.

PREGUNTA	% DE ENCUESTADOS	OBSERVACIONES
1. ¿Es usted madre o padre?		
Madre	94%	
Padre	6%	
2. ¿Cuántos años tiene?		
18-24	7%	
25-29	17%	
30-34	27%	
35-39	22%	
40-44	13%	
45-49	6%	
50-55	4%	
Por encima de 55	4%	
3. ¿Cuál es su estado civil?		
Casada(o) / en unión libre	86%	
Divorciada(o)	6%	
Soltera(o) (nunca se ha casado)	5%	
Separada (o)	2%	
Viudo (a)	1%	
4. ¿Cuál es su situación laboral?		
Soy mamá/papá que tra-	44%	

PREGUNTA	% DE ENCUESTADOS	OBSERVACIONES
baja tiempo completo en el hogar.		
Tengo un trabajo de tiempo completo fuera del hogar.	29%	
Tengo un trabajo tiempo parcial fuera del hogar (o en una oficina en casa)	21%	
Trabajo tiempo completo en una oficina en el hogar (en trabajo telefónico, como trabajador independiente, etcétera).	6%	
5. ¿Cuántos hijos tiene? (incluyendo hijastros)		
1	30%	
2	42%	
3	17%	
4	7%	
5	2%	
6 o más		
6. ¿En qué etapa están sus hijos? (incluyendo hijastros)		
Recién nacido	13%	
Aprendiendo a caminar	22%	
Pre-escolar	20%	
En edad escolar	22%	
En edad de escuela intermedia	8%	

PREGUNTA	% DE ENCUESTADOS	OBSERVACIONES
En edad de bachillerato	7%	
En la universidad o mayor	8%	
7. ¿Cuántos hijastros tiene?		
0	89%	
1	5%	
2	4%	
3	1%	
4	1%	
5	0%	
6 o más	0%	
8. ¿De qué sexo son sus hijos?		
Niños y niñas	44%	
Todas niñas	29%	
Todos niños	27%	
9. En general, ¿qué tan feliz está con su vida?		
Casi siempre feliz	60%	
Muy feliz	22%	
Ni feliz ni infeliz	9%	
Casi siempre infeliz (o decepcionado o frustrado, etcétera).	8%	
Muy infeliz (o decepcionado o frustrado, etcétera).	1%	
10. Si tiene sentimientos de remordimiento, por favor háblenos de ellos. (Si no los tiene, por favor		

PREGUNTA	% DE ENCUESTADOS	OBSERVACIONES
seleccione LA ÚLTIMA RESPUESTA). ¿Cuál de los siguientes asuntos relacionados con la crianza le han generado sentimientos de remordimiento?		
Gritar a su(s) hijo(s)	60%	
Mantenerme al día con las labores domésticas/ vivir en una casa desordenada	59%	
Pasar demasiado tiempo en el trabajo	51%	Excluye a las mamás que trabajan en el hogar (MTHs)
Encontrar suficiente tiempo, después de ocuparme de mi(s) hijo(s), para dedicar a mi cónyuge	57%	Ajustado excluyendo a los recién nacidos y a los niños en los tres primeros años de vida
Temas relacionados con los deportes (encontrar tiempo para asistir a los partidos o para ser voluntario, presionar/ no presionar mi hijo, etcétera).	41%	
Trabajar/enviar a mi(s) hijo(s) a la guardería en lugar de quedarme en casa con ellos	38%	Excluye a las mamás que trabajan en el hogar (MTHs).
Los hábitos alimenticios de su(s) hijo(s) (permi-	35%	

PREGUNTA	% DE ENCUESTADOS	OBSERVACIONES
tir que coman comida chatarra en la cena; falta de vegetales en la dieta; comer demasiado o no lo suficiente, etcétera).		
Renunciar a mi grado universitario o a mi carrera para permanecer en casa	35%	Incluye sólo las MTHs
Distribuir las tareas, los recursos económicos, etcétera, equitativamente entre mis hijos	35%	
Temas relacionados con la escuela (seleccionar una escuela, seleccionar programas académicos, encontrar el tiempo para el trabajo voluntario, etcétera).	31%	Ajustado excluyendo a los recién nacidos y a los niños en los tres primeros años de vida
Ser negligente en mi trabajo/salir temprano del trabajo para hacer frente a problemas del cuidado de los hijos	29%	Excluye a las MTHs
Equilibrar una familia mixta que incluye a mis hijos e hijastros	27%	Familias mixtas solamente
Los hábitos de sueño de mi(s) hijo(s)(como dormir en su cama o dejar que lloren antes de dormirse)	22%	
Temas de la crianza diferentes a los enumera-	16%	

PREGUNTA	% DE ENCUESTADOS	OBSERVACIONES
dos aquí (por favor cuéntenoslo al final de la encuesta) NO ES PERTINENTE Nunca me he sentido culpable por temas de la crianza	6%	
11. En una escala de 1 a 5 (en que 1 representa ausencia de remordimiento y 5 representa remordimiento extremo), ¿cuál es el NIVEL MÁXIMO de remordimiento que siente normalmente?		
1	7%	
2	31%	
3	43%	
4	16%	
5	3%	
12. ¿Con cuánta frecuencia se siente tan culpable?		
Constantemente	5%	
Cada hora	1%	
Diariamente	27%	
Semanalmente	40%	
Mensualmente	13%	
Menos de una vez al mes	9%	
NO ES PERTINENTE Nunca me siento culpable	5%	

PREGUNTA	% DE ENCUESTADOS	OBSERVACIONES
13. ¿Qué situaciones le causan su nivel más elevado de remordimiento? (Si nunca siente remordimiento, por favor seleccione la ÚLTIMA RESPUESTA)		
Exigencias de un trabajo fuera de casa interfieren con la vida familiar	51%	Excluye a las MTHs
Gritarle a su(s) hijo(s)	47%	
Vivir en una casa desordenada	34%	
Encontrar el tiempo para dedicar a su cónyuge	30%	Sólo encuestados casados
Encontrar el tiempo para las actividades escolares de su(s) hijo(s) (trabajo de voluntario o ayuda con las tareas, etcétera).	18%	Ajustado excluyendo a los recién nacidos y a los niños en los tres primeros años de vida
Su decisión de trabajar fuera/permanecer en el hogar	16%	
Hábitos alimenticios de su(s) hijo(s)	14%	
Exigencias de la vida familiar interfieren con su trabajo	14%	Excluye a las MTHs
Repartir los recursos equitativamente entre sus hijos	14%	
Otros temas de la crianza (por favor háblenos de ellos al final de la encuesta)	14%	

PREGUNTA	% DE ENCUESTADOS	OBSERVACIONES
Los hábitos de sueño de su(s) hijo(s)	9%	
Presionar (o no presionar) a su hijo para que se luzca en los deportes	5%	Ajustado excluyendo a los recién nacidos y a los niños en los tres primeros años de vida
NO ES PERTINENTE Nunca me siento culpable	5%	
14. A medida que su(s) hijo(s) crece(n), ¿siente que aumenta la intensidad/frecuencia de su remordimiento en torno a la crianza? (Si nunca siente remordimiento, por favor seleccione la ÚLTIMA RESPUESTA)		
Sí, siento que aumenta. No, siento que disminuye. No, siento que queda igual.	40% 21% 39%	
15. Pensando en su experiencia como padre o madre hasta ahora, ¿en qué momento ha sido más frecuente o intenso su remordimiento? (Si nunca siente remordimiento, por favor seleccione la ÚLTIMA RESPUESTA)		

PREGUNTA	% DE ENCUESTADOS	OBSERVACIONES
Embarazo	2%	
Primer año de vida	21%	
Primeros tres años	27%	
Edad pre-escolar	17%	
Edad de escuela elemental	21%	
Edad de bachillerato	5%	
Edad de universidad	1%	
NO ES PERTINENTE Nunca me he sentido culpable por la crianza	6%	
16. ¿De qué manera el hecho de criar más de un hijo ha afectado sus sentimientos de culpa?		Ajustado incluyendo sólo padres de dos o más hijos
Los ha aumentado	70%	
Los ha reducido	9%	
No los ha afectado	21%	
17.Por favor háblenos de usted como padre/madre. ¿Cuánta ayuda recibe del otro padre de su(s) hijo(s) diariamente en tareas relacionadas con la crianza?		
No la mitad, pero sí una buena contribución	42%	
Un poquito	21%	
Él/ella hace la mitad	18%	
Prácticamente ninguna	9%	
Ninguna, el otro padre no participa activamen-	7%	

PREGUNTA	% DE ENCUESTADOS	OBSERVACIONES
te (no puede participar activamente) en la vida diaria de mi(s) hijo(s) Él/ella hace la mayoría	3%	
18. ¿Cuántas horas SEMA-NALES pasa normal-mente ejecutando ta-reas relacionadas con la crianza, incluyendo tareas domésticas ruti-narias (transportar a lo chicos, ayuda con los deberes escolares, preparar las comidas, lavar la ropa, hacer las compras, etcétera)?		
28 o más (dedico la mi-tad o más de mi día al cuidado de los niños)	46%	
21-27 (al menos tres ho-ras pero menos de cua-tro horas por día)	21%	
14-20 horas (al menos dos horas pero menos de tres horas por día)	17%	
7-13 horas (al menos una hora pero menos de dos horas al día)	10%	
0-6 (menos de una hora al día)	6%	
19. Tomando en considera-ción tanto las tareas relacionadas con el		

PREGUNTA	% DE ENCUESTADOS	OBSERVACIONES
cuidado de los niños (comidas, baños, ayuda con los deberes escolares) como las horas de diversión (charlas, juegos, observar los encuentros deportivos de los niños), ¿aproximadamente cuántas horas SEMANALES pasa normalmente interactuando con su(s) hijo(s)?		
28 o más (dedico la mitad o más de mi día al cuidado de los niños)	51%-	
21-27 (al menos tres horas pero menos de cuatro horas por día)	20%	
14-20 horas (al menos dos horas pero menos de tres horas por día)	13%	
7-13 horas (al menos una hora pero menos de dos horas al día)	10%	
0-6 (menos de una hora al día)	6%	
20. ¿Viaja solo con sus hijos? (sin su cónyuge u otro adulto)		
Sí, pero rara vez	46%	
Sí, con frecuencia	32%	
No, nunca	16%	
Sí, siempre	6%	

PREGUNTA	% DE ENCUESTADOS	OBSERVACIONES
21. ¿Con cuánta frecuencia se ríen juntos usted y su(s) hijo(s)?		
A diario	83%	
Algunas veces por semana	15%	
Casi nunca	2%	
22. ¿Con cuánta frecuencia pelean usted y su(s) hijo(s)?		
A diario	28%	
Algunas veces por semana	38%	
Casi nunca	34%	
23. ¿Cuál es el nivel más alto de educación que completó?		
Bachillerato	30%	
Actualmente en la universidad para obtener diploma de pregrado	5%	
Grado universitario	23%	
Algunos estudios de postgrado	11%	
Uno o dos diplomas de postgrado	20%	
Ninguno. No terminé bachillerato	2%	

Percepciones de los participantes en la encuesta de *Mamá culpable*

Este libro tomó diez años en desarrollarse. Cuando decidimos escribir *Mamá culpable*, nosotras mismas éramos jóvenes mamás y estábamos sumidas en nuestro propio Remordimiento Materno. Por eso conocíamos los temas que les causaban angustia y dolor a las mamás. Eran temas contra los cuales habíamos luchado personalmente.

Sabemos que una de las fuentes más importantes de remordimiento es la sensación de "no estar haciendo correcto", y que a ese sentimiento generalmente lo acompaña una sensación de aislamiento. Emprendimos la encuesta de Remordimiento Materno, que duró 18 meses y abarcó a 1.306 personas, para demostrarles a las mamás que no están solas con sus sentimientos de culpa. Como lo ilustran las páginas anteriores, no importa lo fuerte que sea el dolor de la crianza, hay otras personas que se preocupan por las mismas cosas que usted y que se sienten culpables por sus decisiones, sus errores y sus vidas. Cada uno de los temas de la crianza que figuran en la encuesta fue identificado como fuente de remordimiento por aproximadamente una cuarta parte, o más, de los encuestados. Adicionalmente, 16 por ciento nos dijeron que se sienten culpables de otros temas relacionados con la crianza que no fueron abordados en la encuesta. Sólo un 6 por ciento dice no padecer ningún sentimiento de Remordimiento Materno, y de esos encuestados sin remordimiento, dos tercios eran hombres.

Pero en nuestra encuesta no nos limitamos simplemente a pedirle a la gente que identificara y cuantificara sus sentimientos de culpa. Fuimos más allá. Les pedimos que compartieran su discernimiento, sus luchas y sus triunfos. Nos conmovió profundamente la efusión de relatos personales, más de setecientos. Cuando fue posible, introdujimos algunas de estas anécdotas en las páginas de los capítulos específicos. Sin embargo, por el gran volumen de anécdotas, la mayoría de ellas no pudo ser incluida en los capítulos. Por lo tanto, hemos recopilado una breve selección de los relatos sobrantes. Entre ellos con seguridad habrá más joyas que le impactarán y le ayudarán a perfeccionar su propia filosofía libre de Remordimiento Materno.

Los trucos del oficio: los padres comparten sus mejores aciertos y consejos

Sobre el comportamiento

El descanso y lo razonable.
Me va mejor cuando me aseguro de estar descansado. También intento averiguar el "porqué" de determinado comportamiento antes de reaccionar ante ese comportamiento. Cuando logro aproximarme al porqué, resulta menos probable que haya una escalada de la situación.

Consecuencias preacordadas.
Distánciese emocionalmente de la disciplina y de los niños que quieren armar una pelea estableciendo un menú de quehaceres. Cuando un niño viola una de las reglas, simplemente dígale: "Por favor escoge una tarea de cinco minutos del menú (o de diez o de quince minutos, dependiendo de la gravedad de la falta)". Este método elimina las explicaciones que conducen a las discusiones y a los desacuerdos sobre las consecuencias apropiadas, etcétera. Tengo un hijo al que le encantan las discusiones, y esta idea del menú es un salvavidas.

Expectativas y experiencias.
Espero que las cosas salgan bien y no me preocupo de lo que podría ocurrir. Llevamos a nuestra hija a todas partes, y ella ha aprendido a manejar bien muchos tipos de experiencias, desde cenar en restaurantes elegantes hasta aguantar largos viajes en automóvil. Cuando vamos de excursión, siempre nos preparamos con tentempiés y actividades.

La risa como herramienta.
Encuentro que el truco más frecuente y común que funciona eficazmente es hacerlos reír y sonreír. Mi hija puede haber tenido el

peor día posible, negarse completamente a colaborar, y en cuestión de diez minutos puedo hacerla reír, y en quince minutos puedo lograr que coopere con nosotros. Además, intentar hacer que alguien se ría inevitablemente mejora el ánimo de quien lo intenta.

Bailemos.
Yo utilizo el humor y/o la música para salir de algunos momentos difíciles como las peleas entre hermanos, los malos humores, etcétera. Hacerse el tonto con ellos siempre ayuda, como también poner una música que les guste bailar.

Cantar una canción.
Cante en voz alta, y a menudo, con su(s) hijo(s). No les importará que usted no sepa cantar afinado. Es una excelente diversión en el automóvil y también al hacer los quehaceres juntos.

Pasar tiempo juntos.
Un par de noches por semana leo con mi hija de diez años y tomamos turnos para leer en voz alta. Yo leía con su hermana mayor cuando era más joven. Es una magnífica manera de mantenernos conectados a medida que ellas se van volviendo más independientes.

El juego de los adioses con la mano.
Mis hijos siempre se me prendían y se negaban a soltarme cuando tenía que salir de casa sin ellos. Así que inventé el juego de los adioses con la mano. Después de darles un beso de despedida, les recordaba que íbamos a jugar el juego de los adioses con la mano, y ellos aprendieron a correr a la ventana que da sobre la entrada de la casa. Salía de casa y me montaba en el automóvil y nos despedíamos agitando la mano y nos mandábamos besos mutuamente. Comencé el juego hace ocho años cuando mi hija mayor tenía unos dos, y todavía lo jugamos. Hace que las despedidas sean más fáciles para todos.

Cambie el rumbo del mal comportamiento.
La disciplina es para enseñar, no para crear una experiencia negativa. Por ejemplo, si mi hijastro hacía algo que me molestaba, tenía que hacer algo que me hiciera sentir mejor, como lavar mi automóvil.

Se necesitan dos para dejar de pelear.
Cuando mi hija cumplió catorce años, nuestra relación se desintegró. Ella estaba pasando por los problemas de la pubertad y yo tenía mis propias fuentes de estrés. Chocábamos todo el tiempo. Una vez le di una bofetada por "ser insolente". Fue un momento decisivo. Nos dimos cuenta de que necesitábamos acercarnos en lugar de contrariarnos mutuamente. Trabajamos para mejorar nuestra relación reconstruyendo la comprensión mutua y ahora tenemos un vínculo sano, feliz y divertido.

Sobre los quehaceres domésticos.

El desayuno a la hora de la cena.
Trate de no preocuparse de preparar una magnífica cena cada noche. A veces basta un cereal.

Consejo de limpieza.
¡Contrate ayuda doméstica! ¡Es lo mejor que yo haya podido hacer!

Sonría.
Los chicos ayudan con gusto si usted se lo permite.

No hay mejor momento que mañana.
Cuando me siento estresada, me digo que los quehaceres domésticos seguirán ahí cuando mis hijos se vayan de la casa. ¡Los perfeccionaré entonces!

Sobre el matrimonio

Abrace y arrulle.
¡No olvide a su marido! Sea tan cariñosa con él como lo es con su bebé.

Comience su día.
Ahora que los chicos se han ido de la casa, con frecuencia los fines de semana mi marido y yo salimos a desayunar. Quisiera haberlo

hecho cuando los niños eran más jóvenes. Hubiera resultado más barato y nos hubiera dado la oportunidad de hablar. Es una buena alternativa a la salida de noche.

Ama a tu esposa.
Para mí, mi esposa siempre está en primer lugar y después mi hijo. Si la relación entre mi esposa y yo no está funcionando, ¿cómo podemos comunicarnos bien con nuestro hijo, como un frente común, y brindarle el mismo amor?

Sobre el cuidado propio

Una dosis diaria.
Asegúrese de reservar por lo menos un momento cada día para hacer algo que disfruta, ya sea tomar un baño caliente al terminar el día, o tomarse un café mientras lee un libro en la tranquilidad de la mañana. No podrá darles nada a sus hijos si usted misma está totalmente vacía. Trabaje su espiritualidad. Pida ayuda si la necesita.

Cinco minutos o más.
Un buen libro, una vela y una taza de buen té pueden marcar una gran diferencia en mi día, aun si sólo paso cinco minutos con ellos.

Usted es la taza de té.
Me parece que usted necesita dedicar tiempo a sí mismo para ser capaz de dar de sí a sus hijos. Una vez escuché que uno es como una taza, y si no se llena no puede darle nada a nadie. Usted debe recordar igualmente que no puede hacerlo todo. Necesita elegir lo que es importante para usted y su familia. Intente, tan bien como pueda, ser feliz y divertirse en familia.

Usted es una mamá, no un juguete.
Antes me sentía culpable de no estar jugando con los niños todo el día. Nunca pasaba tiempo sola cuando ellos estaban despiertos y sin embargo sentía que no estaba haciendo todo lo debido. En-

tonces me di cuenta de que entre hermanos (mis hijos tienen uno y tres años) se sienten perfectamente contentos jugando juntos y que no estoy siendo negligente si espero de ellos que pasen tiempo juntos mientras yo me ocupo de otras cosas.

Sujete bien la máscara de oxígeno.
En realidad lo mejor que usted puede hacer por su hijo es darle buen ejemplo y cuidarse bien. ¿Recuerda eso que dicen en los aviones, que debe ponerse su máscara de oxígeno antes de ponérsela a su hijo? Esto es porque no podrá ayudarle si antes no tiene oxígeno. Yo tomo esto en serio y recuerdo que debo cuidar de mí misma para poder cuidar de mis hijos. Sin mí, su mundo sería mucho peor.

Sobre si tener un segundo hijo

Dos para amar.
Me sentía culpable por la poca atención que recibía mi segundo hijo comparado con el primero, pero con el paso del tiempo me doy cuenta de que ella ha tenido la maravillosa experiencia de tener un hermano que la ama y le da su atención. Al darme cuenta de esto me sentí aliviada de la culpa en torno a la atención compartida.

Sobre la crianza en solitario

Hagan ejercicio juntos.
Soy madre soltera. Para poder hacer ejercicio, debo hacerlo con mi hijo, y como resultado él está desarrollando un magnífico hábito de salud para toda la vida. Además, nada parece amortiguar los malos humores mejor que salir juntos a respirar aire fresco.

Disfrute su soledad.
Como persona casada con un adicto al trabajo (mi esposo viaja muy frecuentemente por razones de trabajo), mi consejo es: ¡planear, planear, planear! Cuando me entero de antemano que él va a

ausentarse, preveo alguna actividad casi a diario durante su ausencia: un paseo al parque, un almuerzo o cena por fuera de casa, mirar vitrinas en una tienda de juguetes, ¡cualquier cosa para tener ocupados a los chicos y mantener intacta mi salud mental!

Quítese el sombrero negro.
Con frecuencia me enfrento a la crianza a solas porque mi magnífico y laborioso marido trabaja una extraordinaria cantidad de horas semanalmente. Puede resultar muy difícil ser la mala de la película todo el tiempo. Yo llamo a mi marido "Papá Noel" porque cuando llega a casa todo se vuelve diversión. A mí me corresponde la tarea de ser la mala de la película que advierte que llegó la hora de hacer las tareas o de ir a acostarse. Trate de hablar de antemano con su esposo para intentar equilibrar los papeles; de no hacerlo, usted se resentirá y él no sabrá por qué. Igualmente, asegúrese de ausentarse de casa de vez en cuando ¡y deje que él sea el padre solo!

Opte por divertirse.
La crianza a solas puede ser angustiosa, difícil y solitaria, pero cada día me digo que tengo opciones. Puedo dejarme abrumar por la situación o puedo divertirme. Puedo jugar con mi hijo, disfrutar y apreciar cada momento; pues, a fin de cuentas, este día también pasará, como todos los demás, y no me quedarán sino los recuerdos. Prefiero un saco lleno de recuerdos gratos a uno lleno de infelicidad y angustia.

Sobre el ser padre de hijos con necesidades especiales

Un nuevo día.
Con tres hijos a veces me siento culpable de no estar dedicándole suficiente tiempo a cada uno. Actualmente me quedo en casa con uno de ellos, en edad preescolar, y con uno de ocho años que está conmigo en casa por razones de salud. El de siete años va a la escuela y le dedico menos tiempo que a los otros dos. No obstante, siento que lo único que puedo hacer es lo mejor posible y que cada día es un nuevo día y lo acojo como un nuevo comienzo.

Sobre los deportes

Haga equipo.

En materia de deportes, resulta útil que su hijo ingrese al equipo en que juega el hijo de un buen amigo o colega. Una de las hijas de una colega y mi hija juegan en el mismo equipo, por lo que cuando una de nosotras tiene que estar en el trabajo, la otra puede llevarlas a entrenar.

Reacomode su agenda.

Soy un ejecutivo de alto nivel (y lo he sido durante varios años) con poco apoyo administrativo. Pero trato los eventos deportivos de mi hijo como citas médicas. No me los pierdo. ¡Y son divertidos!

Incumpla con el entrenamiento, no con la familia

Nosotros fomentamos los deportes, pero no permito que afecten demasiado nuestro tiempo en familia.

Para manejar el estrés

Disminuya el ritmo.

Me parece que lo que más ayuda es una actitud calmada, relajada. Cuando quedé embarazada, me puse una nueva regla: no apresurarme. Entonces, aunque estemos atrasados, de mal humor o lo que sea, no nos apresuramos.

Siga la rutina.

A los chicos les encanta la rutina; los hace sentir seguros y a salvo. Si saben qué va a pasar, hay poco estrés. La hora de acostarse debe proceder según la rutina establecida. ¡Facilita mucho la vida! Lo mismo es el caso de una rutina constante a la hora de la cena.

Su amiga de dos letras.

Aprenda a decir *no*. Que se trate del trabajo voluntario en la escuela, de ser anfitriona de una fiesta o de invitar a los suegros a cenar, si no puede, ¡simplemente diga *no*!

El atajo más largo.

Mi padre dice siempre: "A veces el camino más largo es el camino más corto", y he descubierto que esto es cierto en lo que se refiere a la crianza. A veces quiero salir corriendo por el estrés que me causa una hija exigente, pero me doy cuenta de que un poco de tiempo adicional con ella la convierte en una persona menos insoportable, y a veces hasta agradable.

Viajar con chicos

Váyase sola.

No excluya tomar vacaciones familiares sólo porque uno de los dos padres no está disponible.

Ponga una sorpresa en el equipaje.

Cuando viaje, siempre prevea algún juguete, un libro nuevo o alguna actividad especial y lleve siempre suficientes tentempiés para comer. No espere que un niño pequeño permanezca sentado y quieto durante un viaje largo. Sorpréndalo con actividades divertidas.

Sobre el trabajo

Padre trabajando.

Como la esposa que trabaja fuera de casa de un padre que permanece en casa, sé lo importante, y lo difícil, que es instruir al mundo sobre los hombres como padres. Enséñeles a los médicos y a otras personas que las mamás no son las únicas que saben como criar y comprender a los niños.

Escoja su actitud.

Mantengo bajo mi nivel de estrés recordándome a mí misma continuamente que siempre tengo opciones. Por ejemplo, he optado por trabajar para mantener un nivel de vida modesto y para prepararme para la jubilación y la educación superior de mis hijos. Mi esposo y yo podríamos optar por otros objetivos financieros y trabajar menos. Tampoco puedo sobrestimar el valor de un lugar de trabajo que me apoya y de un horario flexible. Tengo suerte de poder tomar tiempo libre cuando necesito/deseo concentrarme en ser madre.

Hable con el jefe.

La fuente de 99 por ciento de mi remordimiento son las exigencias de mi trabajo. Aunque soy yo el jefe (soy consultor) y manejo mi propio horario, sin embargo me sigo sintiendo en conflicto por el tiempo que les quito a mis chicos. Si me ganara la lotería, rompería las tarjetas de visita y no volvería a mirar atrás.

Busque el equilibrio.

Cuando las personas se dan cuenta de que trabajo treinta horas por semana y tengo gemelos de dos años y un niño de cinco años, me preguntan: "¿Cómo logra hacerlo todo?", mi respuesta es: "No lo hago todo". Usted no puede hacerlo todo, y, por cierto, no debe. Siempre hay sacrificios en la vida, pero la clave está en reconocer la naturaleza del sacrificio que uno está dispuesto a hacer. Para mí, trabajar fuera de casa es necesario, sobre todo para mi estabilidad mental. Sé que mis hijos no obtienen lo mismo que otros chicos cuando se quedan en casa, pero tienen otras experiencias en su guardería y otras actividades que equilibran las cosas. Para manejar mi remordimiento por no estar en casa con ellos todos los días, he tomado ciertas decisiones conscientemente sobre las guarderías que escojo, cómo paso el tiempo con mis chicos cuando estoy en casa, y el tipo de trabajo que hago. He escogido un trabajo que me permite una gran flexibilidad. Si no fuera así, no hubiera podido tomar las decisiones que he tomado. Todo tiene que ver con el equilibrio.

Sobre otras cosas más

Sus presupuestos.

Explíqueles todo siempre, una y otra vez si es necesario. Nunca sea impaciente. El niño no quiere molestarla. Suponga siempre que las personas hacen lo mejor que pueden.

Escuche mientras conduce.

A medida que los chicos crecen, asegúrese de ser parte de un sistema de transporte en automóvil. Se enterará de muchas cosas en sus vidas.

El consejo de sentido común.

Antes de tener hijos todo el mundo le aconseja dejarse guiar por su sentido común. Cuando ya tiene hijos, de repente la abruman con consejos que contradicen lo dicho sobre el sentido común. Recién cuando tuve mi segundo hijo volví a la crianza guiada por el sentido común y ha marcado mi vida significativamente.

Manténgase al tanto sobre cómo pasan el día.

Involúcrese en las actividades escolares de sus hijos, aunque sólo sea para pedirles, al final del día, que compartan con usted un recuerdo especial del día o algo nuevo e interesante que hayan aprendido.

Sí pueden.

Anímelos siempre a ser las mejores personas que puedan ser. Yo les hice un afiche que dice: "Tú puedes hacerlo. Pero la pregunta es: ¿lo harás?". Es muy importante que sepan que usted los apoya totalmente en todo lo que sienten, lo que logran, lo que quieren ser, etcétera. A menudo me he dado cuenta que si uno espera lo mejor de los hijos, con frecuencia lo obtiene.

Permítase una escapada.

El remordimiento en torno al cuidado de los adolescentes es muy distinto. Tiene que ver con el equilibrio entre el deseo de verlos tomar su propio rumbo y al mismo tiempo ir soltándolos poco a poco.

Manténgase al día con su capacitación para la crianza.

Yo leo mucho y les hago muchas preguntas a los pediatras. Trato también de conversar con mi cónyuge sobre diversos temas relacionados con la crianza para compartir y asegurarme que estemos de acuerdo o para solicitar ayuda específica cuando es necesario.

Reduzca su visión retrospectiva.
Creo que la mayoría de los padres, en todo tipo de situaciones, hacen lo que estiman lo mejor para sus hijos en un momento determinado. Pero después dirigimos la mirada al pasado y decimos: "¡Caramba, qué mal manejé esa situación!" No sea tan severo consigo mismo. La paternidad es un trabajo difícil –el más difícil de todos los que conozco hasta ahora, el que más nos obliga a ser modestos.

Escuche.
Escuche más de lo que habla.

No está sola

Si cree que nadie más siente el mismo remordimiento que usted, reflexione otra vez. Las siguientes son algunas anécdotas que ilustran hasta qué punto estamos todos juntos en este barco de la crianza.

Aunque soy una mamá que permanece en casa, siento remordimiento por algunos malos hábitos de mi hijo que no he logrado que supere. Es muy exigente con la comida y yo quisiera no haber sido tan complaciente con él cuando era pequeño. Estoy segura de haber contribuido a su actitud tan quisquillosa. Ahora que está en edad escolar, es un hábito demasiado arraigado y difícil de superar.

En esta fase, lo más difícil para mí es que me siento agotada trabajando todo el día para después llegar a casa a hacer todos los quehaceres y la cocina, a llevar a los chicos a la clase de baile o de natación, intentando tener paciencia para ayudarles con sus deberes escolares y sus proyectos. El volumen de tareas relacionadas con proyectos de investigación ha aumentado dramáticamente, además del resto de los deberes escolares y hay días en que siento que me falta la energía suficiente para lidiar con todo ello, lo que me hace sentir que no estoy a la altura de las exigencias.

Tengo un niño con dificultades de aprendizaje; dedicar tiempo a ayudarle, y la preocupación de si hubiéramos debido captar ciertas cosas más rápidamente, me ha generado sentimientos de culpa.

Como madre en edad madura, siento que he podido darme cuenta (¡afortunadamente!) de lo fugaz que es este momento. Mi esposo está ausente durante meses enteros y no es un participante activo en la vida de mis hijos. Me preocupa si mi manera de criarlos les aportará a los niños lo que necesitan para ser personas felices, responsables y respetuosas.

El trato con una niña temperamentalmente retadora ha sido para mí una fuente importante de sentimientos de culpa. ¿Estoy dándole lo que necesita? ¿Estoy repitiendo los errores de mis padres que, sin quererlo, me causaron tanto daño emocional? ¿Seré capaz de ayudarle a mi hija a desarrollar las herramientas para ser feliz?

En cuanto a mí, me he sentido más capaz de controlar la situación y mis sentimientos de culpa, así como mi capacidad de actuar, desde que estoy tomando los antidepresivos para tratar la depresión posparto tras el nacimiento de mi segundo hijo. Me siento mejor conmigo misma y en general más tranquila. Incluso siento menos Remordimiento Materno.

Cuando los abuelos pasan la raya e intentan suplantar a los padres, creyendo que conocen a mi hija mejor que yo, siento frustración. También, los abuelos gastan demasiado en objetos materiales, dándole a mi hija todo lo que desea. Me siento culpable si no actúo y culpable si actúo.

Me siento culpable de no ahorrar suficiente dinero para la educación de mis hijos. Me siento culpable de no tener los ingresos suficientes para inscribir a mis hijos en muchas actividades extracurriculares.

Siempre me preocupó que mis hábitos alimenticios no fueron sanos durante mi primer embarazo y pudieran causarle algunos problemas de salud a mi hija en su vida adulta. Cuando compartí esta antigua preocupación con mi primogénita, me respondió con gran dignidad y aceptación, reconociendo mi culpa y perdonándome inmediatamente. Cuando le agradecí, me respondió que lo había aprendido de mí.

Soy una persona motivada por la culpa. No estoy diciendo que me guste serlo, pero así soy. Creo firmemente que cierto grado de culpa puede ser útil. Y en ciertas áreas, puede mejorar su capacidad de hacer lo que hace. Igualmente, soy enfermera diplomada y la profesión de enfermera también es motivada por la culpa. Me ha ayudado a ser una mejor enfermera y una mejor mamá. La culpa agudiza la conciencia y lo hace a uno más atento, pero hay una línea fina entre una culpa saludable y una culpa destructiva. A veces me cuesta trabajo percibirla.

Soy una madre soltera de cuarenta y un años con un hijo de seis que probablemente nunca tendrá hermanos. Con frecuencia me hace preguntas sobre ese tema y hasta piensa en maneras de hacer de celestino para que yo le dé un hermano. Intento tenerlo ocupado con actividades extracurriculares y equipos atléticos para que construya sentimientos de pertenencia con otros niños. Igualmente, vivimos en un vecindario muy unido en el que él puede sentirse como un hermano, pero yo sé que eso no le es suficiente.

Me parece que no manejo los días festivos lo suficientemente bien. Tengo unos recuerdos muy idílicos de las Navidades y las Pascuas de ni niñez. A veces ni alcanzo a decorar la casa hasta dos días antes de Pascua, y lo hago sólo porque mi madre viene a cenar con nosotros. Me va mejor en Navidad, mi árbol siempre es muy bello y está listo con por lo menos dos semanas de anticipación, pero el resto de la casa luce bastante desnuda. Mis hijas probablemente ni lo notan, pero cuando vamos a casa de mis padres, es como si el taller del Papá Noel hubiera explotado en la sala y yo siento punzadas de ineptitud. Después de todo, ella lo hizo con cuatro hijos y yo sólo tengo dos. ¿Qué problema tengo?

Más que por cualquier otra razón siento remordimiento en relación con la falta de tiempo para mí misma y para hacer ejercicio.

Me hace sentir culpable desear volver a trabajar.

A veces me siento culpable porque mi pareja y yo somos homosexuales y mi hijo siempre quiere saber por qué no somos casados mientras que los padres de todos sus amigos sí lo son.

Me siento culpable por no dedicarles suficiente tiempo a mis hijos mayores; los menores requieren más atención de mi parte. Llevar cuatro chicos a cine o a cenar puede ser algo caótico. De vez en cuando consigo una niñera para mis hijos más pequeños y salgo con los más grandes a alguna parte. Nunca tengo tiempo para la atención individual de cada uno de los niños. Mi esposo y yo luchamos por encontrar tiempo para nosotros dos también. El día no tiene suficientes horas.

Aunque amo a mi hijo, odio cambiar pañales. Odio bañar a los niños. Odio las horas de comida desordenadas. Y me odio por odiar esas cosas.

Me siento culpable de pedirle a mi madre o a mi suegra que cuiden a mi hija. Hay días en que lo único que quiero es estar sola. Pero me siento como una mala madre porque quiero estar sola.

Me siento culpable cuando mi hijo tiene peleas con otros chicos del vecindario y no las maneja muy bien. Tengo que recordarme a mí misma que sólo tiene seis años y que estamos tratando de mejorar sus destrezas en resolución de conflictos (utilizando las palabras adecuadas y no por medio de la violencia física).

Odio las citas con el dentista. Los dientes de mi hijo no generan esmalte y siempre estamos haciéndole cirugías y es una pesadilla. Pero una vez por fin entendí: no soy una mala madre por hacerlo pasar por todo eso. La opción no está entre el dolor y la ausencia de dolor. Está entre el dolor ahora y el dolor más tarde, y más tarde puede significar un dolor incontrolable a media noche y un daño generalizado en su sistema. Entonces, el dolor controlado y programado una vez cada ciertos meses es la opción más compasiva y responsable que tengo.

Tengo un hijo que comenzó a recibir terapia de lenguaje a los dos años de edad. Ya casi hemos ganado la batalla tras tres años de trabajo con tareas y ejercicios orales diarios. Ahora estamos embarcándonos en un nuevo reto, un problema de memoria de corto plazo con los símbolos, las letras y los números. Mi hijo tiene cinco años. No tiene ninguna discapacidad aparente y es extremadamente sociable. Sin embargo, el remordimiento que siento por tener un hijo que está detrás de la curva es intenso. Siento que es mi culpa de alguna manera, siento que es algo que hice o dejé de hacer durante el embarazo lo que hizo que su situación fuera un reto tan grande cada día. Ya no tiene problemas de habla, sin embargo ahora estamos comenzando una nueva batalla. Tengo miedo y me siento culpable. ¿Acaso no hice cosas con él que hubiera debido hacer cuando era un recién nacido? Estoy siempre tan cansada e intentando hacer lo mejor posible cada día y sin embargo me siento culpable, lo que disminuye la alegría que podría estar sintiendo ahora mismo que tengo el lujo de quedarme en casa con mis chicos.

Siempre he pasado mucho tiempo con mis hijos. Casi siento que he estado demasiado con ellos. No obstante, a veces me siento culpable cuando me distancio. Quizás siento que cuando no juego a las muñecas una vez, esa podría ser la última vez que quieran jugar porque crecen tan rápido. Quiero estar mucho con ellos porque son pequeños sólo una vez; pero sé que no es bueno estar siempre jugando con ellos. No obstante, me siento ansiosa y un tanto culpable cuando no lo hago. He aprendido la importancia de pasar tiempo con mi esposo. Creo que lo perdí durante los primeros años de mis hijos. Me alegra entenderlo ahora. Él ha sido paciente conmigo.

Siento un fuerte remordimiento por haber dejado de amamantar a mis hijos antes de que cumplieran un año.

Me siento culpable porque tengo que tratar de ayudarles a mis hijos a lidiar con un segundo divorcio.

Con frecuencia siento que no les dedico suficiente tiempo. Ya sea para jugar (no soy buena para la fantasía y otros juegos) o para leer (no logro leer en voz alta durante más de diez minutos). Supongo que no sirvo para ser niña.

Me refiero a mí misma como a una perfeccionista en recuperación. He trabajado duro para aprender a distensionarme y disfrutar la vida, y a no pasar todo mi tiempo limpiando, haciendo quehaceres domésticos o simplemente ocupada. Ahora que tengo un
hijo de seis meses y otro de tres años, es difícil estar al día con todo
el trabajo doméstico y al mismo tiempo dedicar mucho tiempo de
calidad a mis hijos. Sé que no he estado haciendo mucho por mí
misma porque hay siempre tantas cosas que hacer. Estoy luchando contra la necesidad subconsciente de ser una súper mujer. Es
difícil aceptar que no puedes hacerlo todo.

Lucho cuando mi hija llora en público. Me siento acalorada, atur-
dida y con la sensación de que todo el mundo me está mirando.
Me siento culpable de no haber organizado mi día en función de
las necesidades de mi hija y de haber generado una situación que
le molesta a ella. En una situación así, a veces pierdo el control y
grito: "¡Por favor cállate!", a sabiendas de que no es culpa de mi
hija que esté llorando y que mis gritos sólo servirán para exacerbar
la situación. Pero a veces el calor del momento es abrumador. Unos
momentos después me sorprendo llorando yo misma y pidiendo
disculpas. La falta de sueño es la mayor causa de mi pérdida de
control.

Enseño teatro y trato de presentarme en escena una o dos veces al
año. Siempre me siento culpable de pasar esas noches lejos de mis
muchachos. Este año, mi esposo y yo estábamos participando en
espectáculos que coincidían y necesitamos una niñera para los niños durante toda una semana. Era una niñera nueva, por lo que
yo me estaba sintiendo terriblemente culpable. Después de tres
noches, los chicos se negaron a quedarse con ella. Cuando supe
por qué, estuve de acuerdo y dije que llamaría a avisar que no iría
al ensayo. Los niños me dijeron que irían conmigo y se quedarían
en el camerino jugando en silencio. Tienen cinco y ocho años, por
lo que les dije que lo intentaríamos pero que no creía que fuera a
funcionar. Fueron, observaron parte del ensayo y jugaron calladamente. Varias semanas más tarde, yo iba a rechazar un papel porque pensaba que significaría una ausencia demasiado larga otra

vez. Mi hijo de ocho años me dijo que lo hiciera porque "te hace feliz, mamá, y mereces divertirte". Supongo que nunca sabemos de qué son capaces nuestros hijos.

Creo que surgen sentimientos de culpa también cuando los padres están en duelo por un ser querido y no saben cómo expresar alegría por lo que hacen sus hijos mientras lloran la muerte. Si los chicos son lo suficientemente maduros, se puede tocar el tema con ellos; pero si son demasiado jóvenes puede surgir cierto remordimiento al sentir felicidad durante un período de tristeza.

Me hace sentir resentimiento oír "¡Quiero que venga mi papi!"cuando mi hija tiene un problema y mi esposo está trabajando. ¡Necesito una buena respuesta! Normalmente le contesto: "¡Yo también quiero que venga!".

Mis tres hijos mayores son adoptados. Mis tres menores son biológicos. A veces siento que no he logrado satisfacer las necesidades de los niños adoptados, pero a medida que todos nos vamos volviendo mayores, me doy cuenta de que hemos tenido más suerte que muchos otros. Todos nuestros seis hijos se han convertido en adultos responsables. Los tres adoptados tienen mayores dificultades para forjar relaciones duraderas. Los tres se han casado más de una vez, mientras que los dos hijos biológicos que son casados han permanecido con la misma persona durante nueve o diez años.

El problema que mayor remordimiento me causa es que no me siento igual de cercana con mi hijastro que con mis otros dos hijos. Lo amo y lo cuido lo mejor que puedo, pero simplemente no existe el mismo vínculo. Aun cuando me abraza y me llama "mamá", no puedo sentir lo que siento cuando mis otros hijos me abrazan.

Este año mi hija fue sometida a una operación grave por una enfermedad normalmente mortal. Mi hijo de tres años quedó traumatizado pues su vida cambió por completo. Su tristeza me generó mucho remordimiento y estrés. Además, me ausenté de mi trabajo durante cinco semanas, lo que hizo que me atrasara, otra fuente de angustia y remordimiento en mi vida.

Mi remordimiento viene del deterioro de mi relación con su padre y de que ellos tengan que lidiar con un padre minusválido. Cuando mi esposo se enfermó yo estaba embarazada de mi hijo menor y opté por permanecer casada. Desde entonces prácticamente he sido madre soltera. Temo que mis hijos lleguen a tener una visión poco sana de las relaciones entre adultos y que se les dificulte romper el ciclo de disfunciones en el que han crecido.

Mi remordimiento tiene que ver con la persona que ahora soy. Entre el trabajo y el ser padre, hay días en que apenas tengo tiempo de respirar. Me preocupa que mi hija no se de cuenta que soy una persona que realmente goza la vida. Simplemente pienso que por el momento, mantenerla y cuidarla es más importante que tener tiempo libre para mí mismo, y espero que para cuando pueda tomar las cosas con más calma (cuando tenga menos presión en el trabajo y mi hija sea más independiente), no haya perdido permanentemente mi sentido de la diversión.

Mi fuente principal de Remordimiento Materno está en mi relación con mi hija. No importa cuánto tiempo le dedique, nunca le es "suficiente". Nunca parece estar satisfecha con la cantidad de atención o tiempo que le doy. Yo tiendo a ser una persona menos sociable y más necesitada de tiempo a solas, por lo que esta es una lucha constante en nuestra relación. He intentado reservar un cierto tiempo para las dos sin interrupciones cada día, lo que a veces ayuda, pero sigue siendo difícil. Mi esposo y yo somos sicoterapeutas (aunque actualmente yo no practico), por lo que es posible que estemos analizando en exceso la situación; pero me preocupa que mi hija sienta que no quiero dedicarle todo el tiempo que ella quisiera. Paso por lo menos parte de cada día sintiendo que quisiera escaparme de ella por un momento, ¡pero no quisiera que ella se dé cuenta!

Mi esposo siempre le hace regalos a nuestro hijo, mientras que sé que necesitamos dinero para pagar las cuentas. Yo me retengo pero quisiera ser yo la que lo mime con regalos.

Un área que me causa remordimiento es que me parece que entre más tiempo paso lejos de mis chicos, más tiempo quiero permanecer lejos. De repente, las dos horas y media en el gimnasio no me bastan. ¡Quiero todo el día!

Un aspecto de la crianza que me genera remordimiento es pelear con mi cónyuge frente a los chicos.

El tema de la disciplina: ¿Estoy usando la manera adecuada de disciplinar? ¿Soy demasiado severa? ¿Tendrán fruto mis métodos o causarán un enorme desastre?

La razón por la cual los nietos son tan mimados por sus abuelos (suponiendo que pueden mimarlos) es porque es muy tentador obtener la absolución por nuestros "fracasos" como padres prodigando a nuestros nietos con todo aquello que hubiéramos deseado, tal vez erróneamente, dar a nuestros hijos.

Lo que me causa más culpa es que estamos casi seguros de que no tendremos sino un solo hijo. Antes de que naciera mi hijo, siempre planeaba tener dos pero ahora creo que no tengo ni el tiempo ni la paciencia ni la energía para tener otro, además mi marido está satisfecho con sólo uno. Me siento culpable de privar a mi hijo de un hermano.

Además del remordimiento por la falta de tiempo para los niños, nos preocupaba no tener tiempo para dedicar a nuestros padres ancianos cuando mis hijos estaban muy pequeños. Esto nos generaba mucha angustia. Pero no nos arrepentimos de habérselo dedicado, y nuestros hijos se enriquecieron con la experiencia.

Somos padres relativamente jóvenes. Tengo veintitrés años y mi esposo acaba de cumplir veinticuatro. Brindamos a nuestros hijos todo lo que necesitan, pero a menudo me siento culpable porque no somos pudientes y, como yo me quedo en casa, hay gente que está constantemente haciéndome sentir egoísta por no ir a trabajar y ganar más dinero. Me causa remordimiento no poder brindar a nuestros hijos todos los lujos ilimitados que tienen otros niños en nuestro vecindario.

Tenemos una hija de dos años y un hijo de cinco. Nuestra hija tiene necesidades especiales profundas y requiere cuidado permanente. Mi remordimiento se centra en que no tengo suficiente tiempo para mi hijo de cinco años. Tengo que darle, darle y darle a ella y él también lo requiere, aunque parezca menos frágil y necesitado. En realidad, él requiere tanta atención como ella pero por razones diferentes. He luchado mucho con la sensación de que lo estoy desatendiendo. Sé que ella necesita que le ayude en todos los aspectos de su vida, pero él requiere el mismo amor y la misma atención. Es fácil pasar por alto esa necesidad, pues él parece muy capaz comparado con ella. Me ha costado trabajo encontrar el equilibrio. Todavía estoy luchando, pero va mejorando poco a poco a medida que ubico mi lugar en esta vida tan diferente a la que había anticipado. Pero es una buena vida y tengo los mejores chicos del mundo. El problema es mío en lo que se refiere al remordimiento.

Cuando mi hija tenía trece meses de edad, le dio un resfriado. Se prolongó más y más y cuando fue necesario le di remedios para el resfriado. Finalmente, después de dos semanas la llevé al médico, y tenía neumonía. Me sentí como una fracasada. No me di cuenta de que estaba tan enferma.

Cuando mi hijo nació con un pie deforme bilateralmente, me sentí muy culpable pensando que había hecho algo mal. Aunque los médicos me explicaron que no había hecho nada mal, siempre pensé que había sido culpa mía. El defecto en su pie ha sido corregido y mi remordimiento se ha ido aplacando, pero fue un sentimiento muy terrible.

APÉNDICE B

Los alimentos de primera necesidad que debe tener en casa

Una manera de reducir el Remordimiento Materno es planear no cocinar más de tres recetas completas por semana. Deje libres las otras noches para sobras, comida para llevar, o alguna comida rápida, congelada o preparada. Al hablar de recetas, nos referimos a comidas con base principalmente en alimentos sin procesar: vegetales, carnes y cereales integrales sin demasiados químicos, conservantes, sal o azúcar. Estamos hablando de comidas hechas en casa (sopa de pollo hecha con pollo, sal, cebolla, zanahorias, apio, agua) en lugar de enlatados (con almidón vegetal modificado, eritorbato de sodio y el muy misterioso "sabor natural"). Las recetas le permiten a su familia probar nuevos platos y disfrutar una variedad de alimentos. Las comidas preparadas en casa le ayudan también a reducir la grasa, el azúcar, y especialmente el sodio que consume su familia. Apenas sus hijos aprendan a leer, cómpreles su propio libro de cocina o deje que busquen nuevas recetas en el internet y las prueben.

Tenga en cuenta que los alimentos no procesados no permanecen frescos durante mucho tiempo, y si usted compra demasiadas cantidades de una vez, podría estar encaminándose hacia el remordimiento. Terminará botando comida dañada porque no tuvo tiempo de cocinarla. Como no quiere desperdiciar la comida, pero tiene que estar lista para alimentar a su familia cada noche, mantenga siempre a mano una lista de alimentos de primera necesidad con los cuales puede preparar muchas comidas rápidamente. A esto lo llamamos cocina de apoyo. En lugar de guardar los ingredientes para preparar una receta específica, usted crea recetas con los ingredientes que tenga disponibles. Por ejemplo, si busca en su cocina a las cinco de la tarde y encuentra sólo un bistec congelado, unas piñas enlatadas, un frasco de salsa de soya y su gama habitual de especias, ¿es necesario que corra a la tienda? Según la cocina de apoyo, no. Gracias al botón de descongelar de su horno microondas, y con algo de práctica, servirá un delicioso bistec en adobo en menos de una hora.

A lo largo del tiempo, los cocineros de apoyo identifican sus propios alimentos de primera necesidad, pero le hemos preparado una lista para empezar.

Para los adobos y glaseados: delicioso sabor en poco tiempo

Los adobos requieren algún ácido que penetre y ablande la carne. Debe equilibrarse el ácido con aceite y especias. Con esta manera de proceder, hasta un pedazo de carne barata y apenas descongelada puede convertirse en un plato delicioso en quince minutos (aunque algunos cortes pueden requerir más tiempo para ablandar). Los glaseados son baños azucarados que se aplican a la carne para conservar el jugo. Tenga cuidado de no calentar demasiado las carnes glaseadas, pues el glaseado se puede quemar.

Ingredientes básicos: vinagre balsámico (el vinagre balsámico se vuelve dulce cuando se cocina), limones o jugo de limón refrigerado, jugo de piña enlatado, mostaza (amarilla y condimentada), jugo congelado de limón o de lima, aceite de oliva, jugo de naranja congelado o enlatado, vinagre (preferiblemente aromatizado, por ejemplo con vino tinto), miel y salsa de soya.

Ejemplos de adobos: Mezcle partes iguales de jugo de piña y salsa de soya con una tercera parte de aceite de oliva. Roséele una cucharadita de ajo, cebolla en polvo y jengibre, además de una pizca de pimentón picante.

Mezcle el vinagre balsámico con la mostaza seca y la miel. Con un pincel, cubra los vegetales, como berenjenas, calabacines, cebollas rojas o pimentones. Prepárelos asados a la parrilla o salteados. Modifique las proporciones hasta obtener el sabor que prefiera.

Ejemplo de un glaseado: Con un pincel, cubra el pollo con concentrado de limonada descongelado y diluido con un chorrito de jugo de lima fresca, cebolla en polvo u otras especias al gusto, y cilantro fresco picado. Ponga el pollo en adobo durante quince minutos. Prepare al horno o asado en la parrilla.

Hierbas y especias secas: la manera más fácil de añadir sabor sin sodio.

Ingredientes básicos: ajo en polvo (y no sal con ajo), cebolla en polvo, comino, cilantro, canela, jengibre, curry en polvo, pimentón picante, azafrán, romero, chile en polvo, tomillo, orégano, pimienta negra, albahaca, pimienta blanca, perejil seco, cubitos de caldo (de res, de pollo y de vegetales).

Ejemplos del uso de las especias: Para un sabor exótico, use comino, cilantro y chile en polvo. En las comidas italianas, use orégano, albahaca y tomillo. Añada una pizca de canela a las carnes para un sabor a cocina griega. Añada jengibre a la salsa de soya como base para un adobo al estilo asiático.

Llene la alacena: mantenga los siguientes alimentos en los estantes

Fríjoles para las comidas o para añadir a las sopas o los estofados o para preparar chile. Garbanzos para añadir a las ensaladas, mezclar con semillas de sésamo asadas (saltear las semillas crudas en una sartén seca) o con especias para hacer salsas para mojar. Pasta de tomate para usar como base de sopas, estofados y salsa para pasta. Arroz de cocción rápida que puede usarse como un acompañamiento rápido, para echársele a las sopas o prepararse con queso, leche, especias y verduras picadas. Pastas largas (espaguetis, cabello de ángel, etcétera), que pueden servir de base a muchas comidas. Pastas en forma de fideos o tallarines (conchas, macarrones, etcétera), que pueden usarse para platos de pasta fríos o para añadir a las sopas, los estofados, etcétera. Vegetales enlatados (habichuelas, arvejas, maíz); son mejores frescos, pero estos le añaden fibra y algunos nutrientes a su dieta cuando se hayan agotado sus existencias de verduras frescas. Una variedad de nueces (anacardos, almendras, maníes asados secos) que son tentempiés rápidos, pero que se pueden añadir a la comida asiática y a las ensaladas para reforzar su valor nutritivo y su contenido de fibra. Píquelas y frote la carne con ellas antes de cocinarla. Sus sopas enlatadas favoritas (de tomate, lentejas, etcétera), una comida fácil vertida sobre arroz o pasta, con camarones cocidos en el horno microondas, o con sobras de carne y una ensalada. Cereal caliente y avena instantánea, una cena rápida y fácil (sí, ¡cena!) y muy nutritiva. Quinua, una maravillosa alternativa para reemplazar al arroz; se cocina en minutos. Tortellini secos para echarles a las sopas o para servir con salsa Alfredo, precocida o hecha en casa. Salsa de pizza, que también sirve como salsa para la pasta y no contiene los trozos de vegetales que no les gustan a los chicos. Chile enlatado para regar sobre fideos, arroz o papas; o añádale agua, caldo y vegetales para obtener una sopa rápida de tipo minestrone. Atún, salmón o pollo enlatado (no se limite a los sándwiches de atún); para preparar pastelitos de salmón como en los restaurantes, mezcle el salmón enlatado (u otra carne) con un huevo, cebollas verdes frescas cortadas en cubitos y dos cucharadas de queso parmesano. Haga cuatro pastelitos y fríalos en aceite caliente hasta que estén tostados por ambos lados. Masa de tortilla o de tostada: sea creativa cuando la rellene. Las tortillas, que son relativamente sanas, y los nachos hechos en casa cubiertos de chile, pueden convertirse en una buena comida rápida.

Llene el congelador: muchas carnes y pescados congelados pueden prepararse en el horno microondas sin descongelar

Carne molida de res o de pavo; queso (en bloque o rallado, incluidos el parmesano, el mozzarella y el cheddar, pero no los quesos cremosos como el queso de crema o el ricotta); pescado blanco congelado (tilapia, bacalao o platija), hamburguesas, camarones congelados, vieiras congeladas (que se descongelan y cocinan en un minuto, para añadir a las sopas o comer como plato principal); costillas de cerdo delgadas (se cuecen rápidamente); pechugas de pollo, lomitos de pollo (porciones más pequeñas de pechuga, son caras pero se cocinan rápido).

En el refrigerador: estos alimentos tienen un tiempo de durabilidad más largo (a no ser que se advierta lo contrario).

Huevos y leche (perecederos). Cebollas amarillas para todos los usos básicos de la cebolla. Cebollas rojas, que dan un sabor delicioso, parecido al del ajo. Papas: pruebe diferentes variedades. (Si se van a utilizar en un tiempo relativamente corto, las papas y las cebollas deben mantenerse en un lugar fresco y oscuro fuera del refrigerador). Lechuga, lavada y lista para el uso (consiga un aparato para sacudir la ensalada) o lechuga en bolsas (más cara y a veces contiene aditivos). Calabacines, que se pueden añadir a todo tipo de platos; córtelos en tajadas y cúbralos con ensalada de pollo; pártalos en mitades, sáqueles las semillas, rellénelos con queso ricotta y salsa de tomate y métalos al horno. Cebollas verdes si quiere un sabor a cebolla más suave. Pimentones de cualquier color, pero compre los rojos y amarillos en la temporada, para asar, picar, rellenar con una mezcla de carne molida y arroz, o ensartar para hacer brochetas. Zanahorias pequeñas redondas (más caras que las largas, pero con mucho más sabor; necesitan poca preparación para usar como tentempiés o para añadir a las ensaladas, las sopas y los guisados. Cilantro (altamente perecedero), no dura más de una semana, pero es lo suficientemente barato para tenerlo a mano en la cocina para añadirle un sabor vigoroso a las sopas, los estofados, los sándwiches, los adobos, los platos mexicanos y asiáticos, y más. Pan integral y pan pita, para la comida (pan pizza: cubra una tostada con salsa de pizza y queso mozzarella) o como tentempié, no hay nada mejor. El queso, especialmente el cheddar, el mozzarella y el parmesano, rallado o entero; si no le molesta rallar el queso en la licuadora, los quesos en bloque tienen menos aditivos y cuestan menos. Aunque no hay nada mejor que la facilidad del queso pre-rallado. Las tortillas son el pan más versátil que existe. Una salsa Alfredo comprada hecha, más cara que la que viene en frasco y con un contenido de grasa más alto pero más sabrosa: viértala sobre tortellini, cocine unos camarones congelados en el microondas y he ahí una comida.

APÉNDICE C

Guía de urgencia para el alivio del remordimiento

TEMA	CONSEJO RÁPIDO	CAPÍTULO DE REFERENCIA	PRINCIPIO LIBRE DE REMORDI-MIENTO MATERNO
Insolencia	Enséñeles a sus hijos que toda persona merece ser tratada con respeto. Fíjeles las reglas básicas y ayúdeles a aprender, demostrándoles amabilidad y pidiéndoles que reformulen sus comentarios descorteses de una manera más amable.	Capítulo 7	3
Familias mixtas	Es crucial la comunicación con todas las partes, como también lo es una actitud flexible.	Capítulo 16	1, 5, 6, 7
Crianza con biberón	Los biberones y la leche maternizada no fueron inventados sólo para usted y su bebé.	Capítulo 4	2

TEMA	CONSEJO RÁPIDO	CAPÍTULO DE REFERENCIA	PRINCIPIO LIBRE DE REMORDI-MIENTO MATERNO
Enfermedades y afecciones crónicas en los niños	Tras el diagnóstico, dese tiempo para recuperar su equilibrio. Busque el respaldo de sus seres queridos, de grupos de apoyo y de profesionales de la salud.	Capítulo 15	1, 2, 4
Tiempo de papá	Si quiere que papá le ayude, debe estar dispuesta a dejarlo ayudar a su manera. No lo trate como una niñera. Él es el padre, como usted es la madre.	Capítulo 11	1, 2, 5
Hora de la cena	Vea el Apéndice B para encontrar sugerencias sobre alimentos que debe tener a la mano. La hora de la cena puede ser un momento maravilloso para la familia. Disfruten más de la compañía mutua y preocúpense menos por lo que comen.	Capítulo 9	1, 7
Disciplina	Calmado, coherente y cariñoso. Cuando pierde el control de su propio comportamiento, no está en capacidad de enseñarle a su hijo el comportamiento que espera de él.	Capítulo 6	Todos

TEMA	CONSEJO RÁPIDO	CAPÍTULO DE REFERENCIA	PRINCIPIO LIBRE DE REMORDI-MIENTO MATERNO
Relaciones agotadoras	Sus amigos y parientes deberían ser un apoyo y un sustento para usted a lo largo de los años. Si una relación casi siempre resulta una carga para usted, piense detenidamente en las soluciones posibles, incluyendo limitar el tiempo que le dedica.	Capítulo 17	1
Actividades extracurriculares, presionar a los chicos	Piense en la experiencia y no en el rendimiento. ¿Qué clase de experiencias espera que su hijo aproveche con determinada actividad? Hable con otros chicos y los padres hasta encontrar una que despierte el interés de su hijo y, si es necesario, ¡presione, presione, presione! — pero no descarte la opción de suspender.	Capítulo 14	2, 3
Justicia	Justo no significa igual. Cada niño es un individuo y deber ser tratado como tal. Lo que es adecuado para una persona en un momento determinado puede no ser lo adecuado para otra per-	Capítulo 10	1, 2, 3

TEMA	CONSEJO RÁPIDO	CAPÍTULO DE REFERENCIA	PRINCIPIO LIBRE DE REMORDI- MIENTO MATERNO
	sona (ni siquiera para la misma persona) en otro momento.		
Peleas por los deberes escolares	Los deberes escolares son la responsabilidad del niño únicamente. Su objetivo es enseñar a los niños responsabi- lidad y permitirles prac- ticar nuevas habilida- des. Limite la ayuda que les brinda con sus tareas. Si su hijo se frustra intensamente, tome contacto con el maestro y discuta las tareas, o busque apoyo para esa asignatura.	Capítulo 12	1, 3
Labores domésticas	Mientras su hogar no se convierta en un peli- gro para la salud, prio- rice jugar con sus hijos por encima de limpiar la casa. Revise el recua- dro "Cómo mantener la cordura cuando la mugre casera invade" y el cuadro "A los chicos les encanta ayudar: una guía para las responsabilidades en el hogar" en el Capítulo 8. Involucre a los niños en las tareas domésticas; son	Capítulo 4, Capítulo 8	1, 4, 7

TEMA	CONSEJO RÁPIDO	CAPÍTULO DE REFERENCIA	PRINCIPIO LIBRE DE REMORDI- MIENTO MATERNO
	parte del hogar y deben contribuir a su mantenimiento.		
Llamadas de instrucciones de papá	Dígale a papá cortés- mente que usted sabe que él va a tomar una excelente decisión, y acto seguido apague su teléfono celular. Para cualquier emer- gencia, él puede llamar el teléfono de urgen- cias. Es capaz de mane- jar cualquier otra situación.	Capítulo 11	1
Interrupcio- nes: una locura	Enséñele a su hijo a lla- mar su atención con cortesía. Utilice el mis- mo método para llamar la atención de su hijo. Sus días serán menos caóticos si tiene la libertad de ter- minar sus tareas, sus frases y sus pensamientos.	Capítulo 17	3
Estrés del tra- bajo afecta la vida familiar	Mejore su situación cambiando algo en su vida, como su trabajo, su actitud o la manera como reparte su tiem- po en familia. ¡Usted puede!	Capítulo 13	1, 3, 4, 7

TEMA	CONSEJO RÁPIDO	CAPÍTULO DE REFERENCIA	PRINCIPIO LIBRE DE REMORDI-MIENTO MATERNO
Manejo de los horarios de los chicos	El elemento más importante en el horario de su hijo debería ser dormir lo suficiente. Si prioriza el sueño, el establecer horarios razonables para sus hijos y para usted misma se convertirá en algo automático.	Capítulo 17	1, 2, 3
Tiempo para mí	Sin la menor duda, los padres más felices son aquellos que disfrutan la vida. Las mujeres que practican pasatiempos satisfactorios están tomando una de las decisiones más acertadas para la crianza de sus hijos.	Capítulo 17	3, 4, 6
Enfermedades y heridas menores	Una actitud positiva hace milagros. Concéntrese en lo bien que se siente protegiendo a su hijo y recuerde que el crecer requiere unos cuantos raspones de rodilla.	Capítulo 16	3, 4, 6
No estar presente en representaciones y encuentros deportivos	Sinceramente, no se requiere una asistencia sin falla. Piense creativamente en cómo apoyar a su hijo cuando no pueda asistir	Capítulo 14	1, 5, 6, 7

TEMA	CONSEJO RÁPIDO	CAPÍTULO DE REFERENCIA	PRINCIPIO LIBRE DE REMORDI- MIENTO MATERNO
	personalmente. Si tiene la impresión de que nunca puede asistir personalmente, intente maneras de lograrlo una que otra vez, le sorprenderá lo divertido que es, lo bien que se sentirá y lo fácil que puede resultar encontrar el tiempo para ir, por lo menos de vez en cuando.		
Agotamiento materno	Dormir no es lo mismo que evadir sus responsabilidades. Es tomar la decisión responsable de cuidarse para poder cuidar mejor a su familia. Si ya tiene hijos y está esperando otro, asuma que va a sentire cansada y, si es posible, busque ayuda con el cuidado de sus otros hijos.	Capítulo 4	1, 3
No escuchar	Se debe con frecuencia a la escucha selectiva y no a un mal comportamiento. A los niños les es difícil concentrarse en más de una cosa a la vez. Asegúrese de	Capítulo 7	4

TEMA	CONSEJO RÁPIDO	CAPÍTULO DE REFERENCIA	PRINCIPIO LIBRE DE REMORDI-MIENTO MATERNO
	que le brinden su plena atención. Si el problema le parece grave, hable con su médico.		
Hábitos orales: el dedo, el biberón, el chupón	Resulta más fácil romper cualquier hábito antes de los doce meses de edad. Los biberones se pueden guardar apenas su niño logre usar una taza para beber. Los chupones deben descartarse cuando el niño comience a hablar. Las distracciones pueden ser útiles para evitar que su niño se chupe el dedo.	Capítulo 5	3
Juegos paralelos	Los bebés y los niños muy pequeños normalmente no interactúan con otros niños cuando están jugando. Si esto le preocupa, hable con su pediatra.	Capítulo 16	1,2
Padre o madre como espectador	Si no puede evitar dar instrucciones mientras asiste como espectador, ofrezca sus servicios como entrenador o directora. Si no, brinde su apoyo como es-	Capítulo 14	1, 6

TEMA	CONSEJO RÁPIDO	CAPÍTULO DE REFERENCIA	PRINCIPIO LIBRE DE REMORDI- MIENTO MATERNO
	pectador, pero ni corri- ja ni critique a su hijo ni a nadie más.		
Exigente con la comida	Siga sirviéndole alimen- tos nuevos junto con los que ya conoce. No califique al niño de exigente. No se convier- ta en la cocinera per- sonal de su hijo.	Capítulo 5	3
Depresión posparto	Es una afección médi- ca. Pida ayuda para obtener alivio.	Capítulo 4	3, 4, 6
Comporta- mientos en público	Evite situaciones que pueden terminar en desastre, como llevar chicos cansados y con hambre a los lugares públicos. No espere de su hijo que se compor- te como un adulto en público. Lleve consigo distractores para elimi- nar el aburrimiento. No lo piense dos veces antes de dejar abando- nado en la tienda un carrito lleno de com- pras si su niño realmente tiene que salir. Recuerde, ¡todos fuimos niños antes de crecer!	Capítulo 7	1, 3, 4

TEMA	CONSEJO RÁPIDO	CAPÍTULO DE REFERENCIA	PRINCIPIO LIBRE DE REMORDI-MIENTO MATERNO
Suspender las actividades extracurriculares	Nunca descarte la posibilidad de suspender una actividad si el niño se siente realmente infeliz. Intente diversas alternativas para resolver el problema antes de suspender. Si es ésta la mejor decisión, enséñele a su hijo a hacerlo dignamente informando él mismo a su supervisor adulto.	Capítulo 14	1, 2, 5
Remordimiento de las MTH[1]	Las mamás que trabajan fuera del hogar, y las que trabajan en el hogar, se angustian y se sienten culpables por muchos de los mismos asuntos, incluyendo la sensación de que el tiempo que pasan trabajando reduce el que dedican a los hijos. No asuma que tiene que hacerlo todo y hacerlo usted misma. Pida ayuda para el cuidado de los niños y las tareas domésticas.	Capítulo 13	1, 2
Días de colegio	No necesita ser voluntaria en el salón de clase con regularidad para tener impacto. Procure solamente que la	Capítulo 12	Todos

TEMA	CONSEJO RÁPIDO	CAPÍTULO DE REFERENCIA	PRINCIPIO LIBRE DE REMORDI- MIENTO MATERNO
	conozcan en el colegio de su hijo. Esto le permitirá mantenerse al tanto sobre cómo pasa su hijo sus días en el colegio y con quién. También le dará la oportunidad de intervenir en beneficio de su hijo cuando sea necesario.		
Elección del colegio	Recopile información. Hable con otros adultos bien informados en el área, así como con los niños. Lo más importante es que el colegio responda a las necesidades de su hijo. Igualmente, confíe en su intuición cuando visite los colegios.	Capítulo 12	2
Compartir	Debe permitir que los niños se queden con sus juguetes especiales. Si usted tiene que intervenir durante el juego, anime a los niños a intercambiar juguetes.	Capítulo 16	3, 5
Peleas entre hermanos	El respeto y la amabilidad son la clave para resolver las disputas. Intente mantenerse	Capítulo 10	3

TEMA	CONSEJO RÁPIDO	CAPÍTULO DE REFERENCIA	PRINCIPIO LIBRE DE REMORDIMIENTO MATERNO
	apartada (a no ser que alguien esté en peligro) y deje que sus hijos resuelvan el problema. Asegúrese de que todos conozcan las reglas para pelear limpio que se incluyen en el Capítulo 10. Enseñarles ahora las destrezas de una negociación adecuada les ayudará a manejar las confrontaciones que surjan a lo largo de toda su vida.		
Problemas de insomnio	Tome la decisión consciente de acostar a su hijo a la misma hora cada noche. Fije una breve rutina a la hora de dormir y respétela. Asegúrese de que todos en el hogar conozcan el plan.	Capítulo 5	3
Crisis social	Usted creó la familia; deje que su hijo escoja a sus amigos. Tenga confianza de haber inculcado en su hijo la habilidad de escoger bien. Permanezca presente en su vida, pero deje que él se dirija a usted con sus problemas; no busque proble-	Capítulo 12	1, 3, 5, 7

TEMA	CONSEJO RÁPIDO	CAPÍTULO DE REFERENCIA	PRINCIPIO LIBRE DE REMORDIMIENTO MATERNO
	mas ni soluciones por él.		
Ser padre/ madre en solitario	Deje atrás el cómo llegó a encontrarse en esta situación y concéntrese en que su vida transcurra con la mayor tranquilidad posible mientras usted se maneja en solitario. ¡Tenga un plan!	Capítulo 16	1, 3, 5, 6
Deportes, presionar a los chicos	Piense en la vivencia, no en el desempeño. ¿Qué tipo de vivencias espera que tenga su hijo con los deportes? Considere una gama más amplia de actividades para lograr esas vivencias, incluyendo grupos no deportivos (el teatro, por ejemplo) y actividades deportivas individuales.	Capítulo 14	2, 3
Deportes, tiempo y costo	Evalúe los recursos de su familia y calcule qué porción de esos recursos debe usarse para los deportes. Existen innumerables alternativas para que su hijo juegue y aprenda el espíritu deportivo.	Capítulo 14	1, 2, 3

TEMA	CONSEJO RÁPIDO	CAPÍTULO DE REFERENCIA	PRINCIPIO LIBRE DE REMORDIMIENTO MATERNO
Niñeras electrónicas	La televisión, las computadoras y otras pantallas pueden convertirse en un entretenimiento ideal para las horas de calma, pero ponga límites al tiempo que pasan sus hijos en tales actividades y haga un seguimiento cercano de su contenido.	Capítulo 16	3, 4, 5
Tiempo con el cónyuge	Busque insistentemente maneras creativas de nutrir y aportar a esta relación. Aborden juntos el problema de la falta de tiempo. Entre los dos encontrarán la manera de disfrutar el uno del otro. Trate el tiempo a solas para los dos como haría el mantenimiento del automóvil: nunca deje que transcurra demasiado tiempo, ni vaya demasiado lejos, sin ajustes periódicos a solas.	Capítulo 18	Todos
Entrenamiento en el uso del baño	Ocurrirá cuando el niño esté listo para ello. Habrá retrocesos. Prepárese con el equi-	Capítulo 16	1, 2, 3

TEMA	CONSEJO RÁPIDO	CAPÍTULO DE REFERENCIA	PRINCIPIO LIBRE DE REMORDI- MIENTO MATERNO
	po necesario y tome las cosas con calma.		
Horas de transición	Observe cómo usted y su familia manejan la transición de una actividad a la siguiente. Genere soluciones que se dirijan a resolver los problemas de su hijo con las horas de transición: desde un lugar cercano a la puerta para hacer las tareas (y para las llaves) hasta reservar tiempo adicional para evitar el apresuramiento y las rabietas.	Capítulo 13	3
Remordimiento de las MTFH[2]	Las mamás que trabajan fuera del hogar, y las que trabajan en el hogar, se angustian y se sienten culpables por muchos de los mismos asuntos, incluyendo la sensación de que el tiempo que pasan trabajando reduce el que dedican a los hijos. No se preocupe de lo que opinen los demás sobre sus decisiones laborales. Hay muchos niños felices y equilibrados cuyos dos pa-	Capítulo 13	1, 2

TEMA	CONSEJO RÁPIDO	CAPÍTULO DE REFERENCIA	PRINCIPIO LIBRE DE REMORDI- MIENTO MATERNO
	dres son asalariados. Una rabieta antes o después de su regreso del trabajo puede señalar dificultad con las transiciones y no enfado con la madre o el padre.		

[1] MTH: Mamás que trabajan en el hogar.
[2] MTFH: Mamás que trabajan fuera del hogar.

Sobre las autoras

Julie Bort es educadora, periodista y autora de cientos de artículos y columnas de opinión en una docena de países. Actualmente trabaja como editora ejecutiva de Network World, un semanario de noticias sobre la industria informática con distribución nacional.

Mamá culpable es el segundo libro de Julie Bort. Además de escritora, Bort es una conferencista reconocida así como instructora de seminarios y de cursos virtuales sobre una amplia gama de temas. Se ha presentado en programas radiales en vivo y grabados previamente, incluyendo los de la Radio Pública Nacional y diversos programas de discusión.

Como parte de sus responsabilidades con Network World, Julie Bort desarrolla frecuentes encuestas editoriales a nivel nacional, y utilizó esta experiencia en *Mamá culpable*. Ha creado y llevado a cabo una investigación original en forma de encuesta, que examina la culpa en relación con el ser padre o madre.

La práctica de Julie Bort como madre incluye el cuidado de un niño con una enfermedad incurable conocida como enfermedad celiaca. Está felizmente casada desde hace quince años y es madre de dos hijas, de 12 y 10 años. Bort es graduada en la enseñanza del inglés de la Universidad Estatal de Arizona en Tempe.

Para obtener mayor información sobre Julie Bort, incluyendo una lista de sus próximos seminarios, visite la página web www.parentopia.net.

Aviva Pflock fundó el capítulo de Padres Como Maestros (PCM) de Berthoud/Loveland, Colorado. (PCM es un programa interna-cionalmente reconocido de formación en educación temprana para padres. Pflock ha trabajado con PCM como especialista certificada en educación para padres y desarrollo infantil, como gestora de proyectos y administradora.

Pflock recibió su certificación de PCM como educadora de padres en 1996. Desde entonces, ha realizado visitas a domicilio, ha facilitado grupos de juego y ha dictado conferencias en programas de PCM sobre la educación para padres. Fue maestra preescolar en la Pre-Escuela Har Shalom en Fort Collins, Colorado, desde la fundación de esa institución en 1997 hasta el nacimiento de su tercera hija en el año 2000. En esa institución contribuyó a establecer la fundación de la escuela y enseñó en el aula. Ha sido miembro de la junta de la Red Interagencial para la Infancia Temprana de Loveland/Berthoud, y aún es miembro. Es miembro también del Consejo del Condado de Larimer para la Infancia Temprana y participa en el Grupo de Estudio sobre los Niños Recién Nacidos y Pequeños. Ha sido invitada a dictar conferencias sobre una variedad de temas relacionados con la infancia en seminarios locales sobre la crianza

Pflock ha trabajado directamente con familias como "visitadora de hogares" de PCM especializada en las edades desde prenatal hasta los cinco años. Igualmente, ha servido como facilitadora de grupos de juego y conferencista regular de PCM, así como disertante en los programas de PCM. Pflock ha sido presentada en diversas ocasiones en el periódico Reporter-Herald por su trabajo con PCM y otros programas relacionados con la infancia temprana en su comunidad.

Igualmente, Pflock es presentadora de los programas *Comienzos Brillantes en Colorado: Cómo Maximizar la Fuerza Intelectual de Colorado, y La Infancia Temprana y las Normas sobre Contenidos de la Educación*. Ha dictado conferencias también en la Exposición Infantil de Loveland, Colorado, y se ha desempeñado como libretista, directora y artista en la Sociedad Coral de Loveland.

Pflock es graduada en Comportamiento y Sexualidad de los Adolescentes de la Universidad de Colorado en Boulder. Actualmente vive en Loveland con su esposo, Kurt, y sus tres hijos: dos hijas, Lexi (de 12 años) y Arianna (de 10), y un hijo, Travis (de cuatro años).

Devra Renner, Magister en Trabajo Social, tiene más de una década de experiencia asesorando a padres, niños y familias. Ha trabajado como trabajadora social clínica en ámbitos como hospitales, escuelas y campamentos de verano. Devra Renner llevó a cabo pasantías en las unidades de obstetricia y pediatría del Centro Médico de la Universidad Estatal de Luisiana y en las oficinas del Programa de Apoyo a las Familias y Clínica de Salud Mental de la base de la Fuerza Aérea de Barksdale. En el curso de su pasantía, Renner actuó como facilitadora de un grupo de apoyo a padres de niños con necesidades especiales. Tras obtener la Maestría, Renner trabajó en el Programa Insite de la Junta Escolar de la Parroquia de Bossier, ofreciendo terapia individual, grupal y familiar en la escuela, el hogar y la comunidad a estudiantes desde jardín infantil hasta secundaria. Además, Renner colaboró en un hospital que provee servicios de trabajo social a pacientes adultos y pediátricos y a sus familias. Igualmente, Renner ha trabajado como Directora Encargada de Servicios Voluntarios de Hospice, Inc., en Wichita, Kansas. Renner ofreció sus servicios como voluntaria durante seis años en consejería de crisis de la Línea Telefónica de Socorro para Padres del Servicio Infantil de Kansas, brindando consejos y apoyo telefónico en materia de la crianza de los hijos y asistencia a personas en situaciones en crisis. Más recientemente Renner trabajó en el Centro Comunitario Judío de St. Louis, donde se desempeñó como Directora Adjunta del Consejo de Saint Louis de la Organización Juvenil B'nai B'rith (BBYO). Durante dos veranos sirvió también como trabajadora social residente en el campamento de Sabra del Centro Comunitario Judío de Saint Louis, donde brindó capacitación al personal del campamento además de servicios de trabajo social al personal, a los participantes en el campamento y a sus familias.

Devra Renner ha sido presidente del capítulo de Wichita, Kansas, de Mujeres Judías Internacional y coordinadora del proyecto Humor Cart de ese capítulo, en el marco del cual fue entrevistada por los medios de comunicación, tanto impresos como televisión. Actualmente se desempeña como responsable de relaciones externas de Mujeres Judías Internacional y es miembro vitalicio de esa organización. Renner ha servido durante dos períodos como miembro del consejo directivo de la Federación Judía de Kansas Central y ha sido voluntaria en el manejo de casos de la Federación. También ha brindado su tiempo de voluntaria como consejera de grupos juveniles en la BBYO en Wichita, Kansas.

Su trayectoria como conferencista incluye clases de crianza para el Consejo Escolar de Bossier, así como para lo capítulos locales de Madres & Más en Kansas, Illinois y Virginia. Renner, quien también es miembro de Madres & Más, ha servido en el Comité Nacional en Línea, ayudando a conectar a los miembros por el internet a nivel nacional. Renner ha sido miembro de los consejos directivos de los capítulos de Kansas, Illinois y Virginia. Igualmente, ha sido anfitriona de un *chat* sobre la educación de los hijos. Renner es miembro vitalicio también de Hadaza, así como miembro de la Asociación Nacional de Centros de Madres y de la Asociación Nacional de Trabajadores Sociales.

Renner es graduada en antropología cultural y sociología de la Universidad de Arizona en Tucson y magister en trabajo social, con una especialización en salud y salud mental de la Universidad Estatal de Grambling en Grambling, Luisiana. Devra Renner vive en Virginia con su esposo, Pete, y sus hijos Mitchell (de 9 años) y Joshua (de 4 años).